U0807024

智能化融媒体新形态教材

新能源汽车电气检修

主　编　刘玉均　贾江波　宋为真
副主编　胡　强　黎思炀　李　健　简　斌
温金龙　刘永东　张美霞　胡　承
何文杰　廖文蓉　汪少成　韦宏洋
潘汉平

合肥工業大學出版社
HEFEI UNIVERSITY OF TECHNOLOGY PRESS

图书在版编目（CIP）数据

新能源汽车电气检修 / 刘玉均，贾江波，宋为真主编. —合肥：合肥工业大学出版社，2023.9

ISBN 978-7-5650-6438-8

Ⅰ. ①新…　Ⅱ. ①刘…②贾…③宋…　Ⅲ. ①新能源—汽车—电气系统—检修—高等职业教育—教材　Ⅳ. ① U469.703

中国国家版本馆 CIP 数据核字（2023）第 176610 号

新能源汽车电气检修

XINNENGYUAN QICHE DIANQI JIANXIU

刘玉均　贾江波　宋为真　主编

责任编辑　赵　娜
出版发行　合肥工业大学出版社
地　　址　（230009）合肥市屯溪路 193 号
网　　址　www.hfutpress.com.cn
电　　话　理工图书出版中心：0551-62903004
　　　　　营销与储运管理中心：0551-62903198
规　　格　787 毫米 ×1092 毫米　1/16
印　　张　17
字　　数　403 千字
版　　次　2023 年 9 月第 1 版
印　　次　2023 年 9 月第 1 次印刷
印　　刷　三河市海新印务有限公司
书　　号　ISBN 978-7-5650-6438-8
定　　价　49.80 元

如果有影响阅读的印装质量问题，请与出版社营销与储运管理中心联系调换

前言 PREFACE

本书是以最新颁布的国家标准与行业标准为基础，结合高等教育的实际情况，高等教育新能源汽车电气检修和相关专业教学改革的成果，以及编者多年从事新能源汽车电气检修教学的经验编写而成的。

根据高等教育改革的发展方向和应用型人才的培养目标，结合新能源汽车行业的市场需求量大和新能源应用型人才紧缺这一现状，本书设置了 8 个“项目”教学单元、19 个企业典型工作“任务”。本书采用大量的实物图片介绍新能源汽车新技术和实用操作技术，以维修实例为导向和任务驱动的模式引导读者学习。

本书配套实训手册，包含各任务的故障报告检测分析表及实训总结与评价表，学生可在实训手册中完成作业并提交，方便老师批阅。

本书可作为高等院校新能源汽车电子技术、新能源汽车检测与维修技术等专业的教学用书，也可作为汽车维修人员、汽车工程技术人员的参考资料。

本书为智能化融媒体新形态教材，配套资源丰富，包括课件、在线测试题等，读者可扫描微信小程序码浏览查看。

《新能源汽车电气检修》微信小程序码

《新能源汽车电气检修》在编写过程中，得到了新能源汽车一线维修人员的支持，并借鉴和参考了大量文献资料，在此一并表示诚挚的感谢！

由于编者水平有限，书中难免会有不妥之处，敬请广大读者批评指正！

编　者

2023 年 5 月

目录

CONTENTS

项目一

新能源汽车电气系统检修基础

本项目介绍新能源汽车电气系统的组成、特点，电路中常用元器件和电路检测常用工具的使用方法。本项目设置三个任务，分别为新能源汽车电气系统的组成与特点、新能源汽车电路基础元件的检测、新能源汽车高压维修安全与防护措施。

知识目标

①了解新能源汽车电气系统的组成与特点。

②了解新能源汽车高压标准作业程序。

③了解新能源汽车电路基础元件的有关知识。

④学习电路检测常用工具（如跨接线、测试灯、万用表等）的使用方法。

技能目标

①能正确断开高压系统。

②能正确认出新能源汽车上的电气设备。

③能正确使用新能源汽车电气设备的常用检测仪器。

④能正确找出保险丝、继电器、配电盒、控制单元和各种线束的位置。

2020年，国务院办公厅印发了《新能源汽车产业发展规划（2021—2035年）》，为我国新能源汽车产业未来15年的发展指明了方向。从传统燃油车到新能源汽车，汽车产业的技术路线发生了很大的调整，同时汽车售后服务、维修领域、技术服务等相关岗位面临的人才调整和改变更为直接。有关新能源汽车电气化技术和电路维修的技能已成为行业发展的迫切需求和必然要求。

任务一　新能源汽车电气系统的组成与特点

思政导学　　“双碳”背景下的新兴产业

上海汽车集团股份有限公司（以下简称上汽集团）承担着节能减排的国际责任，绿色环保的“上海”牌新能源汽车在世博会上亮相，这是中华民族汽车品牌的“重生”。目前，“上海”牌新能源汽车在国内与国际的新能源动力技术中都已经堪称先进。

《电动汽车术语》（GB/T 19596—2017）和《燃料电池电动汽车　术语》（GB/T 24548—2009）都为推荐性国家标准，适用于电动汽车整车、驱动电机系统、可充电储能系统及充电机。

拓展阅读　　《电动汽车术语》标准

在中国，混合动力、纯电动、燃料电池等不同类型的汽车都应执行GB/T 19596—2017 标准，该标准对于保障汽车产品的安全性能和使用质量，促进汽车技术的发展和创新，提升汽车产业的竞争力和国际地位，具有重要意义和作用。

知识链接　新能源汽车电气系统的组成与特点

一、新能源汽车的定义及种类

根据我国《汽车产业发展政策》的有关规定，国家发展和改革委员会制定了《新能源汽车生产准入管理规则》（以下简称《规则》）。《规则》提出了新能源汽车的新概念，即新能源汽车是采用非常规的车用燃料作为动力来源（或使用常规的车用燃料、采用新型车载动力装置），综合车辆的动力控制和驱动方面的先进技术，形成的技术原理先进，具有新技术、新结构的汽车。《规则》还提出，新能源汽车包括混合动力汽车、纯电动汽车（BEV，包括太阳能汽车）、燃料电池电动汽车（FCEV）、氢发动机汽车、其他新能源（如高效储能器、二甲醚）汽车等。

二、新能源汽车电气系统的组成

新能源汽车电气系统是汽车的“神经”，它承担着能量与信息传递的功能，对新能源汽车的动力性、经济性、安全性和舒适性等有很大的影响，是新能源汽车的重要组成部分。新能源汽车电气系统由低压电气系统、高压电气系统、整车网络化控制系统三部分组成

（见图 1-1）。

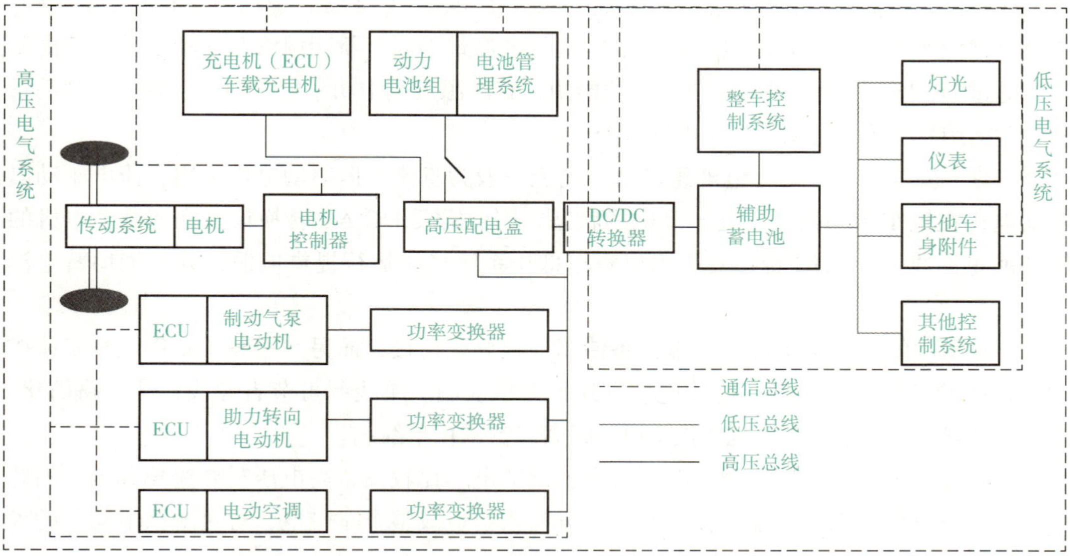

图 1-1　新能源汽车电气系统组成图

低压电气系统。新能源汽车低压电气系统包括 DC/DC 转换器、辅助蓄电池和低压电器设备。低压电气系统主要是由动力电池组提供 155 ～ 380 V 高压直流电通过 DC/DC 转换器转换成 12 V 或 24 V 低压直流电源，一方面为灯光、刮水器等常规的低压电器提供电源，另一方面为整车控制器、高压电气设备控制器和辅助部件供电。

高压电气系统。新能源汽车高压电气系统包括动力电池组、电机和功率变换器等大功率、高电压的电气设备。高压电气系统主要是根据车辆行驶的功率需求完成从动力电池或燃料电池到驱动电机的能量变换与传输过程。

整车网络化控制系统。新能源汽车整车网络化控制系统主要包括整车控制器、电机控制器、电池管理系统、信息显示系统和通信系统等。整车网络化控制系统主要是各系统（驱动电机控制系统、电池管理系统、车载充电系统、电动辅助系统、高 / 低压电气系统）之间的信息通过网络通信系统传递，以实现各模块单元间的信息交流、协调控制。目前，各大汽车制造商采用的车载网络通信协议有 CAN、LIN、TTCAN、FlexRay、VAN、ABUS、SAEJ1850 等，具有较好的可靠性、实时性和灵活性。

三、新能源汽车电气系统的特点

新能源汽车的电气设备与传统汽车的电气设备相比，在基础功能上兼具了高、低压并存，交、直流转换，低压系统单线制，低压系统负极搭铁，用电设备并联等特点。

高、低压并存。在新能源汽车上，整车带有高压电的零部件有动力电池、驱动电机、高压配电箱（PDU）、电动压缩机、DC/DC、OBC、PTC、高压线束等，这些部件组成了整车的高压系统，其中动力电池、驱动电机、高压配电箱为新能源汽车上的三大核心部件。新能源汽车的高压电气系统一般采用 200 ～ 750 V 高压电源。

新能源汽车的低压电气系统采用 12 V 或 24 V 直流电源，主要由辅助蓄电池和低压电器设备组成。低压电器设备主要包括灯光系统、仪表系统、娱乐系统、窗控系统和洗涤系统等。与传统燃油汽车蓄电池由发动机驱动的发电机供电形式不同，新能源汽车的辅助蓄电池由动力电池通过 DC/DC 转换器供电。为了节约能源，新能源汽车中功率较大的子系统，如制动系统和电动空调系统等也可采用高压电气系统供电。

交、直流转换。由于动力电池组输出的电流一般为直流，但驱动电机采用交流电驱动以及驱动电机在汽车制动模式下处于发电的状态，因此需要 DC/AC 转换设备完成驱动电机的运转和能量回收。DC/DC 转换器为确保整车低压系统稳定运行提供电源，并给辅助蓄电池充电。

低压系统单线制。从电源到用电设备使用一根导线连接，而另一根导线则用汽车车体或发动机机体的金属部分代替，这种连接方式称为单线制。单线制可节省导线，使电路简化、清晰，便于安装与检修，因此现代汽车电气设备广泛采用单线制。

低压系统负极搭铁。新能源汽车动力电池组的电压比较高，高电压需要避免漏电，因此动力电池组及电驱动系统不能搭铁。高压部分搭铁会造成整个车带电，对接触该电动车的人员造成伤害。

新能源汽车的电气系统将汽车车身的金属机体作为公共的导线，在接线时，电源的负极必须与金属机体相连，这样的连接称为负极搭铁（反之称为正极搭铁）。根据我国国家标准 GB 2261—71《汽车拖拉机用电设备技术条件》的规定，汽车电气系统为负极搭铁。负极搭铁能减少蓄电池电缆铜端子在车架车身连接处的电化学腐蚀，提高搭铁的可靠性。

用电设备并联。用电设备并联是指汽车上的各种用电设备都采用并联方式与电源连接，每个用电设备都由各自串联在其支路中的专用开关控制，相互之间不会产生干扰。

知识扩展 新能源汽车的发展现状和特点

本知识可通过识别二维码获取学习。

扫一扫 学一学

任务实施 查找零部件位置

一、实施环境

安全防护：布置车辆安全防护与隔离（车辆挡块、警示隔离带、高压危险警示牌）。

工具设备：万用表、绝缘检测仪、故障诊断仪。

实训车辆：吉利帝豪 EV450。

辅助资料：汽车原厂维修手册、原厂电路图。

二、实施步骤

1. 查找零部件位置

在吉利帝豪 EV450 车辆上找出前后灯具总成、喇叭、刮水器、中央接线盒等实物的安装位置。

2. 操作负载

打开用电设备（如前照灯、雾灯、刮水器、电动车窗等）。

任务二　新能源汽车电路基础元件的检测

思政导学　　自立自强，创新发展

中国第一汽车集团有限公司（以下简称中国一汽）以坚定的使命担当，自主研发红旗第一辆国产雪车。中国自主汽车品牌勇担新使命，树立民族汽车品牌，不断提升自身发展能力，实现“弯道超车”，打造世界一流企业。

《电动汽车用高压大电流线束和连接器技术要求》(GB/T 37133—2018）为推荐性国家标准，适用于符合 GB/T 18384.3—2015 规定的 B 级电压的电动汽车用高压连接系统。

拓展阅读　《电动汽车用高压大电流线束和连接器技术要求》标准

新能源汽车中（纯电动为例）高压线束可分为高压电缆、电机控制器电缆、快充线束、慢充线束、高压附件线束（高压线束总成）五大部分。目前，《电动汽车用高压大电流线束和连接器技术要求》标准已成为新能源汽车信号传输、整车供电及车辆功能实现的基本要素。

故障现象

售后服务经理接到客户一辆迈腾 GTE 插电混动车，该车前照灯不亮。可能是前照灯、断电器、保险等元件问题，请找出相应元器件的位置。

知识链接　新能源汽车电路的基础元件

新能源汽车电路的基础元件包括导线、熔断器和易熔线、高压插接件、开关和继电器等，它们是汽车电路的基本组成部分，也称为汽车电路的中间装置。

一、导线

新能源汽车电路是由导线连接起来的，导线是用电器从电源获得电能必不可少的元件。新能源汽车电器线路中的导线分为低压导线和高压导线两种。低压导线包括普通导线、启动电缆、搭铁电缆、屏蔽线。低压电源管理单元、仪表、照明、信号、辅助电器设备等电器设备均使用低压导线。高压导线包括铜芯线和阻尼线，其线束和连接器均为橙色。动力电池组、驱动电机、高压配电箱、电动压缩机等电器设备均使用高压导线。

1. 低压导线

导线的型号与规格。普通低压导线分为采用聚氯乙烯作为绝缘包层的 QVR 型和采用聚氯乙烯丁腈橡胶复合物作为绝缘包层的 QFR 型两种。两种导线绝缘层的耐低温性、耐油性和阻燃性都比较好，尤以后者为佳。QFR 型导线如图 1-2 所示。

图 1-2　QFR 型导线

导线的选择。导线截面积主要根据其工作电流大小进行选择，其一般原则为长时间工作的电器设备可选用实际载流量为 60% 的导线；短时间工作的用电设备可选用实际载流量为 60% ～ 100% 的导线。为保证导线具有一定的机械强度，一般低压导线截面积不得小于 0.5 mm^2。汽车主要电路导线截面积选择的推荐值见表 1-1 所列。

表 1-1　汽车主要电路导线截面积选择的推荐值

标称截面积 /mm^2	用途
0.5	后灯、顶灯、指示灯、仪表灯、牌照灯、燃油表、雨刮器电机
0.8	转向灯、制动灯、停车灯、分电器
1.0	前照灯的单线（不接保险器）、电喇叭（3 A 以下）
1.5	前照灯的电线束（接保险器）、电喇叭（3 A 以上）
1.5 ～ 4	其他连接导线
4 ～ 6	电热塞
4 ～ 25	电源线
16 ～ 95	启动机电缆

导线的颜色。随着新能源汽车上使用电器的增多，导线数量也随之增多。为便于安装和检修，一般采用双色导线来分类，主色为基础色、辅色为环布导线的条纹色带或螺旋色带，且标注时主色在前、辅色在后。导线截面积在 4 mm^2 以上的采用单色线，截面积在 4 mm^2 以下的采用双色线，搭铁线均采用黑色线。新能源汽车低压导线的颜色代码及导线颜色见表 1-2 所列。如果导线为双色线，则第一个字母显示导线主色，第二个字母显示导线辅色，中间用

"/" 分隔。例如，标注为 G/B 的导线即为绿色基础黑色条纹。

表 1-2　新能源汽车低压导线的颜色代码及导线颜色

颜色代码	导线颜色
B	黑色
Gr	灰色
Br	棕色
L	蓝色
G	绿色
R	红色
Y	黄色
O	橙色
W	白色
V	紫色
P	粉色
Lg	浅绿色
C	天蓝色

低压线束。为了整车线路规范、安装方便及保护导线不被水油侵蚀和磨损，汽车导线除高压导线和蓄电池导线外，一般将同区域的不同规格的导线用绝缘材料薄聚氯乙烯带缠绕包扎成束，即线束，如图 1-3 所示。汽车线束的制作程序：第一步，下线；第二步，压接分支；第三步，上模板捆扎；第四步，套波纹管；第五步，压装接线端子。

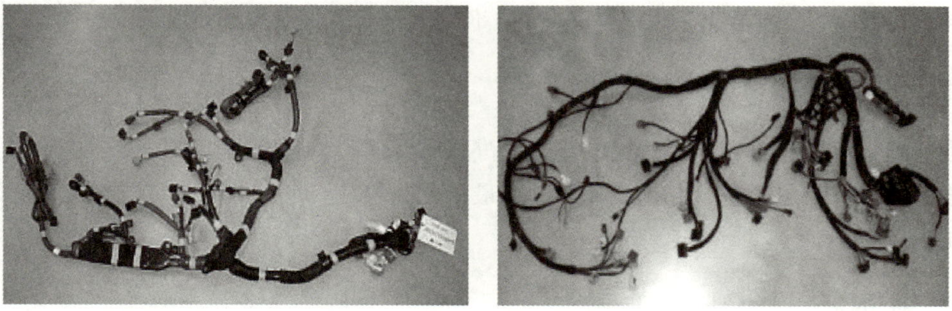

图 1-3　低压线束图

2. 高压导线

高压导线主要连接动力电池组、驱动电机、高压配电箱、电动压缩机等电器设备，传递电力与数据，对新能源汽车极为重要。

为了整车线路规范，减少杂乱感，同时为了方便区分不同信号线的功能，提高设备的可操作性，通常将多根高压导线通过一定的工艺编织在一起，形成高压线束。高压线束

（见图 1-4）是高压电气系统的关键组件，为新能源汽车的可靠运行和安全提供保障。它承载着新能源汽车内部及外部线束连接，通过配电盒进行电源分配，高效、优质地传输电能，屏蔽外界信号干扰等功能，是新能源汽车高压系统的神经网络。

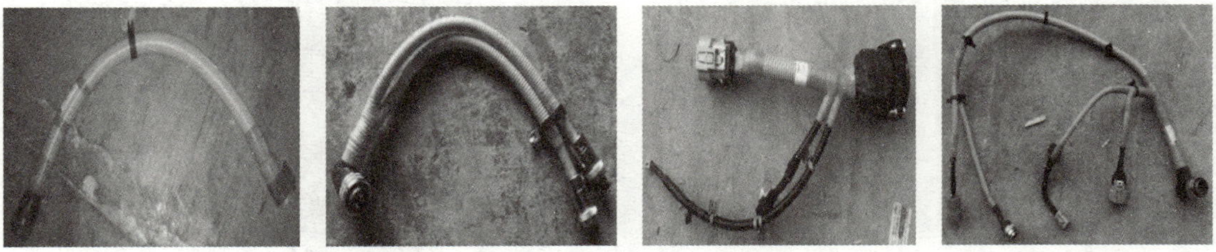

图 1-4 高压线束图

高电压。新能源汽车电器设备工作在 B 级电压范围，根据 GB/T 18384.3—2015 中对应的 B 级电压规定范围为 AC 30 ～ 1 000 V 或 DC 60 ～ 1 500 V，所以新能源汽车高压线束应满足 60 ～ 1 500 V 的工作电压。

大电流。新能源汽车高压线束作为主要的能源传输通道，需要承受较大的电流，直流母线额定工作电流都能够达到 200 A 以上。

密封性。由于高压线束高电压、大电流的特性，对线束和接插件部位的密封性要求很高，一般要求进行防水、防尘试验和气密测试。若密封性能不好，会直接导致导线和连接部位的极速老化、损坏或者绝缘电阻降低，整车报绝缘故障。

耐热性。由于高压线束长时间通过大电流，产生很大的热量，因此高压线束的导线耐温等级一般都达到 125 ℃，端子耐温一般都达到 140 ℃。

屏蔽性。目前国内车型全部采用屏蔽高压线，整条高压线束回路均实现屏蔽连接，它可减少电磁干扰（EMI）、射频干扰（RFI）对整车系统的影响。电机、控制器及电池等接口高压线束屏蔽层，通过插件等压接结构连接到电池电机控制器壳体，再与车身搭铁连接。高压线束的屏蔽对于电缆传导数据来说不是必需的，但是可减少或避免高压线束的辐射。

二、熔断器和易熔线

当电路中流过超过规定的过大电流时，汽车电路保险装置能够切断电路，从而防止烧坏电路连接导线和用电设备，并把故障限制在最小范围内。汽车上的保险装置主要有熔断器和易熔线。

1. 熔断器

熔断器的保护元件是熔丝，串联在其所保护的电路中。当通过熔丝的电流超过其规定值时，熔丝发热熔断，从而保护用电设备不被损坏。熔断器中的熔片或熔丝用电阻率较高的易熔合金制成（如铅锡合金等）或用截面积极小的良导体制成（如铜、银等）。在正常工作情况下，熔断器不应熔断；一旦发生短路或严重过载时，熔断器应立即熔断。

现代汽车上常见的熔断器如图 1-5 所示。熔断器的图形符号如图 1-6 所示。熔断器可以分为玻璃管式、金属丝式、平板式、熔片式、插片式和旋紧式等，各种熔断器额定电流的规格见表 1-3 所列。由于熔体熔断所需要的时间与通过熔体电流的大小有关，为了达到既能有效实现短路保护，又能维持设备正常工作的目的，一般情况下，要求通过熔体的电流等于或小于额定电流的 1.25 倍时可以长期不熔断；超过其额定电流的倍数越大，熔体熔断的时间越短。

图 1-5　现代汽车上常见的熔断器

图 1-6　熔断器的图形符号

表 1-3　各种熔断器额定电流的规格

熔断器规格		额定电流 /A										
玻璃管式		2	3	5	7.5	10	15	20	25	30	40	—
金属丝式		—	—	—	7.5	10	15	20	25	—	—	—
平板式		—	—	—	30	40	50	60	80	110	150	175
熔片式	CD 型和 F 型	1	2	3	4	5	7.5	10	15	20	25	30
	E 型	—	—	20	30	40	50	60	70	80	—	—
插片式	6.3（A1 型）	—	—	20	30	40	—	—	—	—	—	—
	8.0（A2 型）	—	—	—	30	40	50	60	—	—	—	—
	9.5（A3 型）	—	—	—	—	—	50	60	70	80	—	—
旋紧式		—	—	—	—	—	—	—	70	80	100	120

2. 易熔线

汽车中易熔线（简称熔丝）也是常用的熔断装置，用于保护电源电路和大电流电路。易熔线如图 1-7 所示。易熔线的图形符号如图 1-8 所示。

图 1-7　易熔线

图 1-8　易熔线的图形符号

三、高压插接件

高压插接件连同高压连接线缆连接高压组件，不仅是车辆驱动的关键能源输送组件，影响车辆的功能及性能，也是影响车辆安全性能的关键因素。插接件虚接或松脱会引起车辆抛锚、着火，甚至产生电击，从而威胁到车主或维修技师的生命安全。所以，松开或固定高压插接件时都必须严格遵守规定顺序。以吉利帝豪 EV450 车型为例，插接件的插拔方法分为以下两类。

1. HVP800 序列的高压插接件

HVP800 序列的高压插接件的插拔方法如下。

①用手或起子向后拨动助力手柄红色卡扣。

②当红色卡扣脱离漆标后，缓慢向上拔出助力手柄，插接件会跟着退出。

③当助力手柄达到垂直位置时，插接件将完全被拔出。HVP800 序列的高压插接件如图 1-9 所示。

④插接和拔出高压插接件的顺序相反。

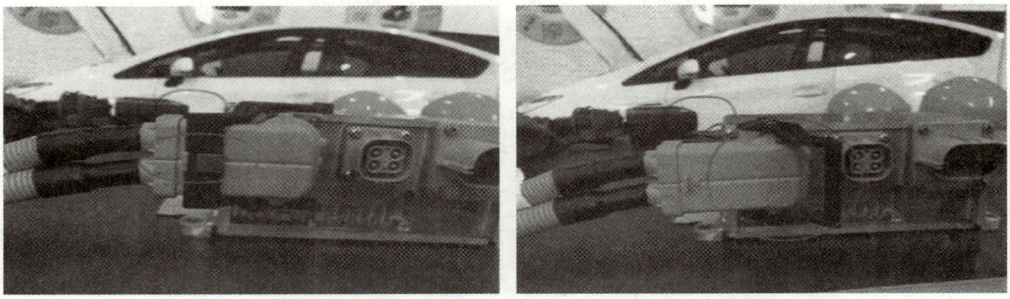

图 1-9 HVP800 序列的高压插接件

2. HVA280 序列的高压插接件

HVA280 序列的高压插接件的插拔方法如下。

①按住红色锁扣后，将红色锁扣向后拔，直到脱离漆标位置。

②向下按住图中所圈位置后，即可将插接件拔出。高压插接件的位置如图 1-10（a）所示。

③插接和拔出高压插接件的顺序相反，图 1-10（b）为高压插座的连接结构，结构比较复杂，在松开和安装高压插接件时一定要对准位置，才能连接。

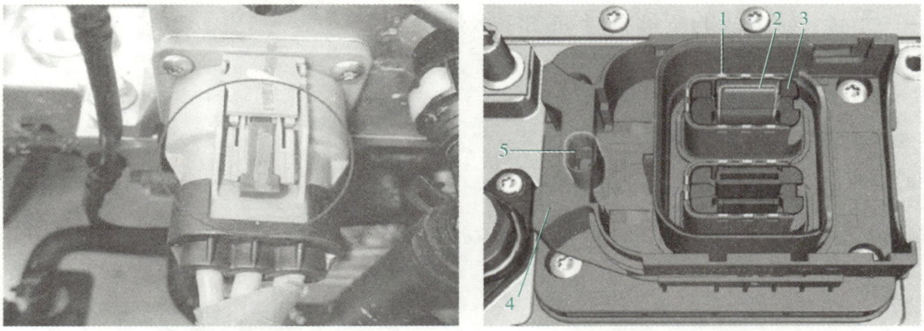

（a）高压插接件的位置　　（b）高压插座的连接结构

1—屏蔽层接触位置；2—导电层接触位置；3—接插件保护层；4—接插件锁扣；5—互锁电路插座。

图 1-10 HVA280 序列的高压插接件

注意：因为是高压插接件，所以插接时要注意做到“一插、二响、三确认”。

3. 高压维修开关

在维修或更换高压组件时，必须通过标准断电流程将高电压系统切断为无电压状态，即先关闭点火开关（至少等待 5 s），然后拔出高压维修开关（见图 1-11）。

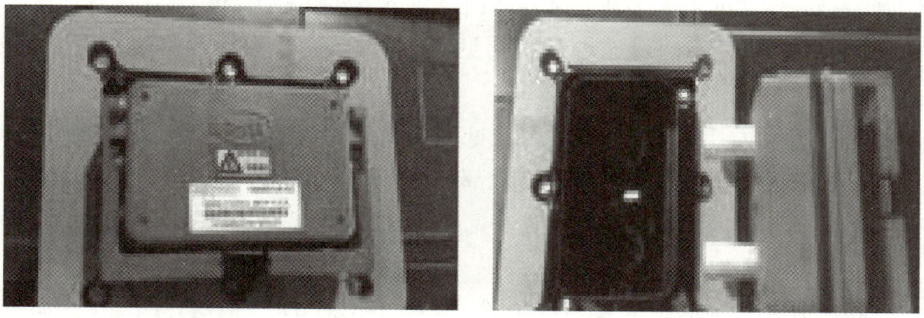

图 1-11　高压维修开关

四、开关

开关是电路中最常用的部件，它能控制电路的接通、断开。开关内的触点闭合时便通过电流，断开时便切断电流。开关可根据输入、输出开关的线路数目进行分类。若用“刀”表示输入开关的线路数目，用“掷”表示输出开关的线路数目，开关可分为单刀单掷开关、单刀双掷开关、单刀多掷开关等类型。

多种开关功能集成在一起而构成的组合开关在现代汽车上使用非常广泛，如灯光控制开关、雨刮器开关等。因此，在识图时应了解开关在不同状态下开关内部触点（插头）和电路接线（插座）之间的对应关系，下面以比亚迪 · 唐常用的灯光控制开关为例讲解。比亚迪 · 唐常用的灯光控制开关功能图如图 1-12 所示。

（a）点亮昼行灯或使远光灯闪烁

（b）点亮小灯

（c）点亮前组合灯

（d）自动控制灯光开启和关闭

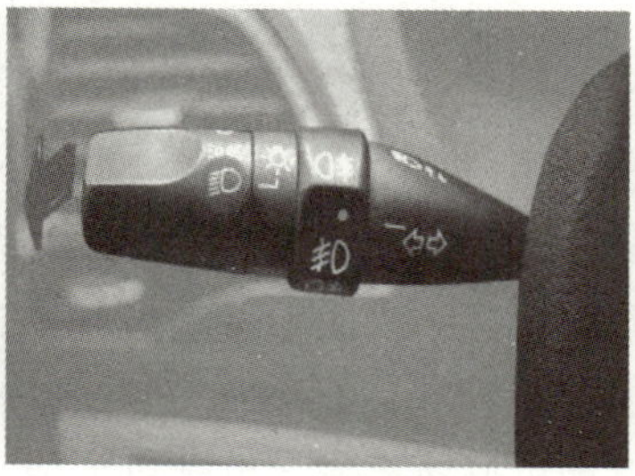

（e）点亮前雾灯

（f）同时点亮前后雾灯

图 1-12　比亚迪 · 唐常用的灯光控制开关功能图

1. 灯光控制开关

灯光控制开关是汽车在日常使用中常用的一个部件，在一部分汽车上照明灯光和信号灯光采用组合开关控制，即小灯、大灯、变光、转向、会车闪光等都用一个开关控制。常见的灯光控制开关是旋转式的，大多数安装在转向盘左下方转向柱上，用左手操纵。

①灯光控制开关左手柄旋至位置［见图 1-12（a）］，除昼行灯点亮外，所有灯光都关闭。

②灯光控制开关左手柄旋至位置［见图 1-12（b）］，点亮小灯，包括前位置灯、后位置灯、牌照灯、仪表背光灯、小灯指示灯及部分背光灯等。

③灯光控制开关左手柄旋至位置［见图 1-12（c）］，可点亮前组合灯，包括近光灯和小灯。

④灯光控制开关左手柄旋至 AUTO 位置［见图 1-12（d）］，根据光照强度传感器采集的外界光照强度，自动控制灯光开启和关闭。

⑤将灯光控制开关左手柄从原位向前推（背离转向盘侧），点亮远光灯；将灯光控制开关左手柄拉回原位，熄灭远光灯；将组合开关左手柄从原位向上拉（靠近转向盘侧），点亮远光灯；松手即自动回到原位，熄灭远光灯；将调光旋钮旋至位置［见图 1-12（a）］，也可使远光灯闪烁。

若前组合灯打开，可通过雾灯开关打开雾灯：打开小灯后，将开关向上旋至位置［见图 1-12（e）］，点亮前雾灯；开启前雾灯后，将雾灯开关再逆时针旋至位置［见图 1-12（f）］，然后松开，同时点亮前后雾灯；完成上述步骤后顺时针旋转雾灯开关，关闭前雾灯，只点亮后雾灯；再顺时针旋转雾灯开关，关闭后雾灯。灯光组合开关内部电路图如图 1-13 所示。

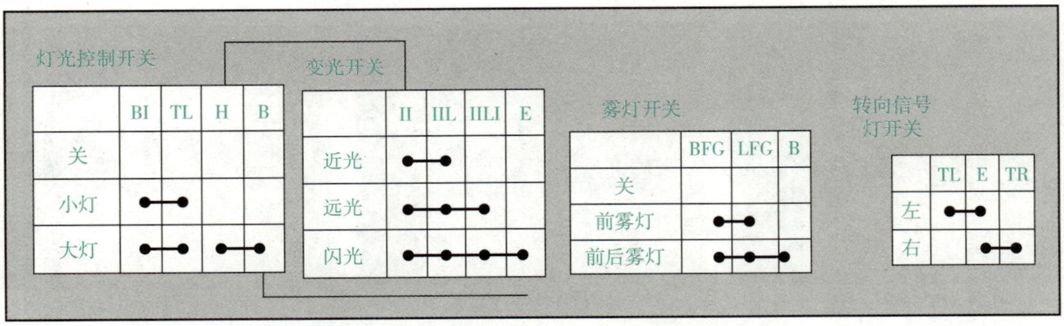

图 1-13 灯光组合开关内部电路图

2. 雨刮器及喷水器开关

图 1-14 为雨刮器及喷水器开关电路图。当雨刮器开关置于 OFF 挡时，自动回位装置与电动机低速接通，转到一定角度后停转；当向上拨动操作杆到 1 挡时，自动回位装置与电动机低速仍然接通，同时电源与间歇继电器一端接通，间歇继电器进入间歇工作状态；当向上拨动操作杆到 2 挡时，电源与电动机低速接通，电动机低速运转；当向上拨动操作杆到 3 挡时，电源与电动机高速接通，电动机高速运转；当在 OFF 位置向下拨动操作杆时，电动机

低速短暂接通，电动机短促运转；向后拨动操作杆可使风窗洗涤液喷出，可对车窗玻璃进行洗涤。

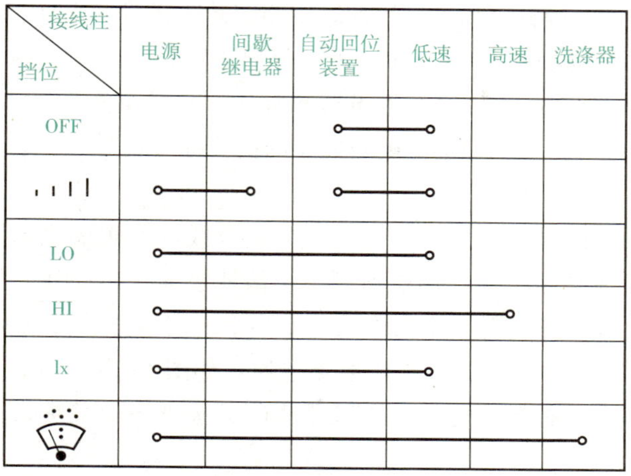

图 1-14　雨刮器及喷水器开关电路图

3. 中控门锁开关

按中控门锁闭锁按键，四门门锁同时闭锁，闭锁指示灯点亮；按中控门锁解锁按键，四门门锁同时解锁，闭锁指示灯熄灭。中控门锁开关如图 1-15 所示。当车速超过一定时速时（EV 车型约 8 km/h），所有车门将自动闭锁。按下启动 / 停止按键，电源挡位从 OK 转为 OFF 挡时，所有车门自动解锁下降（按下开关），上升（拉起开关）。

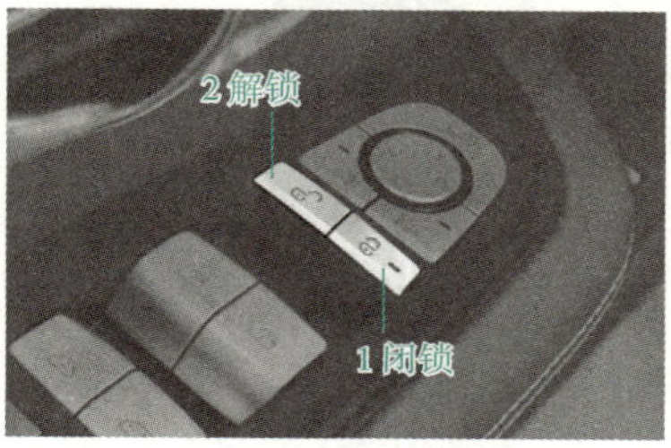

图 1-15　中控门锁开关

4. 手、自动操作（装有防夹功能时）

①实现自动降窗：按下开关按键，直至第二个挡位，松开操作即可。实现自动升窗：往上拉起开关按键，直至第二个挡位，松开操作即可。若需要中途停止，则向相反方向轻按一下。

②实现手动降窗：按下开关按键，直至第一个挡位，不要松开操作，玻璃可以手动持续下降。实现手动升窗：往上拉起开关按键，直至第一个挡位，不要松开操作，玻璃可以手动持续上升。电动车窗开关如图 1-16 所示。

图 1-16　电动车窗开关

③若车窗玻璃在上升过程中，有人或物体被夹住，则玻璃会停止上升并自动下降。

五、继电器

继电器可以实现自动接通或切断一对或多对触点，用小电流控制大电流，可以减小控制开关的电流负荷，保护电路中的控制开关。新能源汽车电路中常见的有进气预热继电器、空调继电器、喇叭继电器、雾灯继电器、中间继电器、雨刮器及喷水器继电器、危险报警与转向闪光继电器等。继电器示例如图 1-17 所示。

汽车继电器由铁芯、轭铁、衔铁、线圈、线圈焊片、板簧、支杆、触点、触点焊片等零件组成。继电器内部结构如图 1-18 所示。继电器触点可以有一对、两对或多对，主要有三类：常开（N.O）继电器，常闭（N.C）继电器和常开、常闭混合型继电器。继电器的每个插脚都有标号，与中央接线盒正面板的继电器插座的插孔标号相对应。继电器的符号如图 1-19 所示。

当电磁继电器线圈两端加上一定的电压或电流，线圈产生的磁通通过铁芯、轭铁、衔铁、磁路工作气隙组成磁路。在磁场的作用下，衔铁吸向铁芯极面，从而推动触点常闭触点断开，常开触点闭合；当线圈两端电压或电流小于一定值时，机械反力大于电磁吸力时，衔铁回到初始状态，常开触点断开，常闭触点接通。如图 1-20 所示，在汽车喇叭继电器的电路中，继电器用小电流控制大电流，以减小喇叭开关的电流负荷，具有保护喇叭开关的作用。

图 1-17　继电器示例

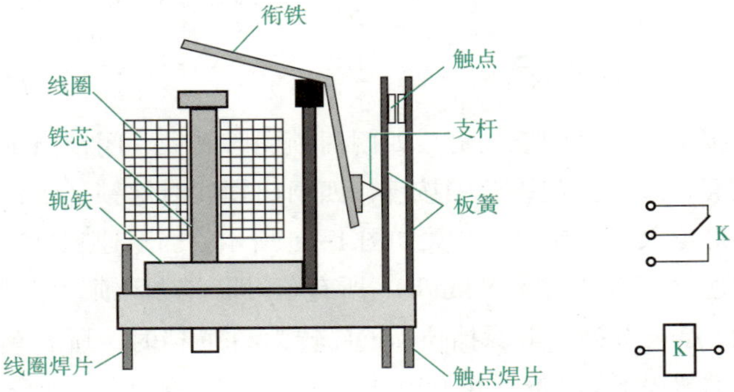

（a）结构　（b）符号

图 1-18　继电器内部结构

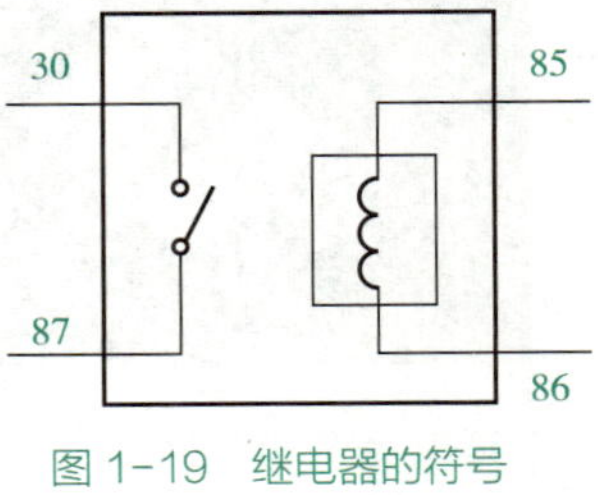

图 1-19　继电器的符号

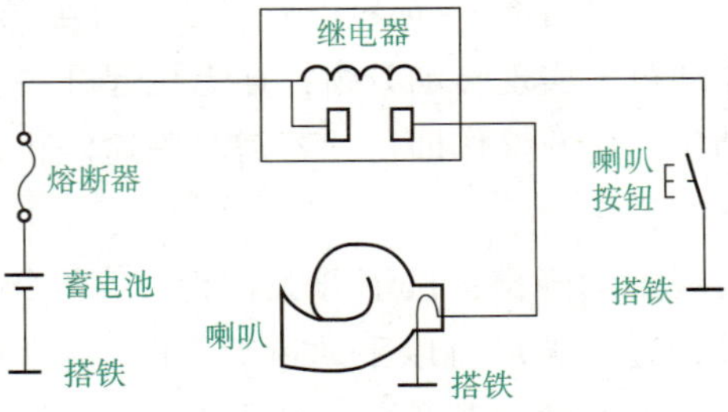

图 1-20　汽车喇叭继电器的电路

六、汽车电路检查工具的使用

1. 跨接线

跨接线是一根测试导线，如图 1-21 所示，是一种简单、有效的测试工具。跨接线可使电流“绕过”被怀疑是开路或断路的电路部分，从而使电路形成回路，进行导通性测试。如果连接跨接线后电路工作正常，不连接跨接线时工作不正常，则表示所跨过的部分存在开路故障。跨接线仅用于旁通电路的非电阻性部件，如开关、连接器和导线段等。

注意：切勿将跨接线直接跨接在用电设备两端，否则会烧损其他相关电路元件。如图 1-22 所示，电动机两端不能接跨接线。

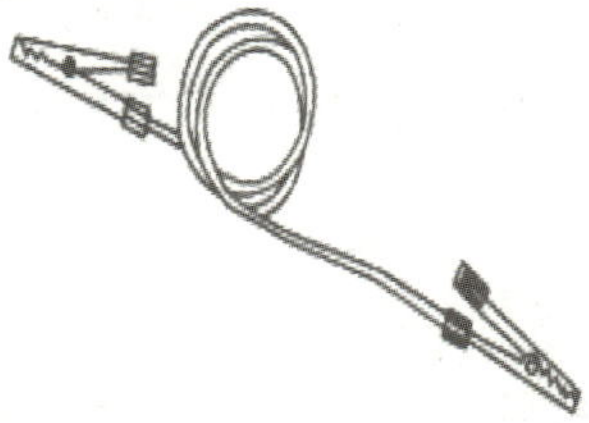

图 1-21　跨接线

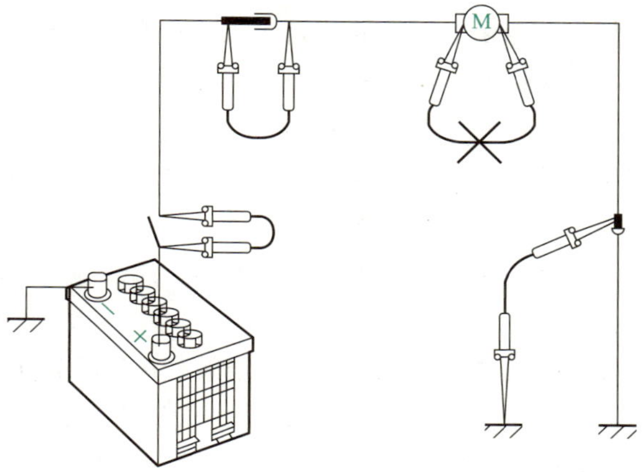

图 1-22　跨接线的使用

2. 测电笔（测试灯）

测电笔包括一只 12 V 灯泡和一对引线，用于测试是否有电压。测电笔如图 1-23 所示。测电笔的使用方法是将一条引线接地，用另一条引线沿电路接触不同的点，检测是否有电压。如果测电笔点亮，表明测试点有电压。测电笔的使用方法如图 1-24 所示。

图 1-23　测电笔

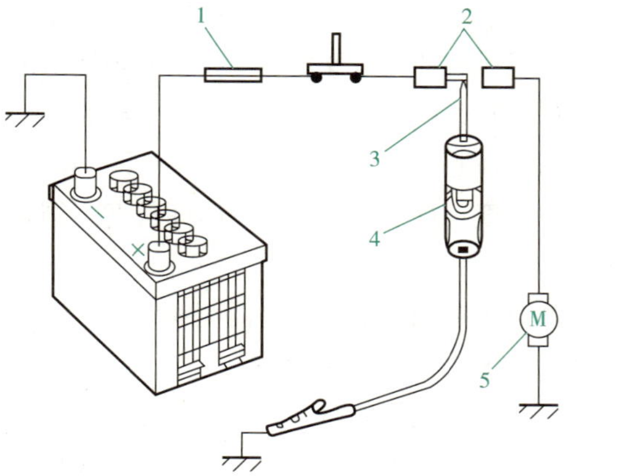

1—保险丝；2—连接器；3—探针；4—测试灯；5—电机。

图 1-24　测电笔的使用方法

3. 汽车专用万用表

汽车专用万用表是一种高阻抗（≥ 10 MΩ）数字多用表，其外形、结构和工作原理与数字式万用表相同。汽车专用万用表如图 1-25 所示。它承袭了数字式万用表的一切优点并扩展至汽车检测领域。有的专用万用表还增加示波器、运行记录器、发动机分析仪等功能。

(1)测试功能——电压(V)

①将汽车专用万用表的测试导线插入相应插孔(黑色导线连接 COM 终端,红色导线连接 V-Ω-RPM 终端)。

②将汽车专用万用表的功能选择开关置于电压测量挡位,并根据待测量电压的类型选择直流和交流位置。

③根据待测电压的大小选择量程。

④使用汽车专用万用表的测试导线接入待测电路,黑表笔接地,红表笔接信号线。

⑤闭合待测试电路,观察汽车专用万用表显示区域的电压读数。

图 1-25　汽车专用万用表

⑥按下 HOLD 按钮,锁定测量结果,并与标准值进行对比。

(2)测试功能——电阻(Ω)

①如果被测电阻开路或阻值超过仪表最大量程时,显示器将显示 OL。如果表笔短路时的电阻值不小 0.5 Ω 时,应检查表笔是否有松脱现象或其他原因。

②测量 1 MΩ 以上的高阻电阻时,可能需要几秒钟后读数才会稳定,属正常现象。

③不要输入高于直流 60 V 或交流 30 V 的电压,避免人身伤害。

④在完成所有的测量操作后,要断开表笔与被测电路的连接。

⑤通过可旋转开关和 Mode 按钮选择 Ω 功能。

(3)测试功能——电容量(CAP)

①不要输入高于直流 60 V 或交流 30 V 的电压,避免人身伤害。

②在完成所有的测量操作后,要断开表笔与被测电路的连接。

③通过旋转开关和 Mode 按钮选择电容量 CAP 功能。

(4)测试功能——脉冲宽度和脉冲周期(ms)

①脉冲宽度是指电磁阀开启的时间长度。例如,火花塞通过引擎控制模块(ECM)的电子脉冲激活。

②脉冲产生磁场,推动喷射器喷嘴阀门打开。

③脉冲结束,火花塞喷嘴关闭。

④阀门打开至关闭的时间即为脉冲宽度,且以毫秒(ms)为单位测量。

汽车专用万用表的使用注意事项。在使用仪表之前,详细阅读说明书;测量前正确选择测量挡位;当需要重新选择测量挡位时,应将其中一支表笔脱开;要在通风良好、合适的温度(0 ~ 40 ℃)和湿度(RH < 85%)下使用;长时间不使用仪表时,将电池取出;输入端的电压或电流不应超过插孔旁的警告指示值,以免损坏内部电路。

4. 解码器

解码器也称为车辆故障自检终端、汽车故障诊断仪,其作用是将电子控制单元存储器中的故障代码读出，为检修人员提供参考。解码器可分为通用型和专用型两种，通用型解码器的适用车型广，基本上涵盖了美、欧、亚及国产车系，其功能也与专用型解码器相近。例如，进口解码器红盒子和OTC解码器等；国产解码器电眼睛、仪表王等。专用型解码器只能检测指定的车型，它是各汽车制造厂商为自己生产的各种车型设计的专用解码器。例如，通用公司的Tech 2、奔驰公司的HHT等。解码器主要由主机、电源、测试接头和测试线四部分组成。解码器的组成如图1–26所示。

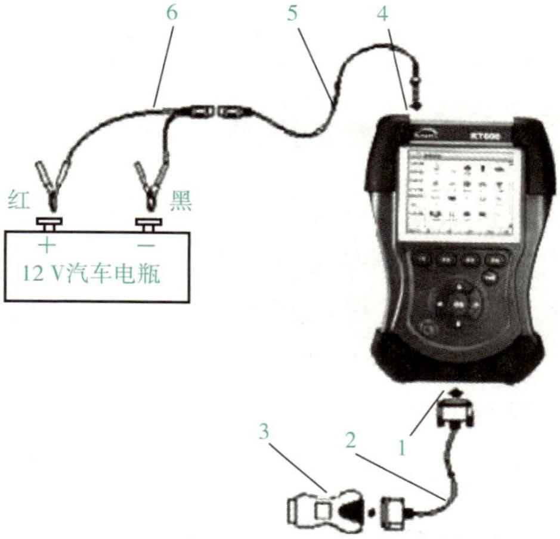

1—KT600测试口；2—测试延长线；3—专用测试接头；
4—KT600电源接口；5—电源延长线；6—双钳电源线。
图1-26 解码器的组成

> 注意：请一定要先连接好主机、测试延长线和诊断接头后，再把测试接头连接到诊断座上，否则容易在连接过程中因导线短路造成诊断座保险丝熔化。

主机：主机上布置若干个功能按键，用户可通过按键操作来实现人机对话。测试结果显示在主机屏幕上。

电源：电源为主机提供能量支持，国内产品一般采用汽车电源作为供电设备（直接连接电瓶或通过点烟器连接电源），国外部分产品采用内装式锂电池。

测试接头：每种车系可能有不同的自诊断座（DLC），所以在测试不同的车系前，必须选用对应的测试接头。

测试线：连接测试接头和主机的连接线。

解码器一般有以下功能：读取故障码、消除故障码、动态数据流测试、静态数据流测试、执行元件测试、基本设定、控制单元的编码、音响解码功能。

以国产金德KT600为例，根据被测车型和该测试车的诊断座形式选择合适的测试接头，用测试线将解码器、测试接头和测试车诊断座连接。故障诊断的操作一般有以下几个步骤：第一步，在车上找到诊断座；第二步，选用相应的诊断接口；第三步，根据车型，进入相应诊断系统；第四步，读取故障码；第五步，查看数据流；第六步，诊断维修之后清除故障码。

知识扩展 吉利新能源 EV300 纯电动汽车电路基础元件

本知识可通过识别二维码获取学习资料。

扫一扫 学一学

故障分析及维修方案 继电器损坏的原因

对照明电路的故障现象，接受任务的陈师傅开启前照灯，前照灯不亮。陈师傅说："新能源汽车前照灯开启不工作通常由三种因素导致：一是接触不良导致接通不可靠故障，二是触点失电却不释放故障，三是触点得电却不吸合故障。"陈师傅判断继电器损坏需要更换。

根据陈师傅的分析，填写继电器检修相关信息，告知售后服务经理，得到确认后检修，提交一份分析报告并归档。故障报告检测分析表及实训总结与评价表见活页手册。

任务实施 继电器故障的检修步骤

一、实施环境

安全防护：布置车辆安全防护与隔离（车辆挡块、警示隔离带、高压危险警示牌）。

工具设备：万用表、解码器、测电笔。

实训器材：熔断器、继电器（以迈腾 GTE 插电混动型继电器为例）。

辅助资料：汽车原厂维修手册、原厂电路图。

二、实施步骤

1. 元件检测

①用万用表在多个熔断器中检测出损坏的元件。

②在不同型号继电器中，用万用表检测出各继电器常开、常闭触点的触点烧蚀及继电器控制线圈开路或短路情况。

2. 故障检测

（1）熔断器的检测

可以用观察法透过光线看熔断器元件通断情况，也可以用万用表二极管测量挡位检测熔断器，还可以万用表电阻挡检测熔断器。用万用表二极管测量挡位检测熔断器的两个引脚，万用表发出"滴～"的声音，表示熔断器导通，反之熔断器损坏。熔断器的检测如图 1-27 所示，用万用表 R×100 Ω 测量挡位检测熔断器的两个引脚，阻值较小，表示熔断器导通；

阻值为∞，表示熔断器损坏。

图 1-27　熔断器的检测

（2）继电器的检测

①开路检测如图 1-28 所示。因为负载触点烧蚀通常伴随有塑料烧蚀后的异味，所以可以通过嗅气味的方法快速判断，也可以通过手指接触继电器外壳，控制继电器工作，感受继电器内是否有振动，判定继电器控制线圈是否完好。

继电器的检测如图 1-29 所示，万用表二极管测量挡位检测继电器的常闭触点 30、87a 两个引脚，万用表发出“滴～”的声音，继续检测 30、87 两个引脚，万用表未发出“滴～”的声音。此时表示继电器常开、常闭触点未通电情况下为正常，反之继电器常开、常闭触点损坏。

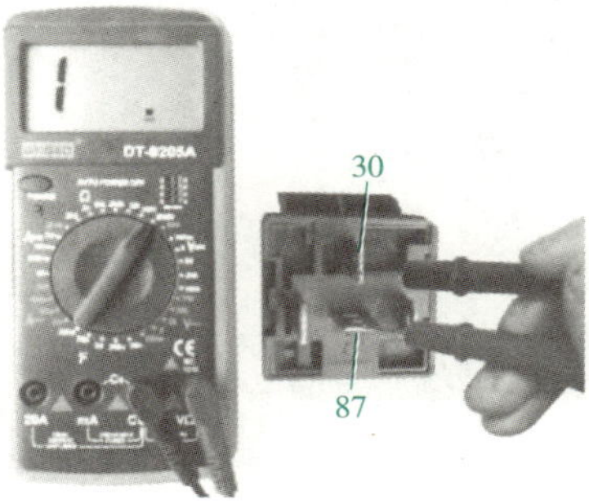

图 1-28　开路检测

图 1-29　继电器的检测

用万用表 R×100 Ω 测量挡位检测四脚继电器控制线圈 85、86 之间电阻为 20 ～ 200 Ω，30、87a 之间电阻为∞，四脚继电器如图 1-30 所示；检测五脚继电器控制线圈 30、87a 之间电阻为 0，30、87 之间电阻为∞，五脚继电器如图 1-31 所示。检测值在上述范围内则正常，否则有损坏。

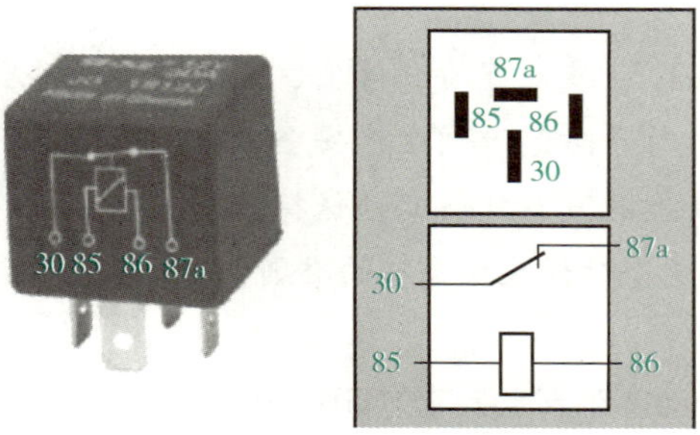

图 1-30　四脚继电器

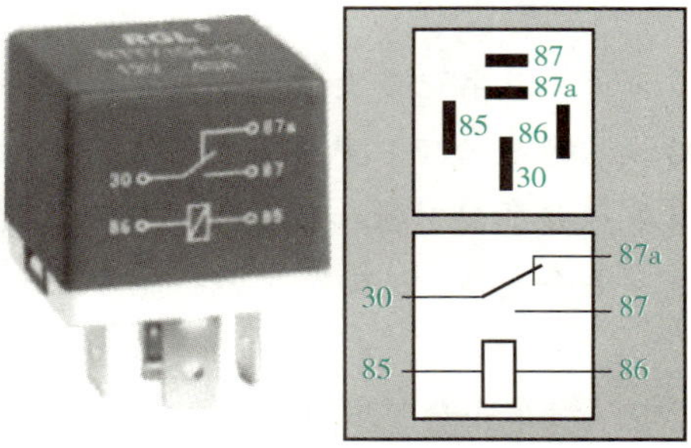

图 1-31　五脚继电器

②加电检测如图 1-32 所示。在继电器控制线圈 85、86 之间，加 12 V 电压，检测继电器常开触点 30、87 之间电阻为 0，检测继电器常闭触点 30、87a 之间电阻为 ∞ 则正常，否则有损坏。

图 1-32 加电检测

③试灯检测如图 1-33 所示。在继电器控制线圈 85、86 之间加 12 V 电压，30、87 继电器常开触点之间串联一个大灯，大灯灯泡亮则继电器为正常，否则有损坏。

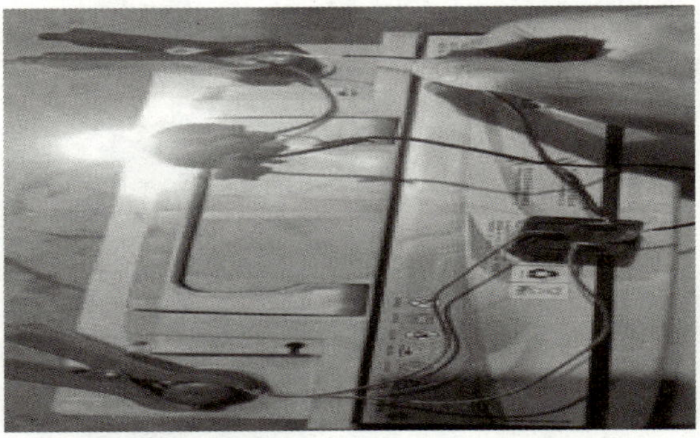

图 1-33 试灯检测

任务三 新能源汽车高压维修安全与防护措施

思政导学 “人民至上、生命至上”

习近平总书记多次强调“人民至上、生命至上”，突出了责任落实、风险防控、源头治理、严格监管等安全管理重点，对于防范遏制生产安全事故具有很强的针对性和指导性。安全性是中国新能源汽车发展必须保持的底线，安全造车、造安全车是新能源汽车企业在这个时代应该坚持的准则。

《电动汽车安全要求》(GB 18384—2020)、《电动客车安全要求》(GB 38032—2020）和《电动汽车用动力蓄电池安全要求》（GB 30381—2020）三项强制性国家标准（以下简称“三项强标”），适用于电动汽车的电气安全和功能安全要求，增加了电池系统热事件报警信号要求，能够第一时间给驾乘人员安全提醒；强化了整车防水、绝缘电阻及监控要求，以降低车辆在正常使用、涉水等情况下的安全风险；优化了绝缘电阻、电容耦合等试验方法，以提高试验检测精度，保障整车高压电安全。

拓展阅读 **《电动汽车安全要求》标准**

“三项强标”是我国在电动汽车领域发布的首批国家强制性标准，规定了电动汽车行业的安全性规范，巩固了电动汽车行业的安全底线，保障了消费者的生命财产安全，提升了行业的标准化水平，促进了新能源产业的可持续发展。

新能源车型较传统车型相比，增加了电驱动部分装置，该部分相关装置使用高压电（相对安全电压来说）。因此，从事新能源汽车电气的工作人员应具备“特种作业操作证”，也就是必须经过专门的安全技术培训和考核，经考试合格取得“特种作业操作证”后，才能独立作业。电气作业人员要遵守电工作业安全操作规程、坚持维护检修制度，特别是高压检修工作的安全，必须坚持工作票、工作监护等工作制度。

故障现象

售后服务经理接到客户一辆吉利帝豪 EV300，该车无法启动。请正确操作新能源汽车高压断电与恢复作业程序。

知识链接 **新能源汽车的防护措施**

一、新能源汽车电压安全级别

依据国家标准《电动汽车术语》（GB/T 19596—2017）中人员触电防护要求，根据不同电压等级可能对人体产生的伤害和危险程度不同，将新能源汽车中的电压按照类型和数值分为两个级别。电压等级见表 1-4 所列。

表 1-4 电压等级

电压等级	最大工作电压 /V	
	直流	交流
A	$0 < U \leqslant 60$	$0 < U \leqslant 30$
B	$60 < U \leqslant 1\,500$	$30 < U \leqslant 1\,000$

A 级是较为安全的电压等级，在直流中是小于或等于 60 V 的。在规定的 150 Hz 频率下，电压低于 25 V，维护人员不需要采取特殊的防电保护。

B 级对人体会产生伤害，车辆带有 B 级电压电路的部分统称为高压系统。在该电压下必须采取必要的防护设备对维护人员进行保护。

二、新能源汽车高压电路的特点

①高压一般设计在 200 V 以上。大多数新能源汽车的动力电池电压都在 280 V 左右。

②高压存在的形式既有直流，也有交流。这包括在动力蓄电池的直流，也有充电时的 220 V 电网交流电，以及电动机工作时的三相交流电。

③高压对绝缘的要求更高。大多数传统汽车上的绝缘材料，当电压超过 200 V 时可能就变成了导体。因此，新能源汽车上的绝缘材料需要具有更高的绝缘性能。

④高压对正负极距离的要求。12 V 电压情况下，正负极之间需要很近的距离才会有击穿空气的可能，但是当电压达 200 V 以上时，正负极之间很容易就会发生击穿空气现象，从而导电，也就是常说的电弧。如图 1-34 所示，在 300 V 电压下，两根导线距离 10 cm 时就会发生击穿导电。

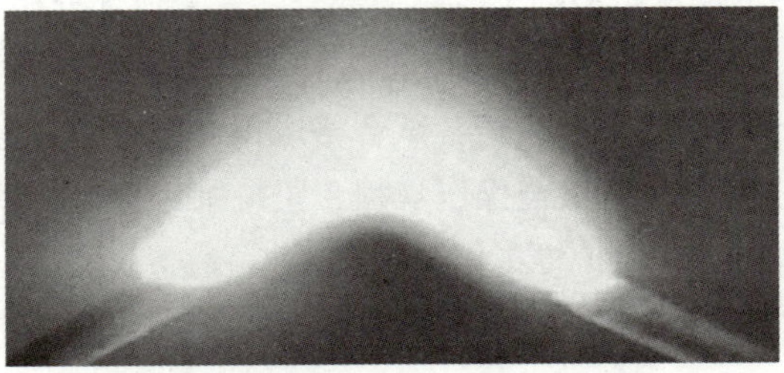

图 1-34　高压击穿

三、新能源汽车高压安全要求

根据新能源汽车和人体安全标准，要求最大交流工作电压小于 660 V，最大直流工作电压小于 1 000 V、整车质量小于 3 500 kg。新能源汽车的高压安全要求如下。

①安全电压低于 35 V，触电电流和持续时间乘积的最大值小于 30 mA · s。

②绝缘电阻除以电池的额定电压至少应该大于 100 Ω/V，最好是能确保大于 500 Ω/V。

③电池充电电压一般不超过额定电压上限值的 30%。

④对于高于 60 V 的高压系统，其上电过程至少需要 100 ms，在上电过程中应该采用预充电过程来避免高压冲击。

⑤继电器断开时间应小于 20 ms。当高压系统断开 1 s 后，汽车的任何导电的部分和可接触的部分对地电压峰值应小于 42.4 V（交流）/60 V（直流）。

四、新能源汽车维修时的防护措施

新能源汽车维修时必要的绝缘及防护护具包括绝缘手套（绝缘等级为 1 000 V/300 A）、绝缘鞋、护目镜、绝缘安全帽（D 类）、警示牌（高压危险，请勿靠近）、高压测试仪、绝缘工具、放电工装等，在开始作业前要对绝缘及防护护具进行检查，以确保其性能。

1. 高压保护用具

绝缘维修工具。绝缘维修工具是使用绝缘材料进行加工并适用于电气管理的工具，包括常用的维修套筒、开口扳手、螺丝刀、钳子、电工刀等。绝缘维修工具如图 1–35 所示。

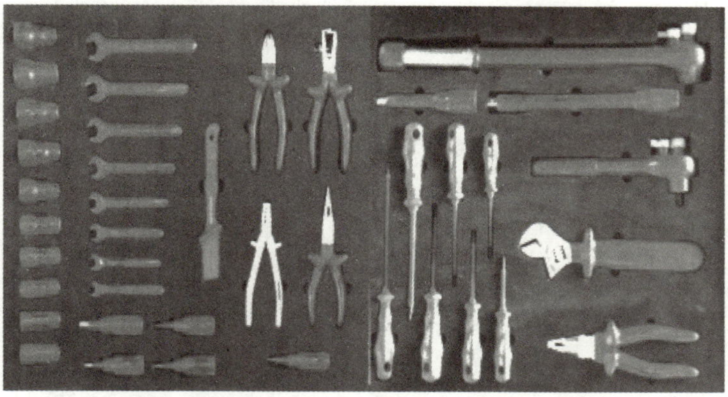

图 1-35　绝缘维修工具

绝缘仪表。绝缘仪表是新能源汽车维修过程中必要的测试线路导通和中断的工具，以确认高压是否断开，常用的绝缘仪表有数字式万用表（见图 1–36）和兆欧表（见图 1–37）。

图 1-36　数字式万用表

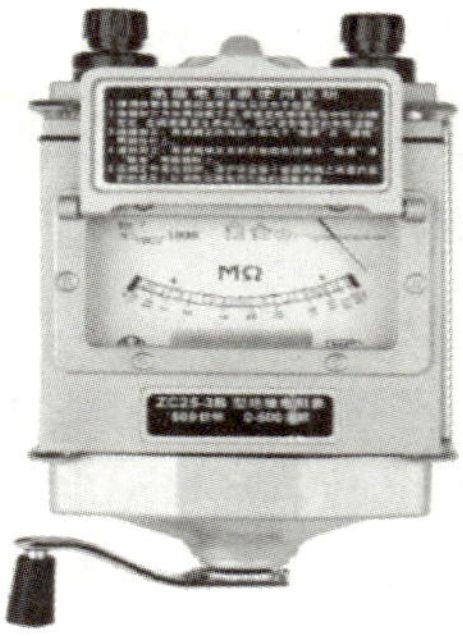

图 1-37　兆欧表

个人防护用具。个人防护用具是防止触电的个人防护设备，主要包括绝缘手套、电绝缘防护服（非化纤材质的衣服）、电绝缘安全鞋、护目镜、头盔和绝缘地垫等。个人防护用具如图 1–38 所示。

图 1-38　个人防护用具

新能源汽车高压电标识。通常新能源汽车高压线为橙色。例如，动力电池高压电缆、电机控制器电缆、快充线束、慢充线束、高压插件线束（高压线束总成）等。高压电标识如图 1-39 所示。

（a）高压插件

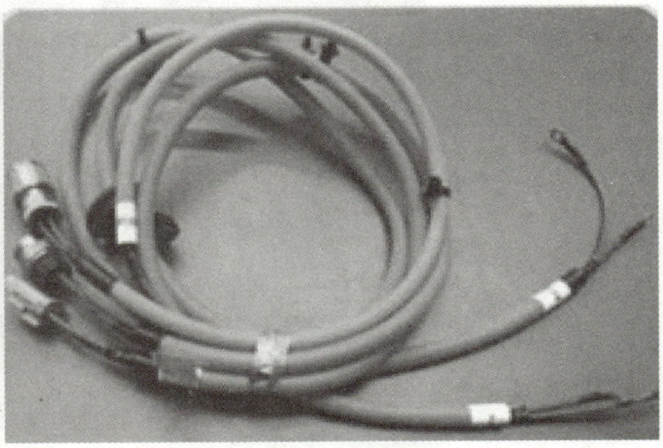
（b）高压插件线束

图 1-39　高压电标识

2. 新能源汽车绝缘检测

对于新能源汽车的高压电系统和自动断路器的工作状态及功能的监测，需要检测的参数可以分成以下几类。

①高压电气参数：高压系统电压、电流，高压总线剩余电量。

②高压电路参数：动力电池绝缘电阻、高压总线等效电。

③非电测量参数：环境温度、湿度。

④数字量测参数：开关量的输入和输出等。

3. 断路与漏电保护

汽车采用漏电保护，避免了壳体漏电成为高压正极，站在车上的人触摸负极造成电击伤；也避免了空调系统高压、DC/DC 系统高压的泄漏。

五、高压电路维修安全

1. 高压系统部件认知

新能源汽车高电压部件主要集中在以下几个位置（见图 1-40）。

电源系统：主要是 DC/DC 转换器，用于动力电池向低压 12 V 蓄电池充电。

驱动系统：包括驱动电器和电机控制器。

充电系统：包括为动力电池充电的车载充电器和充电接口。

空调 / 加热系统：因为纯电动汽车没有发动机，不能带动压缩机或者余热用于空调，所以纯电动汽车一般会有高压电驱动的空调压缩机和高压的 PTC 加热器。

其他附件：用于连接高压部件之间的导线也属于高电压部件。

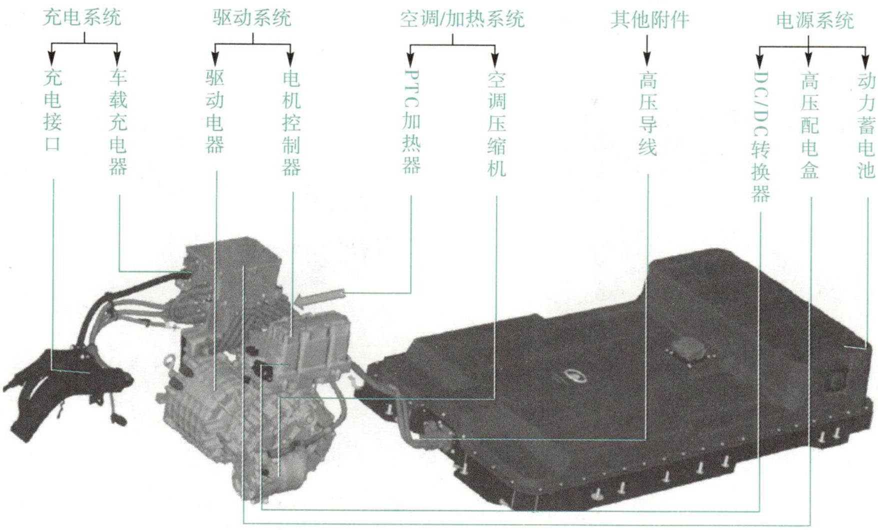

图 1-40　高电压部件位置

2. 高压电存在形式

根据高电压存在的时间，高压系统按整车高压存在形式分为三类：持续存在、运行期间存在、充电期间存在。高压电存在形式如图 1-41 所示。

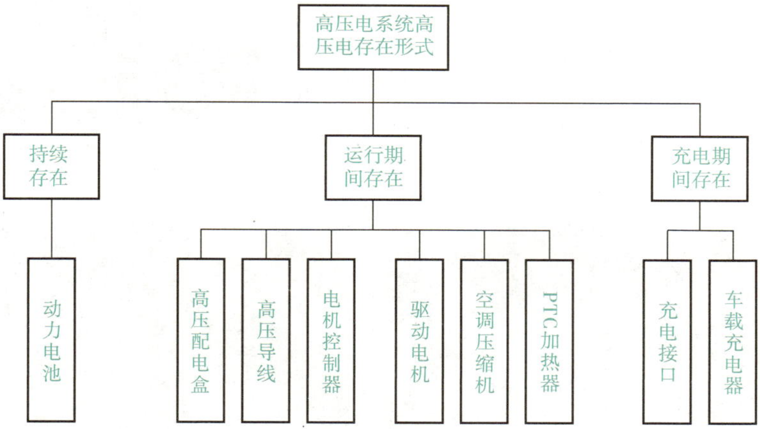

图 1-41　高压电存在形式

持续存在形式。新能源汽车的动力电池，作为储能装置，即使车辆停止运行期间，也存在持续高压电。当满足动力电池放电条件后，该部件将持续对外放电。持续存在形式如图 1-42 所示。

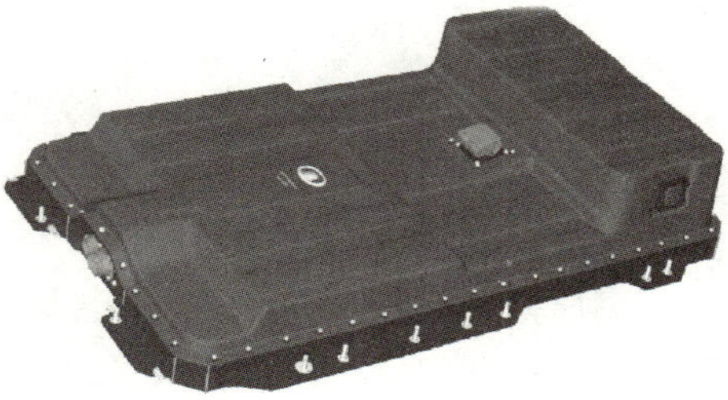

图 1-42　持续存在形式

运行期间存在形式。如图 1-43 所示，运行期间存在高电压的系统或部件有两种类型：第一类是点火开关处于 READY 状态即存在电压，如电机控制器（含逆变器）、DC/DC 转换器和连接的高压导线；第二类是点火开关虽然处于 READY 状态，但该部件或者系统所执行的功能没有被激活或者接通，此时该部件不会接通高电压。

（a）电机控制器

（b）高压线束

图 1-43　运行期间存在形式

充电期间存在形式。需要注意的是，有些车辆的车载充电器和动力电池设计有独立的空调冷却系统。在车辆充电期间，动力电池可能产生很高的热量，因此车载空调会运行来降低动力电池的温度。此时，车辆的高压压缩机也会在充电期间运行，也存在高电压。充电期间存在形式如图 1-44 所示。

图 1-44　充电期间存在形式

3. 通用识别原则

颜色识别。根据《电动汽车安全要求》(GB 18384—2020）的规定，电动汽车上所有高压电缆和线束的外皮应用橙色加以区别（见图 1-45），外壳里面或遮挡后面的除外。

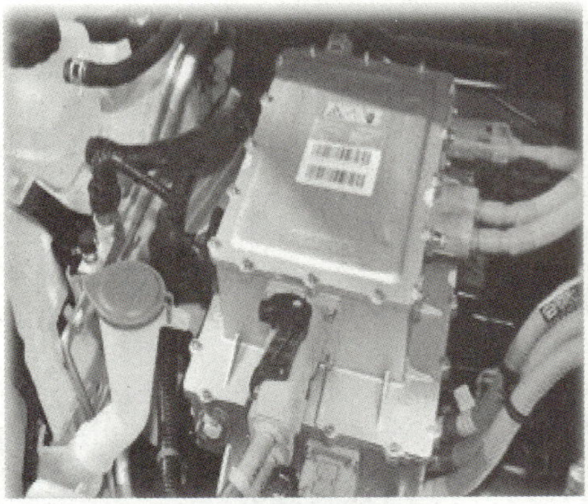

（a）高压配电盒

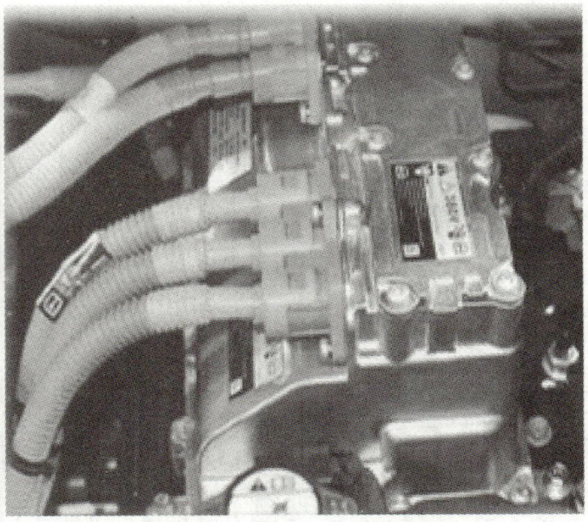

（b）电机控制器

图 1-45　高压部件

高压警告标记识别。根据《电动汽车安全要求》（GB 18384—2020）的规定，电动汽车上所有高压部件都应贴如图 1-46（a）所示的高压警告标记，符号的底色为黄色，边框和箭头为黑色。高压警告标记应用示例如图 1-46（b）～（f）所示。

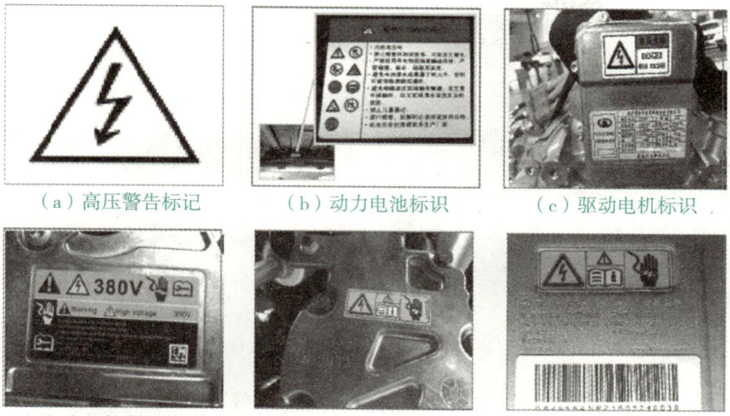

（a）高压警告标记　（b）动力电池标识　（c）驱动电机标识

（d）电机控制器标识　（e）空调压缩机标识　（f）车载充电机标识

图 1-46　高压警告标记及应用示例

4. 新能源汽车高压标准作业程序

新能源汽车高压系统主要由动力蓄电池、电源逆变器、电机控制器和电机等电气设备组成，其工作电压一般在直流 300 V 以上。新能源汽车检修过程中应严格遵循先低压后高压、先常规项目后高压项目的顺序。如需要对高压部件进行检修，应先完成高压系统断电，高压系统断电标准流程如下。

（1）选择合适的防护工具

绝缘手套是新能源汽车检验和维修过程中常用的安全器具和重要的绝缘防护装备，因此对绝缘手套的安全性能提出了更加严格的要求。绝缘手套通过绝缘橡胶材料制作成的围条绝缘层形成密闭的绝缘体系，并以此来保护手部；而普通手套用的不是绝缘材料，绝缘性能很低、易漏电。

电气作业时，应戴上合适的防护眼部的护目镜，以防止电池液飞溅。新能源高压电车辆维修用护目镜应该具有侧面防护功能，防止维修过程中产生的电火花对眼睛造成伤害。

因为触电时电流是经接触点通过人体流入地面的，所以电气作业时不仅要戴绝缘手套，还要穿电绝缘安全鞋。电绝缘安全鞋的作用是使人体与地面绝缘，防止电流通过人体与大地构成通路，对人体造成电击伤害，把触电危险降低到最小。

维修新能源汽车高电压系统时，必须穿非化纤类的工作服。化纤类的工作服容易产生静电，并且当发生火灾事故时，化纤会在高温环境下粘连人体皮肤，导致维护人员产生严重的二次伤害。

绝缘地垫又称为绝缘毯、绝缘垫、绝缘橡胶板、绝缘胶板、绝缘橡胶垫、绝缘地胶、绝缘胶皮、绝缘垫片等，是具有较大体积电阻率且耐电击的胶垫。

（2）使用规范的防护工具

①绝缘手套。绝缘手套的使用规范如下。

a. 每次使用前，应检查绝缘手套在有效预防性试验周期内。

b. 绝缘手套使用前先进行外观检查，外表应无磨损、破漏、划痕等，漏气或有裂纹的，禁止使用。绝缘手套外观检查操作如图 1-47 所示。

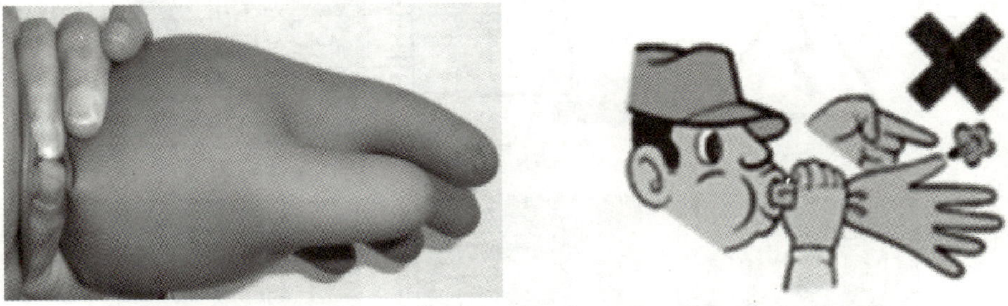

图 1-47　绝缘手套外观检查操作

c．将衣袖口套入手套筒口内，同时注意防止尖锐物体刺破手套。

d．如一双手套中的一只可能不安全，则这双手套不能使用。

e．使用最佳温度范围为 -25 ～ +55℃。

f．绝缘手套使用后应进行清洁、擦净、晾干，并应检查外表良好。

g．绝缘手套被弄脏时应用肥皂和水清洗，彻底干燥后涂上滑石粉，避免粘连，及时存放在工具室。

h．绝缘手套应架在支架上或悬挂起来，且不得贴墙放置。

i．绝缘手套应每月进行一次外观检查，做好检查和使用记录。

②护目镜。护目镜的使用规范如下。

a．所选择的护目镜产品需要经过国家级检测并达到其标准才能使用。

b．所选用的护目镜大小及型号要尽量适合使用者的脸型。

c．护目镜镜片使用时要注意专人专用，禁止交换使用，防止因护目镜不合适而产生意外情况。

d．护目镜使用时间过长或使用不当，会造成镜片粗糙及损坏，留下刮痕后的镜片会影响佩戴者的视线，达不到佩戴安全标准，需及时进行调换。

e．护目镜禁止重压。在保存时尽量远离坚固物体，防止对镜片造成损坏。在清洗护目镜时，需要使用柔软的专业擦拭布进行清理，并放于眼镜盒或安全的地方。

③电绝缘安全鞋。电绝缘安全鞋的使用规范如下。

a．每次使用前应检查电绝缘安全鞋在有效预防性试验周期内，外观完好。

b．穿用电绝缘皮鞋和电绝缘布面胶鞋时，其工作环境应该能保持鞋面干燥。

c．穿用任何电绝缘安全鞋均应避免接触锐器、高温、腐蚀性和酸碱油类物质，防止鞋受到损伤而影响电绝缘性能。

d．在潮湿，有蒸气、冷凝液体或导电灰尘等容易发生危险的场所，尤其应注意配备合适的电绝缘安全鞋，应按标准规定的使用范围正确使用，不得随意乱用。

④电绝缘防护服。电绝缘防护服的使用规范如下。

a．电绝缘服使用前应进行全面检查，发现损坏不得使用。

b．电绝缘服不宜接触明火和尖锐物体。

c．电绝缘服应保存在通风、透气、干燥、清洁的库房内。

d. 电绝缘服水洗后，必须阴处晾干，折叠整齐，放入专门保管袋内。

（3）高压电中止的方法和步骤

高压电中止主要是通过正确的操作步骤来关闭车辆高压系统。正常情况下，执行高压电中止后，车辆除了动力电池外，其他部件应该都不具有高电压。

关闭点火开关。关闭点火开关后，将钥匙放到一个安全的区域，通常应该远离被维修的车辆。

注意：使用按钮启动的车辆，应把钥匙拿到离车至少 5 m 远的地方，防止车辆意外被启动。

断开辅助电池负极端子。找到 12 V 辅助电池，断开电池的负极，并固定接地线，以防止接线移动回电池负极端子（见图 1–48）。

拆除手动维修开关。找到维修开关并断开，将拆下的维修开关放在口袋中以防止其他人将它安装回车上去，并将裸露的维修开关槽用绝缘胶布封住。

注意：当处理橙色高压组件和线路时，要确保带着绝缘橡胶手套（见图 1–49）。

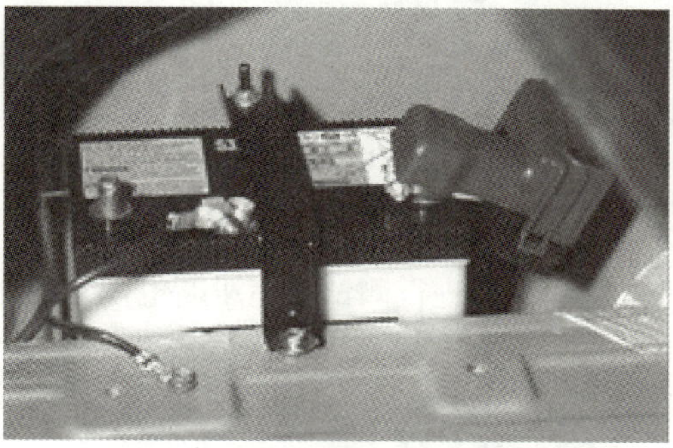

图 1–48　断开蓄电池负极端子

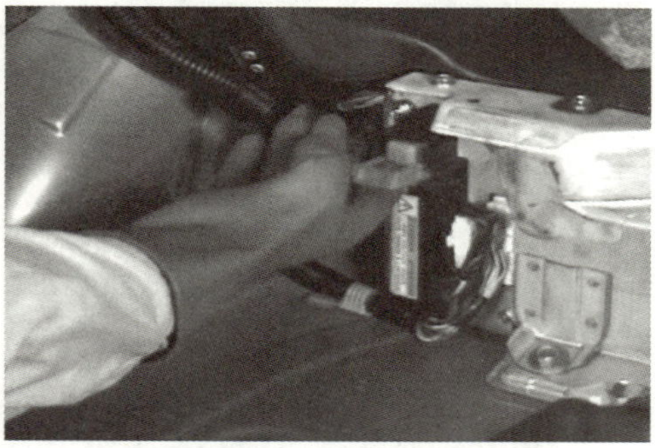

图 1–49　断开手动维修开关

等待 5 分钟。拆下维修开关后，必须要等待 5 min，使高电压部件中的电容器进行放电，用万用表测量连接器高压输入端高压正负极间的电压，电压读数应小于 60 V 才可以继续对车辆进行高压检验操作。高电压系统中电容部件如图 1–50 所示。

高电压检验。高电压检验是利用数字式万用表再次确认高压中止以后，具体维修的部件上确实已不再有高压，该步骤符合高压的检验操作标准。如图 1–51 所示，使用万用表测量的高电压部件的连接器各个高电压端子，在执行高压中止以后，每个端子对车身的电压应该小于 3 V，且端子正负极之间的电压也应该小于 3 V。如果任一被测量的电压超过 3 V，说明系统内部存在高压粘连的情况，需要有经过特殊培训的工程师来进行处理。

注意：在检验高电压端子期间，必须佩戴好个人安全防护设备。

（4）高压断电的恢复

高压断电恢复的前提条件。在高压系统维修或者部件更换完成后，检查确保线束连接正常，部件正确安装等工作；高压系统部件电位均衡测试（各高压部件壳体接地情况）（见图 1–52）和绝缘测试（见图 1–53）合格后，方可进行高压系统恢复操作。

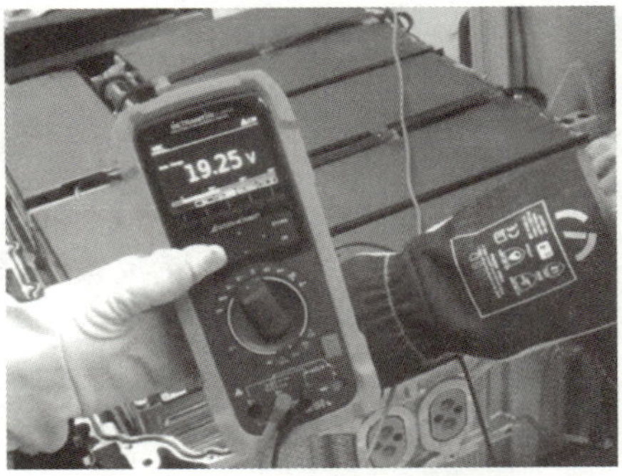

图 1-50　高电压系统中电容部件

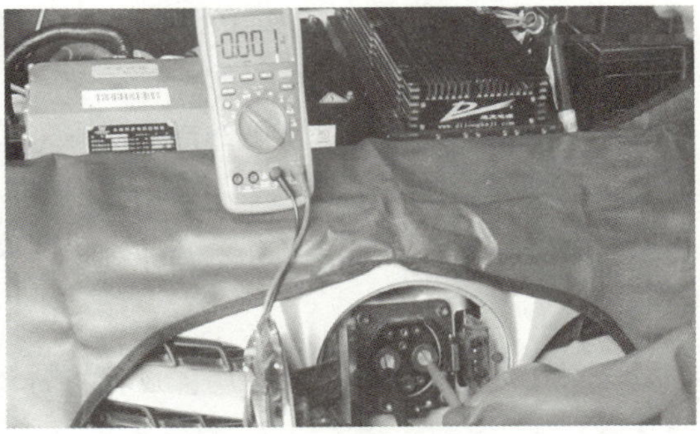

图 1-51　高电压检验

图 1-52　电位均衡测试

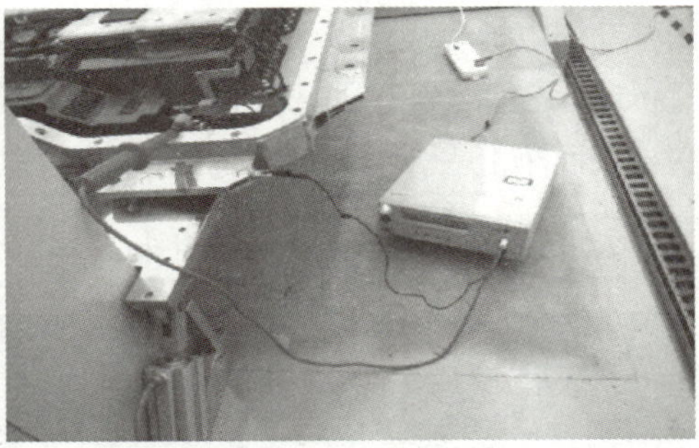

图 1-53　绝缘测试

高压断电恢复的步骤。第一步，接插器安装正确、牢固；第二步，安装手动维修开关；第三步，安装低压蓄电池正、负极端子；第四步，启动车辆进行测试。高压断电恢复的步骤如图 1-54 所示。高压断电恢复后整车可正常上电。

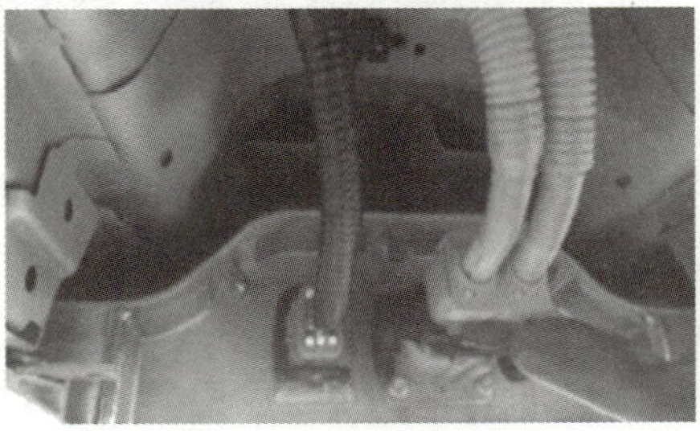

（a）接插器安装正确、牢固

（b）安装手动维修开关

（c）安装低压蓄电池正、负极端子

（d）启动车辆进行测试

图 1-54　高压断电恢复的步骤

(5) 高压电维修中的要求

车辆维修过程中的高压配件必须立即标识明显的高压勿动警示，并禁止将带有高压电的部件放置在无人看管的环境下；在高电压修理与维护过程中，维修人员禁止带手表、金属笔等金属物品进入工作场所；严禁非专业人员对高压部件进行移除及安装；未经高压安全培训并取得许可证的维修人员，不允许对高压部件进行维修等操作；车辆在充电过程中不允许对高压部件进行拆装、维修等工作；维修前必须进行高压中止操作；维修完毕后上电前，确认车辆无人操作；更换高压部件后，测量搭铁是否良好；电缆接口必须按照标准力矩拧紧；在执行车辆维修期间，必须同时有两名持有上岗证的人员进行工作，其中一名人员作为工作的监护人，工作职责为监督维修的全过程，如发生触电事故，监护人应该立即采取有效措施执行急救。

知识扩展 **新能源汽车绝缘仪表使用**

本知识可通过识别二维码获取学习。

扫一扫 学一学

任务实施 **新能源汽车高压标准作业步骤**

一、实施环境

安全防护：布置车辆安全防护与隔离（车辆挡块、警示隔离带、高压危险警示牌）。
工具设备：万用表、绝缘检测仪、故障诊断仪。
个人防护：绝缘手套、绝缘安全鞋及绝缘地垫、护目镜和头盔、电绝缘防护服。
辅助资料：汽车原厂维修手册、原厂电路图。

二、实施步骤

①准备防护用具。
②放置警告标志在车顶。
③校正设备仪器。
④确认车辆停放位置。
⑤换挡杆切换到 N 挡位。
⑥拉驻车制动拉杆，实现驻车制动。
⑦拔下车钥匙。
⑧断开辅助蓄电池的负极端子。
⑨等待 5 min。

⑩断开维修开关。

⑪断开动力电池高压线束。

⑫验电测试。

验电结束后，根据验电结果摆放相应标识。

项目二

新能源汽车动力系统检修

本项目介绍新能源汽车动力电池系统的功能与组成、驱动电机的功能与组成、动力电池管理系统和驱动电机的原理及故障诊断，本项目设置两个任务，分别为新能源汽车无法启动故障检修、新能源汽车挂 D 挡无法行驶故障检修。

知识目标

①了解动力电池系统的结构及基本原理。

②了解驱动电机控制器的结构及基本原理。

③学习用跨接线、故障诊断仪及万用表等工具，进行电路检测。

技能目标

①能正确找到动力电池管理及驱动电机系统的组成部件。

②能正确进行动力电池管理及驱动电机系统数据流的读取与分析。

③能正确进行动力电池母线正负输出端电压、电流及动力电池母线绝缘性检测。

任务一　新能源汽车无法启动故障检修

思政导学　　宁德时代的四大创新

宁德时代新能源科技股份有限公司（以下简称宁德时代）是我国进入国际顶尖汽车企业供应链的锂离子动力电池制造厂商。作为新能源领域的重要组成部分，新型电池工业现已成为全球经济发展的一个新热点。目前，宁德时代的产品已经覆盖了全球超过 50 个国家和地区，全球每三辆电动车中就有一辆配套宁德时代的电池。

与以燃油为动力的汽车不同，纯电动汽车的动力来源为动力蓄电池，《电动汽车用动力蓄电池安全要求》(GB 38031—2020）重点强化了电池系统热安全、机械安全、电气安全和功能安全要求。

拓展阅读 新能源汽车动力电池标准

我国已成为全球最大动力电池生产国，全球装机量占比超 50%，形成了涵盖基础材料、电芯单体、电池系统、制造装备等的完整产业链。三元电池、磷酸铁锂电池系统能量密度均处于国际领先水平。目前，新能源汽车动力电池标准建设已成为各国各地区核心竞争力的基本要素。

故障现象

售后服务经理接到客户一辆行驶里程约 46 000 km 的比亚迪 e6，该车无法启动行驶。请思考，如何解决这一问题?

知识链接 动力电池

一、动力电池系统的功能

动力电池系统的功能为接收和存储由外置充电装置和制动能量回收装置提供的电能，并且为驱动电机控制器、DC/DC 转换器、空调压缩机、空调加热器（PTC）等高压元件提供高压直流电。动力电池系统作为纯电动汽车的动力源，主要为整车提供持续、稳定的能量，作为整车的动力来源，其综合性能直接影响整车的续航里程。

二、动力电池系统的组成

目前，新能源汽车广泛采用磷酸铁锂电池，简称铁电池，是锂电池的一种，其动力电池系统主要由动力电池模组、电池管理系统（BMS)、动力电池箱和辅助元器件四部分组成。以比亚迪 e6 为例，动力电池系统的位置如图 2-1 所示。

图 2-1 比亚迪 e6 动力电池系统的位置图

1. 动力电池模组

（1）电池单体

电池单体即电芯，它是构成动力电池模块的最小单元，一般由正极、负极、电解质和外壳等构成。它是可将化学能转化为电能，也可将电能转化为化学能的可逆直流电源。当电池放电时，其将储存的化学能转化为电能；当电池充电时，其将电能转化为化学能储存起来，直到化学能储存满时充电结束。动力电池单体按正极材料来分，主要有钴酸锂、锰酸锂、磷酸铁锂和镍钴锰酸锂三元材料等。动力电池单体有圆柱形和长方体形（见图 2-2），根据壳体材料不同，又有金属外壳和软包外壳等类型。

（2）电池模块

电池模块是电池单体在物理结构和电路上连接起来的最小分组，经过并联的方式进行组合。该组合额定电压与电池单体的额定电压相等，并设有保护线路板和外壳的装置，是能够直接提供电能的组合体（见图 2-3）。

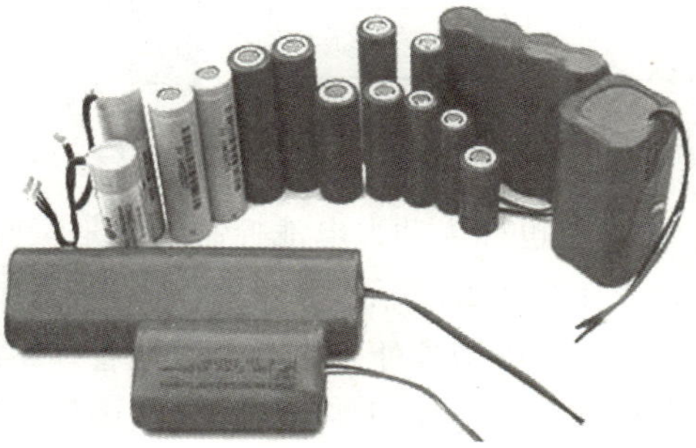

图 2-2　动力电池单体

图 2-3　电池模块

（3）电池模组

电池模组是由多个电池模块或单体电芯串联组成的一个组合体（见图 2-4）。电池模组的组合方法主要有先并后串、先串后并和混联三种，是组成动力电池系统的次级结构之一。比亚迪 e6A/B/J 分布式管理器动力电池模组一共有 93 个单体，每个单体 3.3 V，电池包标称电压为 306.9 V，容量为 200 A · h，一次性充电需要 61 kW · h。

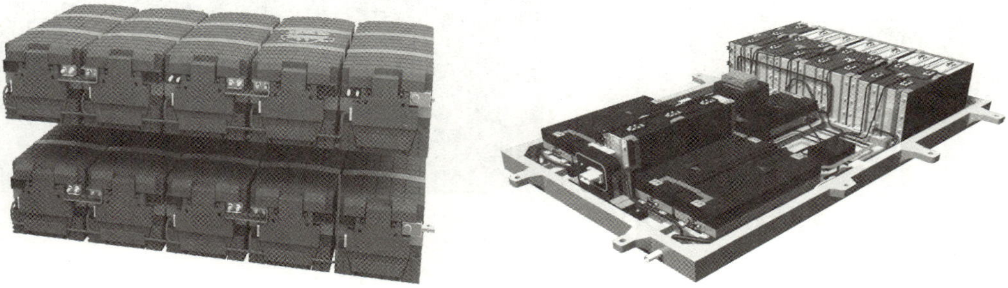

图 2-4　电池模组

2. 电池管理系统

电池管理器的基本组成如图 2-5 所示，它主要由检测模块、均衡电源模块和控制模块三部分组成。检测模块能够对电池模组中各单体电池的电压、电流、温度等关键状态参数进行准确和实时的检测，并通过 SPI 总线上报给控制模块；均衡电源模块能够平衡单体电池间的电压差异，解决电池模组“短板效应”；控制模块能够根据既定策略完成控制功能，实现荷电状态（SOC）估计，同时将电池状态数据通过 CAN 总线发送给整车的其他电子单元。

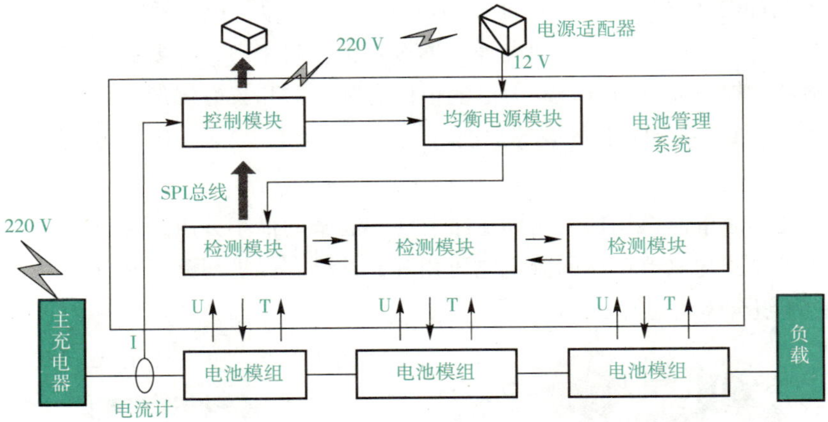

图 2-5　电池管理器的基本组成

电池管理系统（Battery Management System，BMS）也称为动力电池控制器，是集监测、控制与管理为一体的控制系统。电池管理系统实物图如图 2-6 所示。其主要作用是保护动力电池，在使用过程中提高动力电池的电能使用效率，延长电池的使用寿命。电池管理系统是新能源汽车节能、减排和延长续驶里程的重要管理部件。通过控制高压控制模块中的高压继电器来实现新能源汽车充电和放电，能将相关信息通过数据总线传递给整车控制器（VCU），进行相关控制并且在仪表上为驾驶人员提供电池健康状态等的显示（见图 2-7）。常见的动力电池管理系统功能及功能关系如图 2-8 所示。

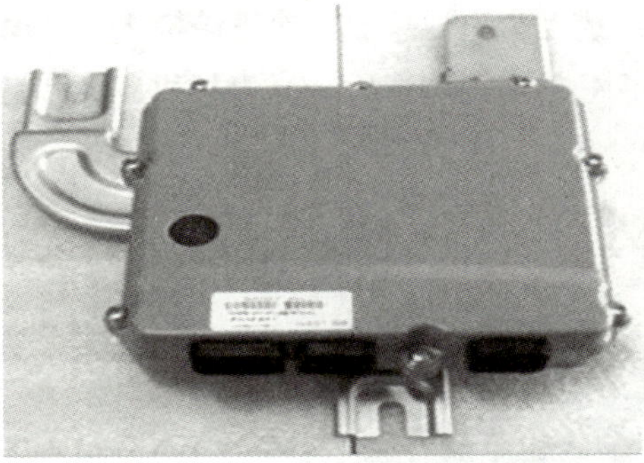

图 2-6　电池管理系统实物图

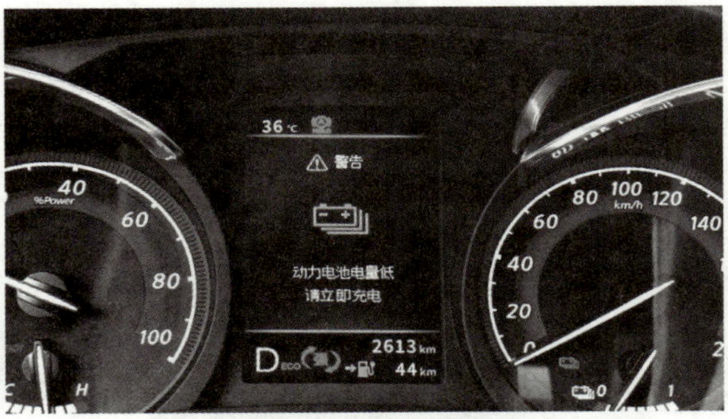

图 2-7　电池健康状态显示图

（1）电池参数检测

电池参数检测包括总电压、总电流和单体电池电压的检测（防止出现过充、过放甚至反极现象）；温度检测（最好每串电池、关键电缆接头等均有温度传感器）；烟雾探测（监测电解液泄漏）；绝缘检测（监测漏电）；碰撞检测；等等。

（2）电池状态估计

电池状态估计包括荷电状态（SOC）或放电深度（DOD）、健康状态（SOH）、功能状态（SOF）、能量状态（SOE）、故障及安全状态（SOS）等，SOC 主要反映电池剩余电量的信息，SOH 主要反映电池健康状态的信息。

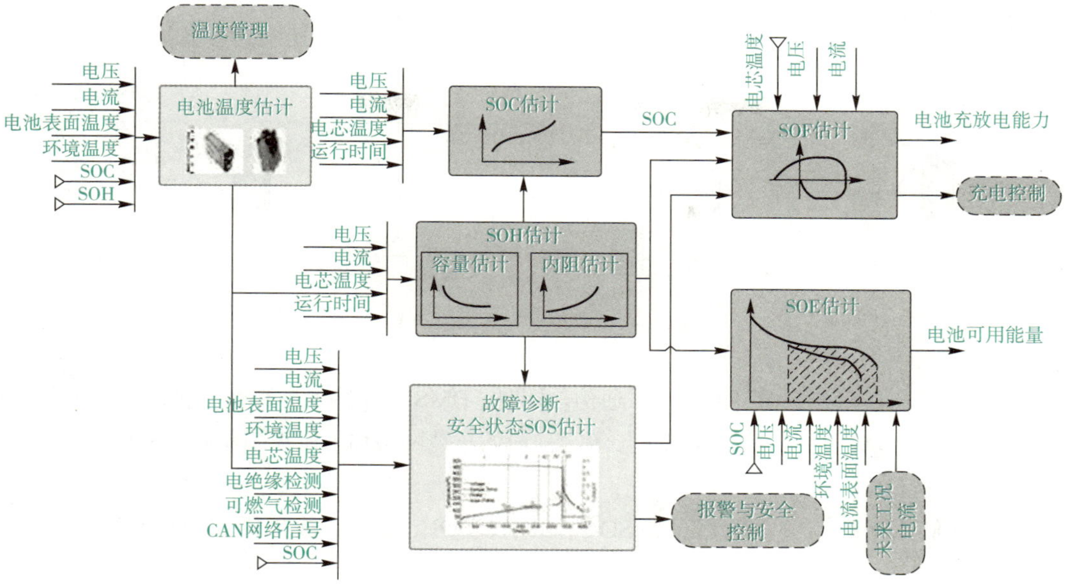

图 2-8 常见的动力电池管理系统功能及功能关系

（3）在线故障诊断

在线故障诊断包括故障检测、故障类型判断、故障定位和故障信息输出等。故障检测是指通过采集到的传感器信号，采用诊断算法诊断故障类型，并进行早期预警。动力电池故障是指动力电池组、高压电回路或热管理等各个子系统的传感器故障和执行器故障（如接触器、风扇、泵、加热器等），以及网络故障、各种控制器软硬件故障等。动力电池组本身故障是指电压（过充电）、欠电压（过放电）、过电流、超高温、内短路故障、接头松动、电解液泄漏和绝缘能力降低等。

（4）电池安全控制与报警

电池安全控制与报警包括热系统控制、高压电安全控制。BMS 诊断到故障后，通过网络通知整车控制器，并要求整车控制器进行有效处理（超过一定阈值时 BMS 也可以切断主回路电源），以防止高温、低温、过充电、过放电、过电流、漏电等造成对电池和人身的损害。

（5）充电控制

BMS 中有一个充电管理模块，它能够根据电池的特性、温度高低和充电机的功率等级，控制充电机给电池进行安全充电。

（6）动力电池容量均衡

动力电池容量均衡是根据单体电池信息，采用主动或被动、耗散或非耗散等均衡方式，尽可能使电池组容量接近于最小单体的容量。动力电池容量均衡示意图如图 2-9 所示。通过控制模块将电芯容量调节到一个目标值，控制模块检测电芯电压信息，并根据信息打开均衡开关，形成一个放电回路，减小高电压电芯充电电流，直到将其电压降低到与其他单体电池相同水平。

（7）动力电池热管理

动力电池热管理是根据电池组内温度分布信息和充放电需求，决定主动加热 / 散热的强度，使电池尽可能在最适合的温度工作，充分发挥电池的性能。

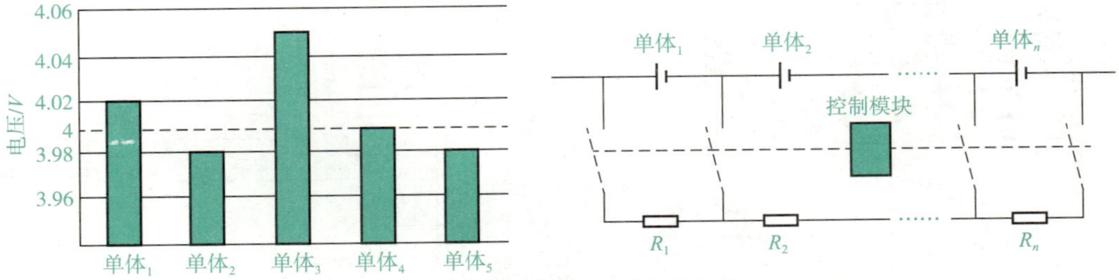

图 2-9　动力电池容量均衡示意图

（8）网络通信

BMS 需要与整车控制器等网络节点通信。同时，BMS 在车辆上拆卸不方便，需要在不拆壳的情况下进行在线标定、监控和升级维护等，一般的车载网络均采用控制器局域网络（CAN）。

（9）信息存储

信息存储用于存储关键数据，如 SOC、SOH、SOF、SOE、故障码和一致性等，实车中 BMS 由硬件和软件两部分组成。

（10）电磁兼容

BMS 应具有良好的抗电磁干扰性。

3. 动力电池箱

动力电池箱是承载和保护动力电池组及电气元件的组件，主要包含上盖和下托盘，还有辅助元器件。

技术要求：动力电池箱螺纹连接在车身地板下方，其防护等级为 IP67，螺栓拧紧力矩为 80 ～ 100 N · m。整车维护时需观察动力电池箱螺栓是否有松动，动力电池箱是否有破损严重变形，密封法兰是否完整，确保动力电池可以正常工作。

外观要求：动力电池箱外表面颜色要求为银灰或黑色，亚光；动力电池箱表面不得有划痕、尖角、毛刺、焊缝和残余油迹等外观缺陷，焊接处必须打磨圆滑。动力电池箱外观示意图如图 2-10 所示。

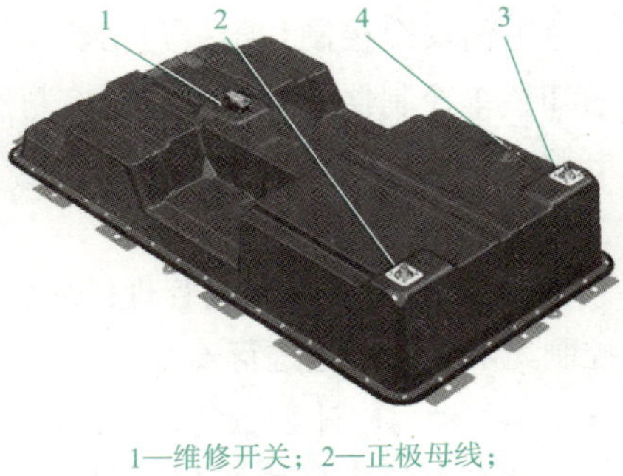

1—维修开关；2—正极母线；
3—负极母线；4—采样端子。
图 2-10　动力电池箱外观示意图

4. 辅助元器件

辅助元器件主要包括动力电池系统内部的电子电器元件（如熔断器、继电器、分流器、接插件、紧急开关、烟雾传感器等），还包括维修开关以及电子电器元件以外的辅助元器件（如密封条、绝缘材料等）。

三、动力电池系统的工作原理

1. 动力电池系统快充和慢充

新能源汽车必须配备动力电池，必须通过充电机来实现充电。新能源汽车一般都配备了车载充电机，车载充电机与交流充电枪对接，EVA080K 充电盒实物图如图 2-11 所示。但基于充电安全性规定，车载充电机功率不能高于 7 kW，如果每小时充 7 kW，那么新能源汽车配 70 kW · h 电池，需要 10 h 完成充电过程。由于时间过长，因此这种充电称为慢充。

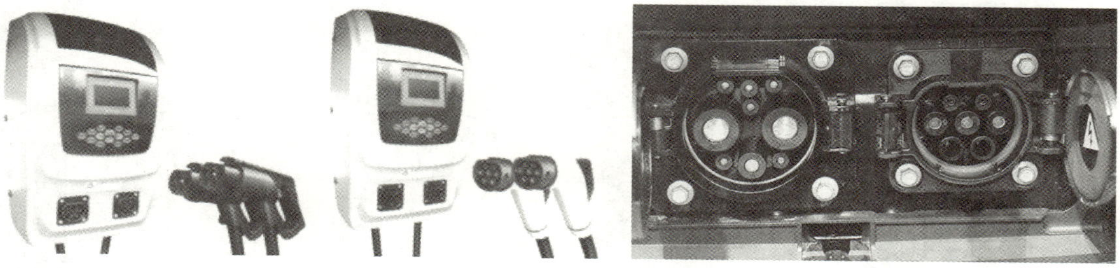

图 2-11　EVA080K 充电盒实物图

充电机落于地面，目前功率已经做到 350 kW，新能源汽车充电时间在 20 min 以内即可完成，这种充电称为快充。

（1）快充口引脚功能

直流充电接口引脚功能图如图 2-12 所示。

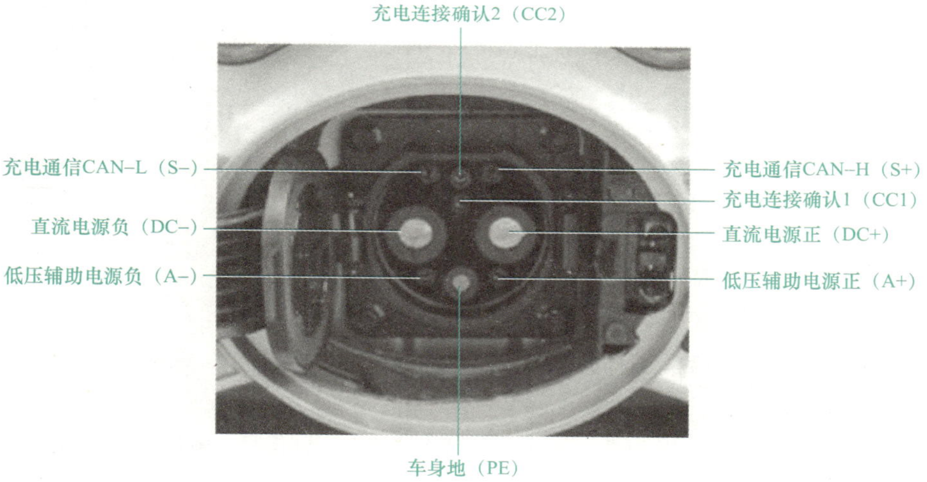

图 2-12　直流充电接口引脚功能图

DC-：左引脚为高压输出负极，经过高压控制盒快充负继电器，输出到动力电池高压负极。

DC+：右引脚为高压输出正极，经过高压控制盒快充正继电器，输出到动力电池高压正极。

PE（GND）：车身搭铁，接蓄电池负极。

A-：低压辅助电源负极，接蓄电池负极。

A+：低压辅助电源正极，为 12 V 快充唤醒信号，经过保险丝 FB27。

CC1：快充连接确认线，属内部电路，CC1 与 PE 之间有一个 1 000 Ω 的电阻；充电桩识别与车辆连接。

CC2：快充连接确认线，接 VCU T121/17 脚。VCU 识别充电枪连接。

S+：快充 CANH，与动力电池管理系统 BMS 及数据采集终端通信。

S-：快充 CANL，与动力电池管理系统 BMS 及数据采集终端通信。

（2）快充系统工作原理

快充系统工作原理如图 2-13 所示。

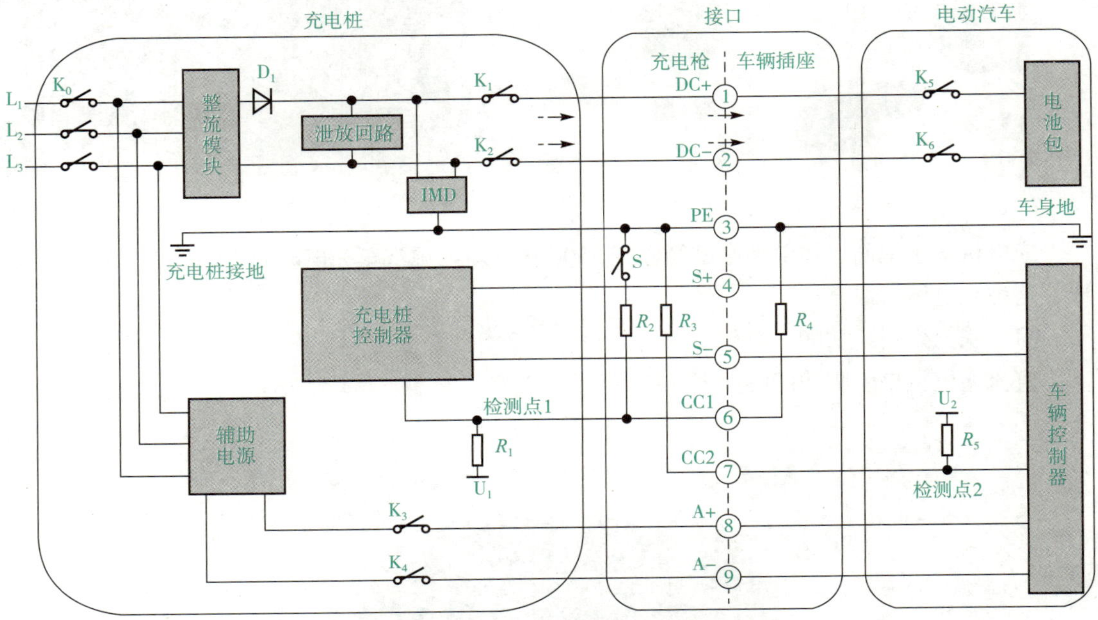

图 2-13　快充系统工作原理

快充系统中 R_1、R_2、R_3、R_4、R_5 均为 1 000 Ω 的电阻。

K_1、K_2：充电桩高压正、负继电器。

K_3、K_4：充电桩低压唤醒正、负继电器，供电输出给车辆控制器 VCU。

K_5、K_6：电池高压正、负继电器。

检测点 1：CC1 为充电桩检测快充插头与车辆连接状态识别信号，电压为 12 V 或 6 V 或 4 V。

检测点 2：CC2 为车辆控制器 VCU 检测快充插头与车辆连接状态识别信号，电压为 12 V 或 6 V。

当 CC1、CC2 两个检测点检测到的电压值符合要求之后，即认为充电桩与车辆可靠连接。K_3、K_4 继电器闭合，充电桩输出 12 V 低压唤醒电源到车辆控制器 VCU，两者进行身份辨认，身份辨认成功之后，VCU 报送动力电池的充电需求，充电桩报送供电能力，二者匹配。VCU 和 BMS 控制 K_5、K_6 闭合，充电桩控制 K_1、K_2 闭合，即进入充电阶段。VCU 发送充电请求及充电状态报文，充电桩反馈充电机状态报文，当车辆及充电桩判定充电结束之后，断开 K_1、K_2、K_5、K_6，充电截止，断开 K_3、K_4，充电完成。

2. 动力电池能量回收

动力电池可以承受由电机产生的回馈电压最大为 365 V；动力电池可以接受回馈电流的

SOC 范围为 0 ～ 90%。

3. 动力电池系统的工作原理

动力电池模组放置在一个密封并且屏蔽的动力电池箱里面，动力电池系统使用可靠的高低压接插件与整车进行连接。动力电池内部的 BMS 实时采集各单体电池的电压值、各温度传感器的温度值、电池系统的总电压值和总电流值、电池系统的绝缘电阻值等数据，并根据 BMS 中设定的阈值实时监控电池系统工作状态，通过数据分析判断当前动力电池系统是否工作正常，并对故障实时监控。动力电池系统通过 BMS 使 CAN、VCU 及充电机之间进行通信，对动力电池系统进行充电、放电等综合管理。

知识扩展 新型电池

本知识可通过识别二维码获取学习资料。

扫一扫 学一学

故障分析及维修方案 无法启动的原因

新能源汽车的电池管理控制器发生故障时，会导致高电压系统内接触器不能工作，使车辆失去动力而不能行驶，同时位于仪表盘的动力系统故障指示灯点亮。造成电源管理控制器故障的原因可能是电源供电异常、搭铁不良或控制器自身损坏。

对本任务的故障现象，接受任务的李师傅首先按下启动开关上电试车，仪表提示“请检查动力系统”“动力电池温度过高”。李师傅说：“新能源汽车无法启动通常是由三种因素导致：一是动力电池故障，二是电池管理器故障，三是低压线路故障。”李师傅判断电池管理器需要维修。

根据李师傅的分析，填写电池管理控制器检修相关信息，告知售后服务经理，得到确认后检修，提交一份分析报告并归档。故障报告检测分析表及实训总结与评价表见活页手册。

任务实施 无法启动故障的检修步骤

一、实施环境

安全防护：布置车辆安全防护与隔离（车辆挡块、警示隔离带、高压危险警示牌）。

工具设备：万用表、绝缘检测仪、故障诊断仪。

实训车辆：比亚迪 e6。

辅助资料：汽车原厂维修手册、原厂电路图。

二、实施步骤

1. 读取故障码

使用故障诊断仪读取故障码（DTC），电池管理控制器可能存在以下错误。

DTC P1A58-00：电池管理系统初始化错误。

DTC P1A40-00：单节动力电池温度传感器故障，可能的故障为温度传感器、线束。

2. 故障检测

（1）电源和搭铁的线路检测

根据 DTC 提示进行故障检测，包括电源和搭铁的线路检测。电池管理控制器电源和搭铁诊断时参考的电路图如图 2-14 所示。

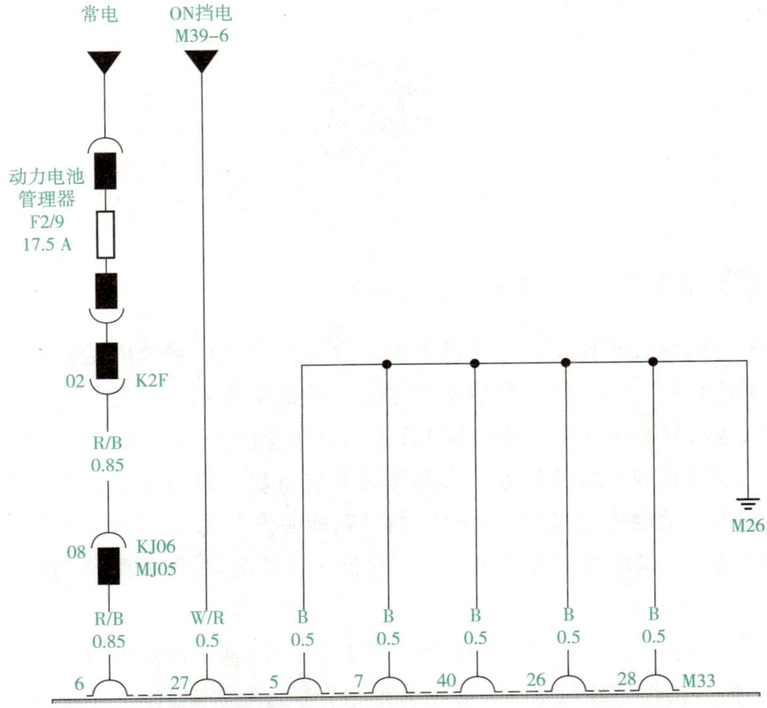

图 2-14　电池管理控制器电源和搭铁诊断时参考的电路图

①使用万用表测量电池管理控制器 M33-6 号端子的电压，标准值为动力电池电压。

②使用万用表测量电池管理控制器 M33-27 号端子的电压，在电源打到 ON 挡时，标准值为 12 V 蓄电池电压。

③使用万用表测量 M33-5、7、40、26、28 号端子的电阻，在动力电池负极断开情况下，标准值为与车身搭铁电阻 0.2 Ω 以下。检测参数值均正常，操作下一步。

（2）温度传感器、线束的线路检测

根据 DTC 提示进行故障检测，包括温度传感器、线束的线路检测。电池管理控制器电路图如图 2-15 所示。

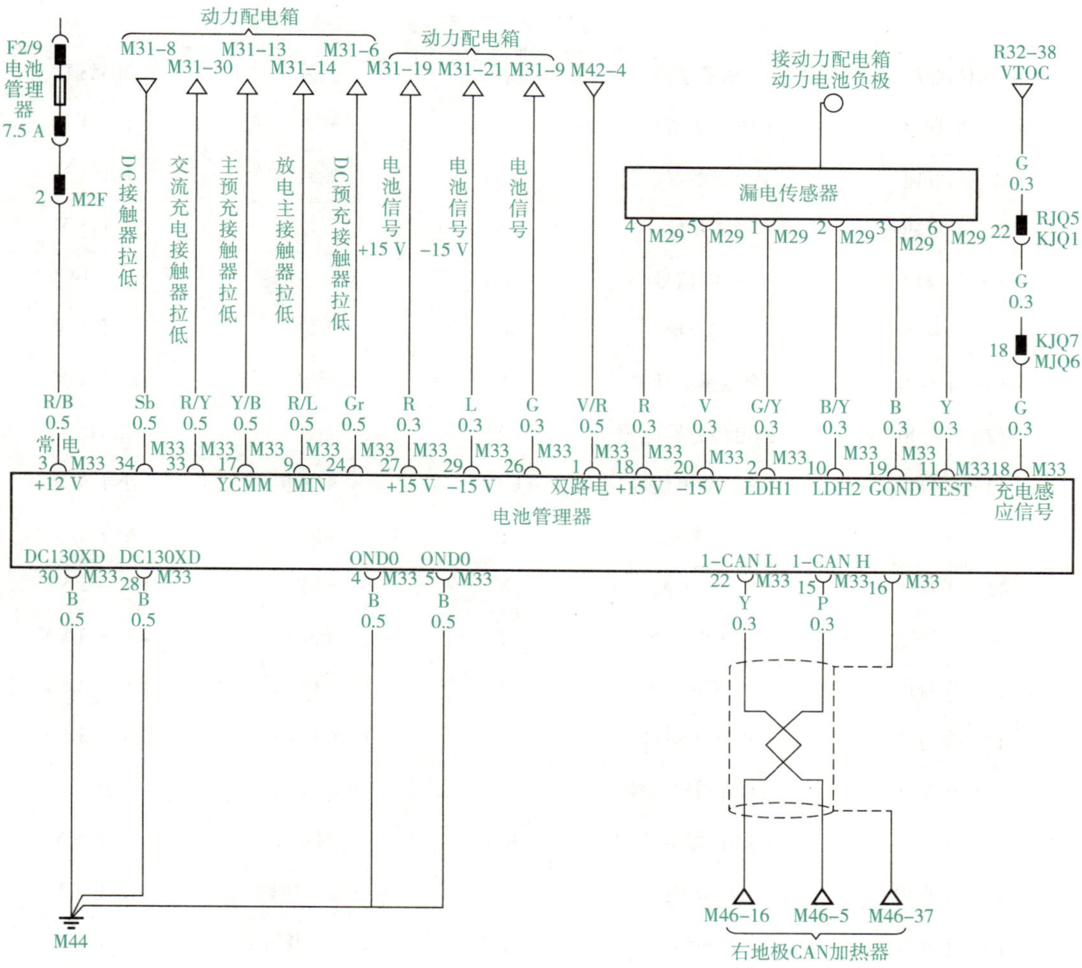

图 2-15　电池管理控制器电路图

电池管理控制器端子如图 2-16 所示，其定位与标准参考值见表 2-1 所列。

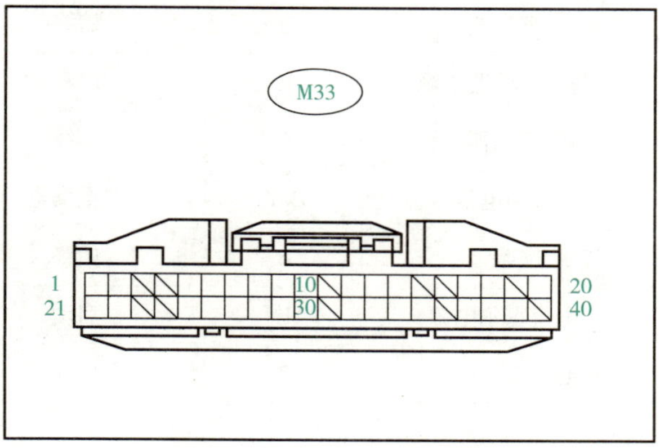

图 2-16　电池管理控制器端子

表 2-1　电池管理控制器端子定位与标准参考值

连接端子	端子描述	线色	条件	正常值
1—车身地	充电接触器控制	G/B	充电	小于 1 V
2—车身地	预充接触器控制	Y/B	始终	小于 1 V
5—车身地	车身地	B	启动	小于 1 V
6—车身地	电源信号	R/B	常时电源	11 ～ 14 V
7—车身地	车身地	B	始终	小于 1 V
10—车身地	充电感应开关	L	充电	小于 1 V
12—车身地	漏电传感器电源	W	启动	约 -15 V
13—车身地	一般漏电信号	G/Y	一般漏电	小于 1 V
14—车身地	屏蔽地	B	始终	小于 1 V
15—车身地	充电通信 CAN—L	V	充电	1.5 ～ 2.5 V
16—车身地	充电通信 CAN—H	P	充电	2.5 ～ 3.5 V
17—车身地	F—CAN—L	V	电源 ON 挡	1.5 ～ 2.5 V
18—车身地	F—CAN—H	P	电源 ON 挡	2.5 ～ 3.5 V
20—车身地	电流霍尔信号	G	电流信号	—
21—车身地	正极接触器控制	R/Y	启动	小于 1 V
22—车身地	DC 继电器	L	充电或启动	小于 1 V
25—车身地	预充信号	G/R	上 ON 挡电后 2 s	小于 1 V
26—车身地	车身地	B	始终	小于 1 V
27—车身地	电源	W/R	电源 ON 挡 / 充电	11 ～ 14 V
28—车身地	车身地	B	始终	小于 1 V
31—车身地	漏电传感器电源	R	启动	约 +15 V
32—车身地	漏电传感器电源	B	始终	小于 1 V
33—车身地	严重漏电信号	B/Y	严重漏电	小于 1 V
37—车身地	屏蔽地	B	始终	小于 1 V
38—车身地	电流霍尔电源	L	启动	约 -15 V
39—车身地	电流霍尔电源	R	启动	约 +15 V

3. 确定故障点

根据检测结果确定故障点为电池管理控制器。

4. 排除故障点

更换电池管理控制器，具体步骤如下。

①将车辆退电至 OFF 挡，拆下后排座椅，断开维修开关，等待 5 min。

②拔掉电池管理控制器上连接动力电池的采样线和整车低压线束的接插件，拔掉整车低压线束在电池管理控制器支架上的固定卡扣。

③用 10 号套筒扳手拆卸电池管理控制器的固定螺母。

④更换电池管理控制器，插上动力电池采样线和整车低压线束的接插件，插上维修开关手柄。

⑤断开维修开关，用 10 号套筒扳手拧紧电池管理控制器的固定螺母。

⑥插上维修开关手柄，完成更换。

任务二　新能源汽车挂 D 挡无法行驶故障检修

思政导学　　国产 IGBT 芯片崛起，新能源 IGBT 直线超车

IGBT 模块是以绝缘栅双极型晶体管（IGBT）构成的功率模块，不仅电机驱动要用 IGBT 模块，新能源汽车的发电机和空调部分也需要 IGBT 模块。不仅是新能源汽车，直流充电桩和机车（高铁）的核心也是 IGBT 模块。电力机车一般需要 500 个 IGBT 模块，动车组需要超过 100 个 IGBT 模块，一节地铁车厢需要 50 ～ 80 个 IGBT 模块。

《电动汽车用驱动电机系统电磁兼容性要求和试验方法》(GB/T 36282—2018）为推荐性国家标准，该标准适用于纯电动汽车、混合动力电动汽车和燃料电池电动汽车用驱动电机系统。

拓展阅读　　新能源汽车电机标准

我国“复兴号”中国标准动车组已达到世界先进水平，其核心动力设备为电动机。电机 1 级能效标准优于国际电机能效标准。我国电机能效标准处于世界领先水平。目前，新能源汽车电机标准建设已成为各国各地区核心竞争力的基本要素。

纯电动汽车的电机相当于普通燃油汽车的发动机，是车辆行驶的主要执行机构，其特性决定了车辆的主要性能指标，将直接影响车辆动力性、经济性和驾乘人员舒适度。目前，纯电动汽车上使用的多为三相交流电机。

三相交流电机有三个分别被标识为 U、V、W 的输入端子，即为电机的三相，在这三相中通入电流相位相差 120° 的正弦交流电，电机的定子在三相交流电的作用下按照一定规律产生

旋转磁场，旋转磁场驱动永磁或励磁转子转动，从而输出功率。整车性能的好坏直接由驱动电机决定。

故障现象

售后服务经理接到客户一辆行驶里程约 5 000 km 的比亚迪 e6，该车再次启动挂 D 挡无法行驶，同时伴有异常响声。请思考，如何解决这一问题？

知识链接 驱动电机

目前新能源汽车的驱动电机主要有三相交流异步电动机和三相永磁同步电动机两种类型，下面分别介绍这两种电动机。

一、交流异步电动机

交流异步电动机由定子和转子两个基本部分组成（见图 2-17）。转子和定子组成的电动机或发电机，可以实现电能与机械能、机械能与电能的转换功能。交流异步电动机最外面是圆筒，圆筒内侧缠绕有很多绕组，这些绕组与外部交流电源接通，整个圆筒则与机座连接在一起，静止不动，因此被称为定子。

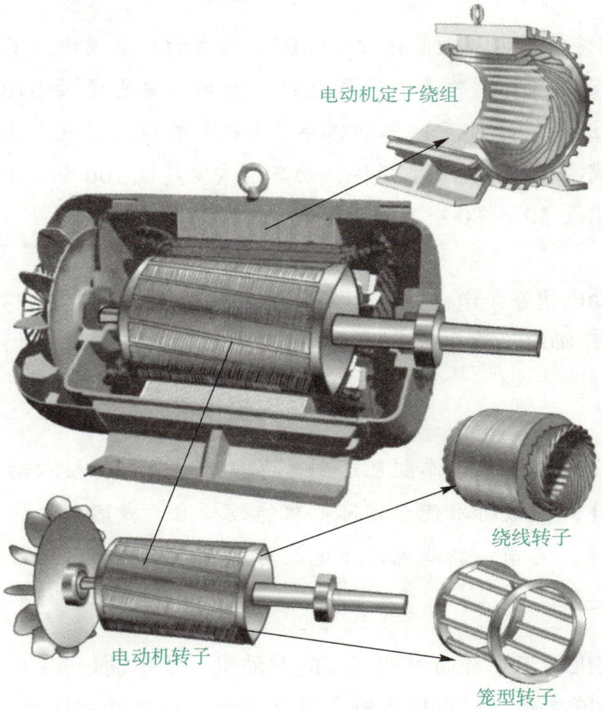

图 2-17　交流异步电动机构造图

交流异步电动机的定子主要由定子铁芯、定子绕组和机座等部分组成。三相电流通入定子绕组后，合成磁场在空间 120° 范围内随电流的变换不断地旋转，即产生旋转磁场。旋转磁场的方向与通入定子绕组三相电流的相序有关，顺序则正转，逆序则反转。

定子内部分别为绕线和笼型结构的圆柱体，它们与电动机的动力输出轴连接在一起并同速旋转，因此被称为转子。转子由转轴、转子铁芯和转子绕组组成。转子是电动机的旋转部件，转子铁芯一般用 0.5 mm 的硅钢片叠压而成，它是磁路的一部分。

转子与定子之间没有任何连接和接触，但是当定子上的绕组接通交流电源时，两者之间会产生感应电势和电磁转矩，并输出动力。

异步电动机又称为感应电动机，即转子置于旋转磁场中，在旋转磁场的作用下，获得一个转动力矩，使得转子转动。定子旋转磁场转速大于转子旋转速度时，就产生了异步运行，人们将这种产生感应电流的电动机称为异步电动机。异步电动机构造图如图 2–18 所示。定子通入单相电源，则为单相异步电动机。单相异步电动机构造图如图 2–19 所示。定子旋转磁场转速等于转子旋转速度时，就产生了同步运行，人们将这种产生感应电流的电动机称为同步电动机。

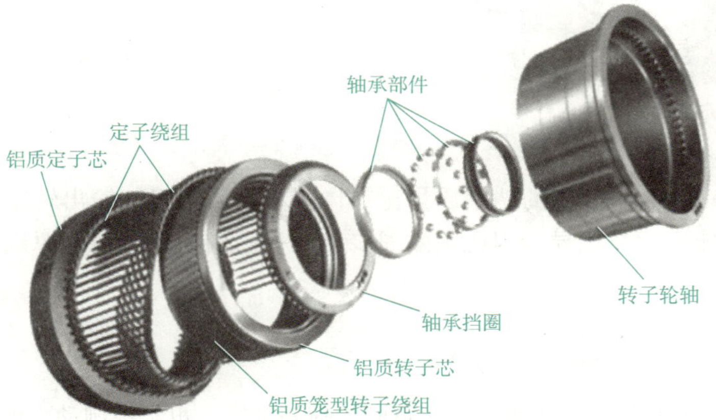

图 2–18　异步电动机构造图

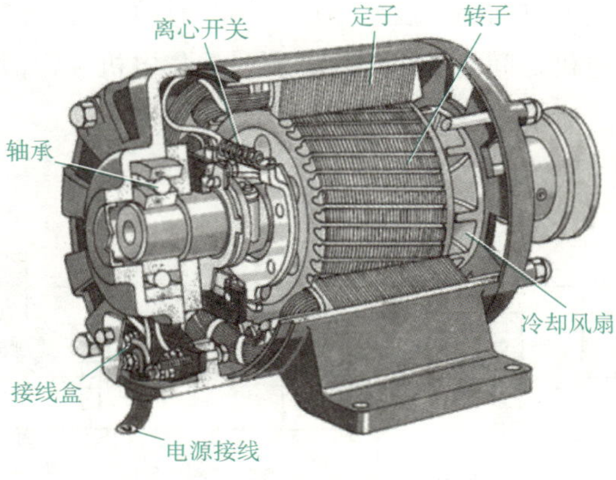

图 2–19　单相异步电动机构造图

二、永磁同步电动机

永磁同步电动机主要由转子、定子和垫圈等组成。它由定子提供旋转的磁场，由永磁体转子提供磁极，然后定子产生的旋转磁场与转子永磁体磁极和转子铁芯形成回路。根据磁阻最小原理，即磁通总是沿磁阻最小的路径闭合，利用旋转磁场的电磁力拉动转子旋转，于是永磁转子就会跟随定子产生的旋转磁场同步旋转，从而带动电机轴旋转。永磁同步电动机构造图如图 2-20 所示。

图 2-20　永磁同步电动机构造图

永磁同步电动机具有较高的功率质量比，体积小、质量轻、输出转矩大，电动机的极限转速和制动性能也比较优异，因此永磁同步电动机已成为现代新能源汽车应用最多的电动机。

三、驱动电机控制器组成及原理

驱动电机控制器是控制电机驱动整车行驶的控制单元，也是控制动力电池与驱动电机之间能量传输的装置，其电气系统图如图 2-21 所示。驱动电机控制器是通过集成电路的主动工作来控制驱动电机按照设定的方向、速度、角度、响应时间进行工作的模块，其采用 CAN 通信控制着动力电池与驱动电机之间的能量传输，同时采集电机位置信号和三相电流检测信号，精确地控制驱动电机运行。

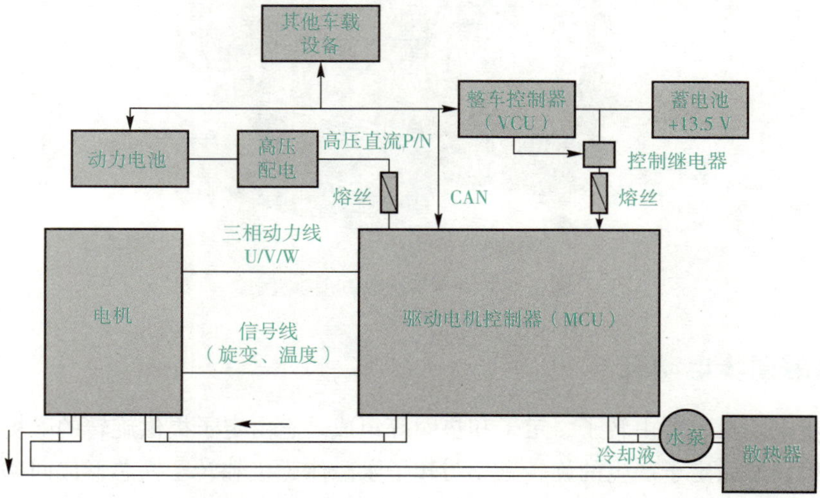

图 2-21　驱动电机控制器电气系统图

驱动电机控制器属于新能源汽车的核心零部件。驱动电机控制器具有 CAN 通信功能、过电流保护、过载保护、欠电压保护、过电压保护、缺相保护、能量回馈、限功率、高压互锁、故障上报等功能。

1. 驱动电机控制器的组成

驱动电机控制器（见图 2-22）是驱动电机的控制中心，又称为智能功率模块（IPM）。其以 IGBT 模块为核心，以驱动集成电路、主控集成电路为辅，对所有的输入信号进行处理后，将驱动电机控制器运行状态的信息通过网络发送给整车控制器。

图 2-22 驱动电机控制器

（1）控制主板

控制主板与整车控制器通信监测直流母线电流，控制 IGBT 模块工作状态，监控高压线束的绝缘和工作连接情况并反馈。IGBT 模块的温度信号、旋变传感器信号经过处理反馈给电机控制单元。

（2）超级电容和放电电路

超级电容是一种储存能量的无源器件，超级电容在驱动电机控制器中的位置如图 2-23 所示。电机启动时，电容能够把储存的能量释放到电路中。接通高压电路时，给电容充电，在电机启动时保持电压的稳定；断开高压电路时，通过电阻给电容放电。电源波动时，电容器会随之充放电。

图 2-23 超级电容在驱动电机控制器中的位置

当驱动电机控制器带动驱动电机或感性负载需停机时，可采用能耗制动的方式快速停止驱动电机。当供电结束时，驱动电机控制器中的逆变电路就会反向导通，把剩余电能反馈到变频器的直流母线上，母线上的电压也会因此而升高；当升高到一定值时，电阻通过发热的方式将电能消耗掉，同时维持母线上的电压在一个正常值上；当电阻为∞时，可能会导致高压断电的现象。超级电容和放电电路如图 2-24 所示。

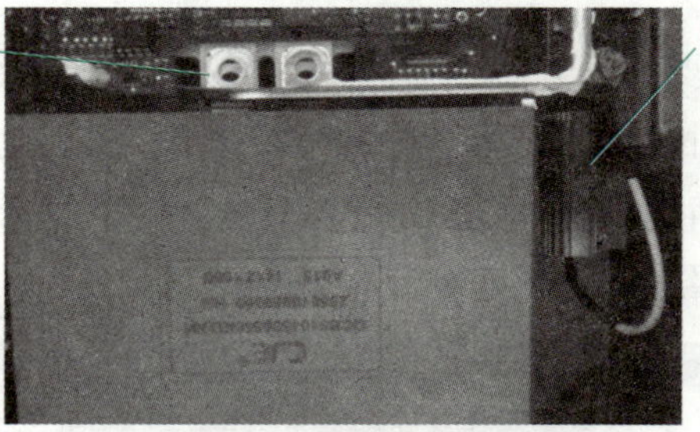

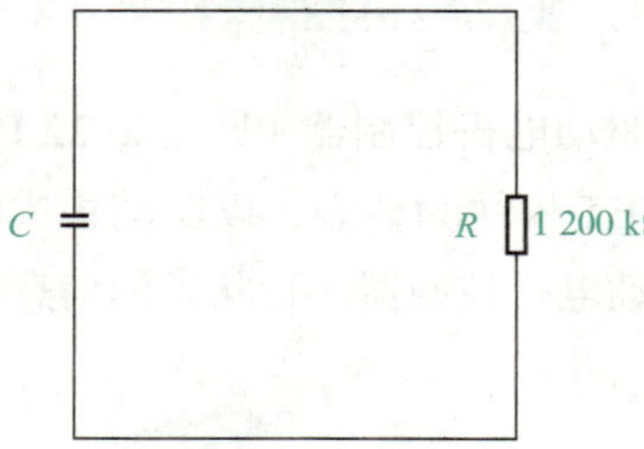

图 2-24　超级电容和放电电路

IGBT 功率集成模块工作过程中会有直流电路电流振荡，为减少振荡电流对直流电路的影响，可以通过此电容的并接对振荡电流进行滤波处理。

（3）IGBT 模块

IGBT 模块是绝缘栅双极型晶体管功率模块的简称，其是由高输入阻抗的单极型晶体管（MOSFET）和低导通压降的双极型晶体管（GTR）组成的复合型晶体管，其在控制器中的位置如图 2-25 所示。

图 2-25　IGBT 模块在控制器中的位置

通过控制 MOSFET 来控制三极管，从而控制 IGBT 模块的开通与关断：MOSFET 关断时，三极管也关断，IGBT 模块处于阻断状态；MOSFET 导通时，三极管随之导通，IGBT 模块处于导通状态。

GTR 饱和压降低，载流密度大，但驱动电流较大；MOSFET 驱动功率很小，开关速度快，但导通压降大，载流密度小。IGBT 模块驱动功率小且饱和压降低，是电机控制器电压变换与传输的核心器件。IGBT 模块如图 2-26 所示。

（4）冷却器

电机控制器主要发热部件是 IGBT 模块和快恢复二极管（FRD），需要对其进行高效率的冷却。冷却方式分为风冷和水冷两种。大功率逆变器一般采用的是水冷方式；功率半导体元器件是借助动力模块内部的绝缘印制电路板和散热板，通过冷却器冷却。因此，降低热阻与提高冷却器能力至关重要。为了提高散热能力，新技术一般不是通过散热润滑剂，而是采用将功率半导体元器件直接安装在冷却器上的直接冷却构造与双面冷却方式。直接冷却构造中，线性膨胀系数较高的冷却器的热应力直接作用于绝缘电路板，因此如何确保热收缩的长期可靠性成为一项重要技术。

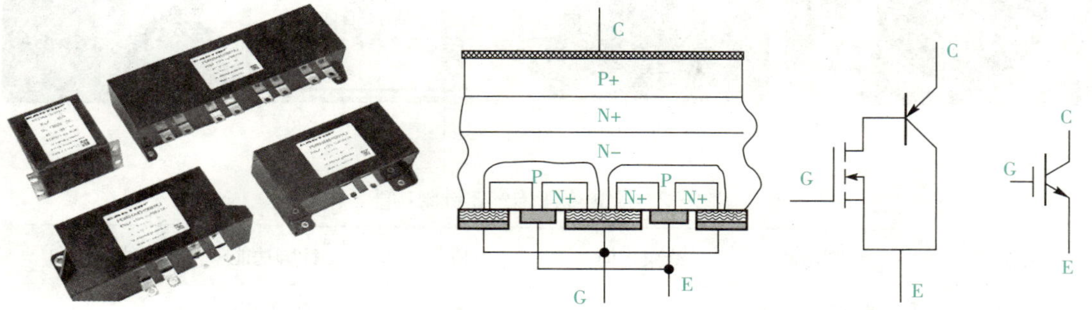

实物　　结构　　等效　　符号

图 2-26　IGBT 模块

（5）DC/DC 转换器

高压直流电通过逆变器将直流电转换成交流电，再通过变压器将转换后的交流电降低成所需要的交流电压，降低后的交流电压通过单相全波桥式整流电路（两个整流二极管）转换成脉动的直流电。脉动的直流电再由电感与电容组成的戈型滤波器进行滤波后，输出平稳的低压直流电，提供整车低压系统供电。DC/DC 转换器是为协调高压直流电与低压直流电之间的转换而设置的，一般集成于驱动电机控制器内部（见图 2-27）。其中，续流二极管防止电路中电压电流的突变，为反向电动势提供耗电通路。电感线圈可以经过它给负载提供持续的电流，以免负载电流突变。

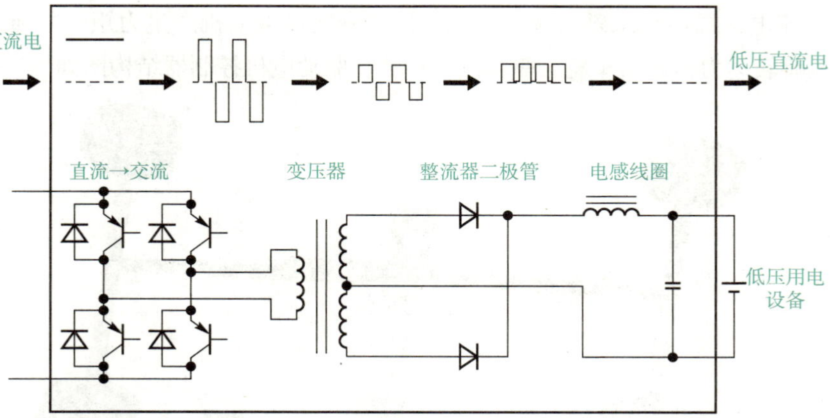

图 2-27　DC/DC 转换器

（6）旋转变压传感器

旋转变压传感器是一种电磁式传感器，又称为同步分解器，简称为旋变。旋转变压传感器及线束连接如图 2-28 所示。其用来监测驱动电机的转轴角位移和角速度，并将转子的位置反馈给电机控制器。旋转变压传感器由激励绕组、余弦绕组和正弦绕组 3 个线圈组成，位于电机的后端盖位置处，靠近电机的高压线束方向。旋转变压传感器针脚功能见表 2-2 所列。

图 2-28　旋转变压传感器及线束连接

表 2-2　旋转变压传感器针脚功能

针脚号	针脚功能	线束走向	针脚号	针脚功能	线束走向
11	激励绕组 R2	驱动电机低压插接件	23	正弦绕组 S2	驱动电机低压插接件
12	激励绕组 R1		34	余弦绕组 S3	
22	激励绕组 S4		35	余弦绕组 S1	

旋转变压传感器的一次、二次绕组随转子的角位移发生相对位置的改变，输出电压的大小随转子角位移而发生变化，输出绕组的电压幅值与转子转角成正弦、余弦函数关系。定子绕组作为变压器的一次侧，产生励磁电压；转子绕组作为变压器的二次侧，通过电磁耦合的方式得到感应电压。

2. 驱动电机控制器的工作原理

动力电池的直流电经过高压配电箱时，电机控制器中的 DC/AC 变换器将高压直流电变成高压三相交流电，提供给永磁同步电动机，使永磁同步电动机产生力矩，并通过传动装置将驱动电机的旋转动力传递给车轮，驱动汽车行驶。驱动电机控制器结构图如图 2-29 所示。

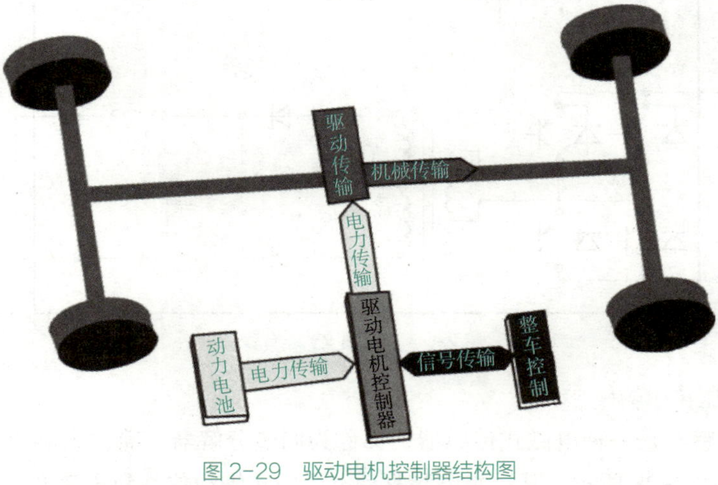

图 2-29　驱动电机控制器结构图

驱动电机既能把电能转换为机械能作为电动机驱动汽车行驶，也可以将机械能转换成电能作为发电机提供电能给蓄电池充电。当车辆滑行或制动时，驱动电机控制器控制驱动电机使其处于发电状态，驱动电机利用车辆动能发电，通过电机控制器中的AC/DC转换器将三相交流电整流成直流电，回收能量存储在动力电池内。驱动电机控制器工作原理如图2-30所示。

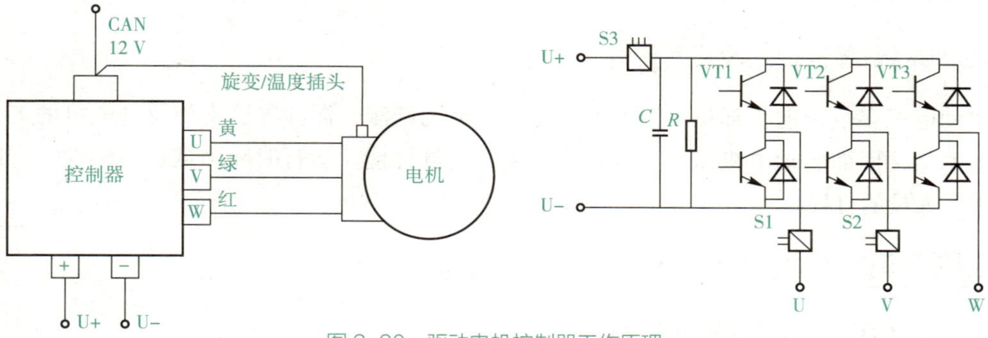

图2-30 驱动电机控制器工作原理

为避免驱动电机在工作过程中温度过高，电机冷却循环水管中的冷却液可将多余的热量带走，使其保持在正常的工作温度范围内。

四、驱动电机的性能及指标

驱动电机频繁启停，加速、低速和爬坡时需要较高的扭矩，高速行驶时需要较低的扭矩，还需要较大的变速范围。

1. 高电压

驱动电机在允许的范围内会采用较高电压，在同功率的情况下，需要较小的电流，从驱动系统所需的电流也更小，这样就可以减小电机的尺寸和导线等装备的尺寸，最关键作用是减小逆变器的尺寸。

2. 高转速

高转速电机一般指转速超过10 000 r/min的电机。由于转速高，驱动电机功率密度高，且体积比普通电机小，这样可有效节约材料，同时可以减轻驱动电机和汽车的整车整备质量。

3. 质量轻

驱动电机采用铝合金外壳，可以显著降低驱动电机的质量。

4. 调速性能好

驱动电机需要较大的启动转矩，使汽车具有良好的启动性能和加速性能。良好的调速性能，可以减轻驾驶人员的操纵强度，提高驾驶舒适性。

5. 效率高、损耗小

驱动电机的此特性，能够有效地利用整车能量，在车载总质量不变的情况下还可以延长行驶里程。

6. 再生制动回收

汽车在制动的过程中可利用发电机将此能量回收到蓄电池，需要能量补充时再释放出来，即可达到节约能源的作用。通常情况下，回收的能量可以达到总耗损能量的 10% ～ 20%。

7. 耐温耐潮性能强及运行时噪声低

驱动电机多位于前桥部位，温度的变化、环境的潮湿、泥沙等因素使驱动电机的工作环境比较恶劣，因而驱动电机需要有较强的耐温、耐潮性能。运行时噪声低这一特性，可以减少对乘车人员的打扰。

知识扩展 比亚迪与特斯拉的驱动电机比较

本知识可通过识别二维码获取学习。

扫一扫　学一学

故障分析及维修方案 挂 D 挡无法行驶的原因

新能源汽车的驱动电机发生故障时，会导致挂 D 挡电机异响无法行驶，同时位于仪表盘的电机显示和动力系统故障指示灯点亮。造成驱动电机控制器故障的原因可能是前驱动电机及相关线路故障、双向逆变充放电式电机控制器（VTOG）及相关线路故障、电池管理控制器故障、高压配电箱及相关线路故障和仪表配电盒及线路故障等。仪表显示故障现象如图 2-31 所示。

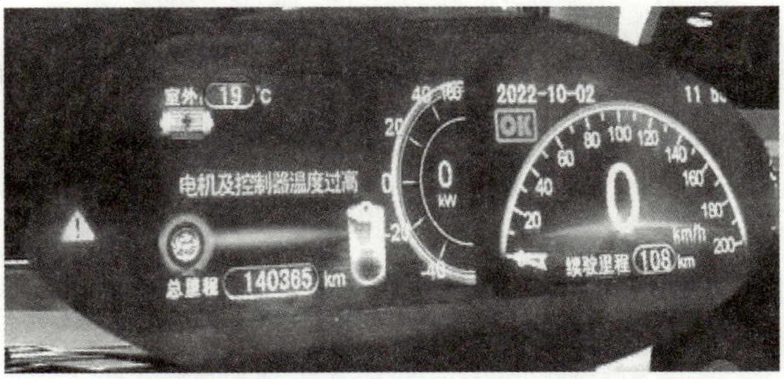

图 2-31　仪表显示故障现象

对本任务的故障现象，接受任务的刘师傅首先按下启动开关上电试车，仪表提示“请检查动力系统”“电动机亮红灯”。刘师傅说：“新能源汽车挂 D 挡无法行驶通常是由两种因素导致：一是驱动 IPM 故障，二是电机缺相故障。”刘师傅判断电机缺相故障需要维修。

根据刘师傅的分析，填写驱动电机检修相关信息，告知售后服务经理，得到确认后检修，提交一份分析报告并归档。故障报告检测分析表及实训总结与评价表见活页手册。

任务实施 无法启动故障的检修步骤

一、实施环境

安全防护：布置车辆安全防护与隔离（车辆挡块、警示隔离带、高压危险警示牌）。

工具设备：万用表、绝缘检测仪、故障诊断仪。

实训车辆：比亚迪 e6。

辅助资料：汽车原厂维修手册、原厂电路图。

二、实施步骤

1. 读取故障码

使用故障诊断仪读取故障码（DTC），驱动电机控制器可能存在以下错误。

DTC P1B00—00：驱动 IPM 故障。

DTC P1B0A—00：电机缺相故障。

2. 故障检测

（1）电源和搭铁的线路检测

根据 DTC 提示进行故障检测，包括电机控制器电源和搭铁的线路检测。电机控制器电源和搭铁诊断时参考的电路图如图 2-32 所示。

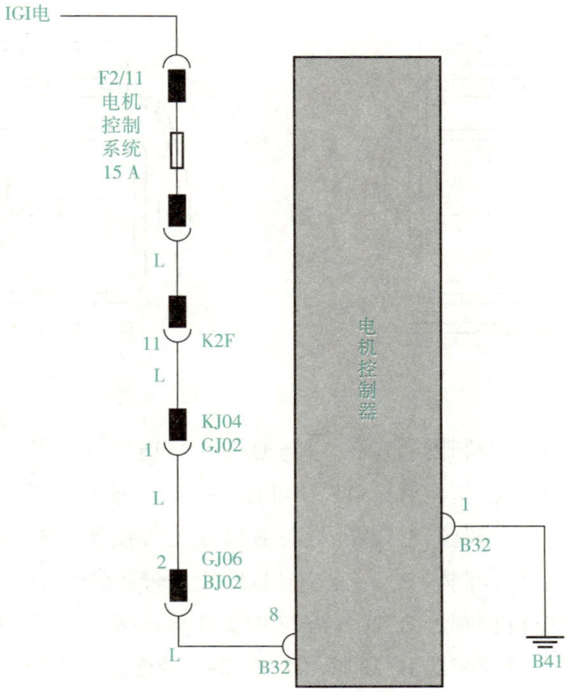

图 2-32　电机控制器电源和搭铁诊断时参考的电路图

①使用万用表测量电机控制器 B32-8 号端子的电压，电源打到 ON 挡时，标准值应为 11 ～ 14 V。电机控制器 B32 连接端子如图 2-33 所示。

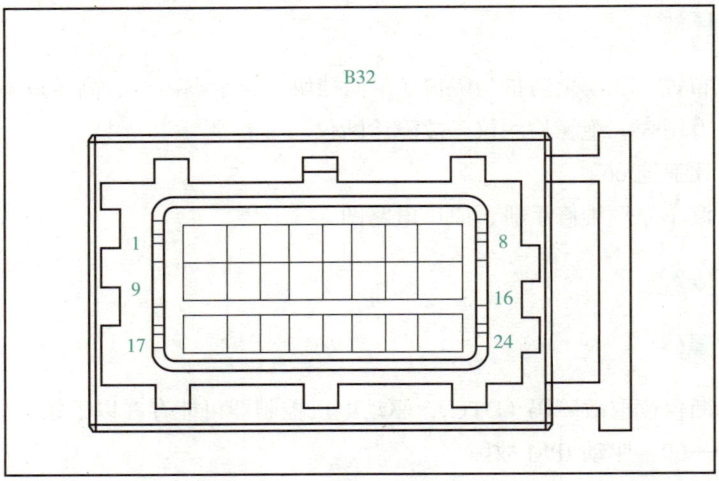

图 2-33　电机控制器 B32 连接端子

②使用万用表测量电机控制器 B32-1 号端子的电阻，在点火开关 ON 时，标准值应小于 1 Ω。检测参数值均正常，操作下一步。

（2）电机控制器与电机低压端子线束电阻检测

根据 DTC 提示进行故障检测。电机控制器与电机低压端子线束电阻检测。电机控制器 B22、B23 连接端子如图 2-34 所示。

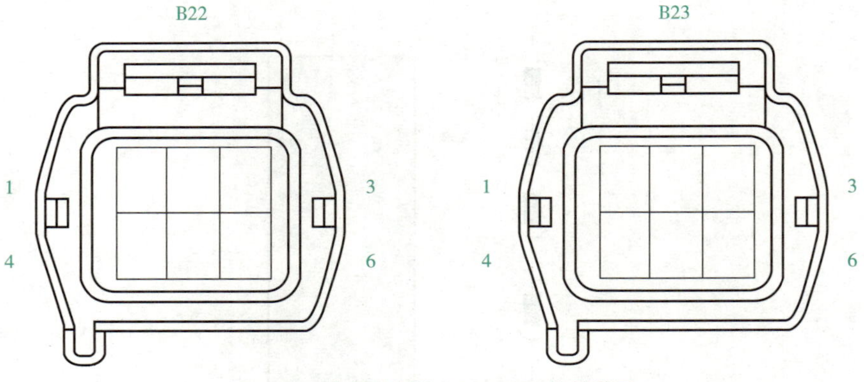

图 2-34　电机控制器 B22、B23 连接端子

①使用万用表测量电机控制器 B32- 7 号与 B23-1 号连接器端子之间阻值应小于 1 Ω。

②使用万用表测量电机控制器 B32-15 号与 B23-4 号连接器端子之间阻值应小于 1 Ω。

③使用万用表测量电机控制器 B32- 4 号与 B22-1 号连接器端子之间阻值应小于 1 Ω。

④使用万用表测量电机控制器 B32- 5 号与 B22-2 号连接器端子之间阻值应小于 1 Ω。

⑤使用万用表测量电机控制器 B32- 6 号与 B22-3 号连接器端子之间阻值应小于 1 Ω。

⑥使用万用表测量电机控制器 B32-12 号与 B22-4 号连接器端子之间阻值应小于 1 Ω。

⑦使用万用表测量电机控制器 B32-13 号与 B22-5 号连接器端子之间阻值应小于 1 Ω。

⑧使用万用表测量电机控制器 B32-14 号与 B22-6 号连接器端子之间阻值应小于 1 Ω。

检测参数值均正常，操作下一步。

（3）缺相故障

根据 DTC 提示进行故障检测，根据缺相故障提示，现用万用表测量驱动电机三相绕组之间的阻值，A、B、C 三相绕组之间任意两相间的阻值为 0.2 Ω 见图 2-35，正常值为 0.3 Ω 以内。

图 2-35 检测值

（4）驱动电机控制器故障

检查驱动电机三相间电阻正常，问题就集中到驱动电机控制器（双向逆变器）上。更换驱动电机控制器，试车故障排除。

3. 确定故障点

根据检测结果确定故障点为电机缺相。

4. 排除故障点

更换驱动电机，具体步骤如下。

①将车辆退电至 OFF 挡，拆下后排座椅，断开维修开关，等待 5 min。

②拔掉拆掉电机三相线接插件的 4 个螺栓，测量电机三相线电源导线，若测量值正常，判断出驱动电机定子绕组 A 相断；拆掉附在箱体上的配电盒上端螺栓；拆掉底座 4 个紧固螺栓；将控制器往左移，拔掉低压接插件，拆掉搭铁螺栓，拔掉 DC 低压输出线，拔掉 4 个低压线束卡扣；将控制器往右移，拆掉进水管，拆掉出水管。

③更换驱动电机本体，插上电机三相线插件，插上维修开关手柄。

④插上维修开关手柄，完成更换。

注意：拆掉进水管时将流出的冷却液用容器接住。检修时，应遵循顺序拆逆序装、先简单后复杂原则，先排除电机故障，再检查驱动电机控制器。

项目三

新能源汽车照明及信号系统检修

本项目介绍新能源汽车照明系统的功能与组成、信号系统的功能与组成、照明系统和信号系统的原理及故障诊断。本项目设置三个任务，分别为新能源汽车前照灯不亮故障检修、新能源汽车转向灯不亮故障检修、新能源汽车电喇叭不响故障检修。

知识目标

①掌握汽车照明与信号系统的功用、结构与工作原理。

②掌握汽车前照灯常见故障现象、故障原因、故障检修方法及注意事项。

③掌握汽车转向灯常见故障现象、故障原因、故障检修方法及注意事项。

④掌握汽车电喇叭常见故障现象、故障原因、故障检修方法及注意事项。

技能目标

①能拆画和分析照明与信号系统电路图。

②能查找出前照灯、转向灯和电喇叭的故障原因。

③能正确使用工具与仪器，进行前照灯、转向灯和电喇叭的故障检修。

任务一　新能源汽车前照灯不亮故障检修

思政导学　　智能车灯，创新先锋

长春希达电子技术有限公司的“超高密度倒装LED集成封装超高清显示关键技术及产业化”是“十三五”国家重点研究计划重点专项标志性成果，它的芯片级倒装LED集成封装、像素级复合采集等核心技术处于国际领先水平。

《汽车及挂车外部照明和光信号装置的安装规定》（GB 4785—2019）为强制性国家标准。该标准规定了汽车及挂车的外部照明和光信号装置安装的一般要求、特殊规定和检验规则等。

拓展阅读　　新能源汽车照明及信号系统标准

近年来我国车用照明行业随着汽车行业的发展逐步扩大，我国 LED 照明企业纷纷与汽车企业合作，提供车用照明灯具及车用照明解决方案。结合我国汽车及车用照明行业发展趋势来看，未来我国新能源汽车销量将迎来新一轮的增长，因此车用照明灯具将迎来快速增长时期。

故障现象

售后服务经理接到客户一辆行驶里程约 31 000 km 的比亚迪 e6，该车前照灯远光不亮而近光正常。请思考，如何解决这一问题？

知识链接　前照灯

现代汽车为了保证行驶安全，装备了多种照明与信号设备。照明与信号设备不但要符合交通法规的要求，还要满足运行的安全。汽车照明与信号系统一般包括照明系统与信号系统。照明系统包括前照灯、雾灯、行李厢灯、内部照明系统等；信号系统包括转向信号灯、危险报警信号灯、制动灯、倒车灯、示廓灯、电喇叭等。

一、新能源汽车照明系统的功能

新能源汽车照明系统的主要功能是在夜间或能见度低的情况下，向驾驶人员、乘坐人员和交通管理人员提供照明，对其他车辆和行人起提示及警告作用。

二、新能源汽车照明系统的组成

新能源汽车照明系统由电源、照明装置及其控制部分等组成。控制部分包括各种灯光开关、继电器等。照明装置按照其安装的位置及功用包括远 / 近光灯、雾灯、倒车灯、车牌灯、仪表照明灯、室内灯、行李厢灯等。主要车灯名称及位置示意图如图 3-1 所示。

1. 远 / 近光灯

远 / 近光灯又叫前照灯、前大灯或“头灯”，安装在汽车头部两侧，主要用于夜间或光线昏暗路面上汽车行驶时的照明。有两灯制和四灯制之分，装于外侧的一对应为近、远光双光束灯，装于内侧的一对应为远光单光束灯。前照灯灯光光色为白色，远光灯灯泡功率为 45 ～ 60 W，近光灯为 25 ～ 55 W。要求前照灯应能保证提供车前 100 m 以上路面明亮、均匀的照明，并且不应对迎面来车的驾驶人员造成眩目。随着车速的不断提高，汽车上的前照灯的照明距离可达到 200 ～ 300 m。远 / 近光灯如图 3-2 所示。

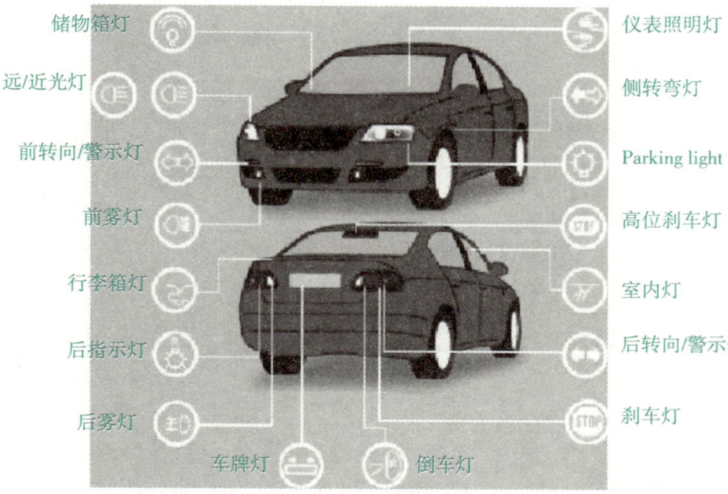

图 3-1　主要车灯名称及位置示意图

图 3-2　远 / 近光灯

前照灯的类型有很多种，下面主要介绍三种目前经常使用的远 / 近光灯的类型。

（1）半封闭式远 / 近光灯

半封闭式远 / 近光灯如图 3-3 所示。其配光镜由反射镜边缘上的齿簧固定在反射镜上，两者之间垫有橡胶密封圈，灯泡只能从反射镜后端装入。当需要更换损坏的配光镜时，摇开反射镜边缘的齿簧，安上新的配光镜后，再将齿簧复原。由于半封闭式远 / 近光灯维修方便，因此得到广泛应用。

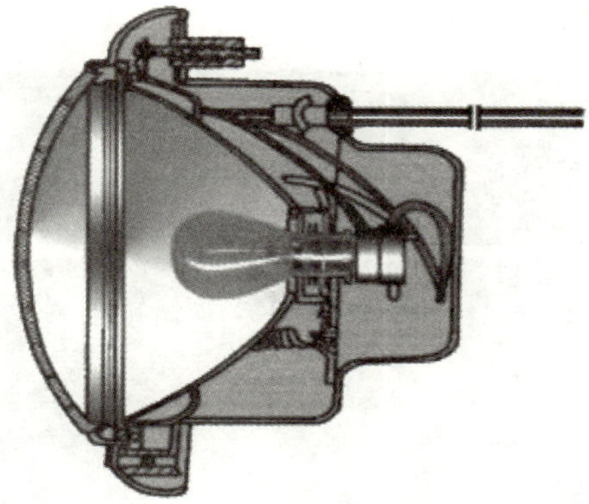

图 3-3　半封闭式远 / 近光灯

（2）全封闭式远 / 近光灯

全封闭式远 / 近光灯（又叫作真空灯），如图 3-4 所示。其反射镜和配光镜用玻璃制成一体，形成灯泡，里面充以惰性气体。灯丝焊在反射镜底座上，反射镜的反射面经真空镀铝。全封闭式远 / 近光灯反射效率高，照明效果好，使用寿命长，很快得到普及。但当灯丝烧断后，需要整个更换，成本高，因此限制了它的应用范围。

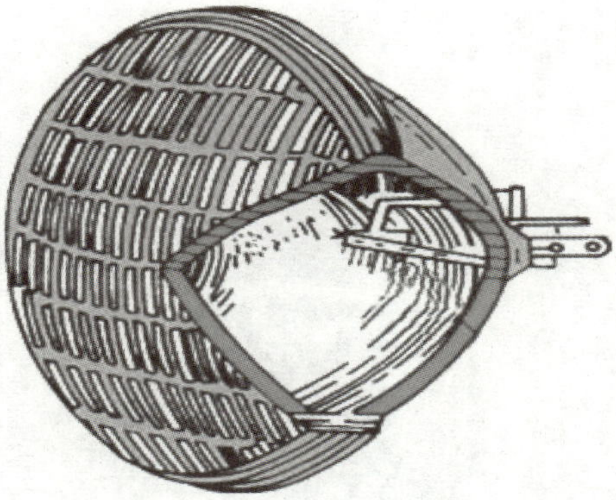

图 3-4　全封闭式远 / 近光灯

（3）高亮度弧光灯

高亮度弧光灯由弧光灯组件、电子控制器和升压器三大部分组成。其灯泡里没有灯丝，只充有氙气及微量金属（或金属卤化物）。它有两个电极，在电极上加上 5 000 ～ 12 000 V 电压后，气体开始电离而导电。高亮度弧光灯的光色和日光灯相似，亮度是目前卤钨灯泡的 2.5 倍，寿命是卤钨灯泡的 5 倍，灯泡功率一般为 35 W，可节能 40%。

2. 雾灯

雾灯有前雾灯和后雾灯两种，用于雾、雪、暴雨或沙尘天气时改善车前道路的照明及为迎面来车及后面来车提供信号。前雾灯装于汽车前部且比前照灯稍低的位置。前雾灯光色为黄色，这是因为黄色光光波较长，具有良好的透雾性能，灯泡功率一般为 35 W。后雾灯采用单只时，应安装在车辆纵向平面的左侧，与制动灯间的距离应大于 100 mm，后雾灯光色为红色，以警示尾随车辆保持安全距离，灯泡功率一般为 21 W。雾灯如图 3-5 所示。

3. 倒车灯

倒车灯装于汽车尾部，用于倒车时汽车后方道路照明和警告其他车辆和行人，表示该车正在倒车，兼有灯光信号装置的功能。倒车灯光色为白色，灯泡功率一般为 28 W。倒车灯如图 3-6 所示。

图 3-5　雾灯

图 3-6　倒车灯

4. 车牌灯

车牌灯安装在汽车尾部牌照上方，用于照亮车辆牌照，要求夜间在车后 20 m 处能看清牌照号码。车牌灯光色为白色，灯泡功率一般为 8 ～ 10 W。它没有单独的开关控制，受示宽灯或前照灯开关控制。必须按规定要求安装车牌灯，必须与小灯同一个开关控制。车牌灯如图 3-7 所示。

5. 仪表照明灯

仪表照明灯安装在汽车仪表盘上，用来照明仪表指针及刻度板，以便驾驶人员能迅速获取行车信息并进行正确操作。仪表照明灯如图 3-8 所示。仪表照明灯一般与示位灯、车牌灯同时点亮，有些汽车仪表照明灯发光强度可调节。

图 3-7　车牌灯

图 3-8　仪表照明灯

6. 室内灯

室内灯是安装在驾驶室或车厢内顶部为驾驶室或车厢内照明的灯具，还可兼起监视车门是否可靠关闭的作用。室内灯如图 3-9 所示。在监视车门状态下，只要还有车门未可靠关闭，室内灯就发亮。通常室内灯都位于驾驶室中部，使室内灯光分布均匀，室内灯光色一般为白色。

图 3-9　室内灯

7 行李厢灯

行李厢灯装于汽车行李厢内，当开启行李厢盖时，灯自动发亮，照亮行李厢内空间，行李厢灯光色一般为白色。行李厢灯如图 3–10 所示。

图 3–10　行李厢灯

三、远 / 近光灯的结构与工作原理

1. 远 / 近光灯的结构

远 / 近光灯一般由灯泡、反射镜、配光镜三部分组成（见图 3–11）。

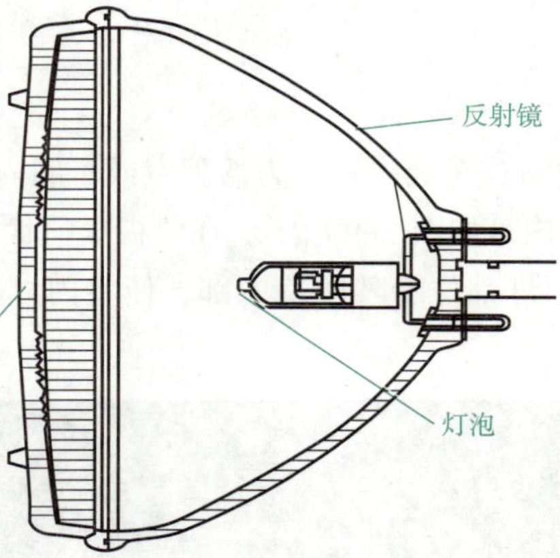

图 3–11　远 / 近光灯的结构

（1）灯泡

灯泡是前照灯的光源部分，一般有两种类型，即充气灯泡和卤钨灯泡。前照灯灯包如图 3–12 所示。

①充气灯泡。充气灯泡是把玻璃泡内的空气抽出后，再充满惰性混合气体的灯泡。一般充入的惰性气体为 96% 的氩气和 4% 的氮气。充入灯泡的惰性气体可以在灯丝受热时膨胀，增大压力，减少钨的蒸发，提高灯丝的温度和发光效率，节省电能，延长灯泡的使用

寿命。

②卤钨灯泡。卤钨灯泡是利用卤钨再生循环反应的原理制成的。卤钨再生循环的基本作用过程：从灯丝上蒸发出来的气态钨与卤素反应生成一种挥发性的卤化钨，它扩散到灯丝附近的高温区又受热分解，使钨重新回到灯丝上，被释放出来的卤素继续扩散参与下一次循环反应，如此周而复始地循环下去，从而防止了钨的蒸发和灯泡的黑化现象。

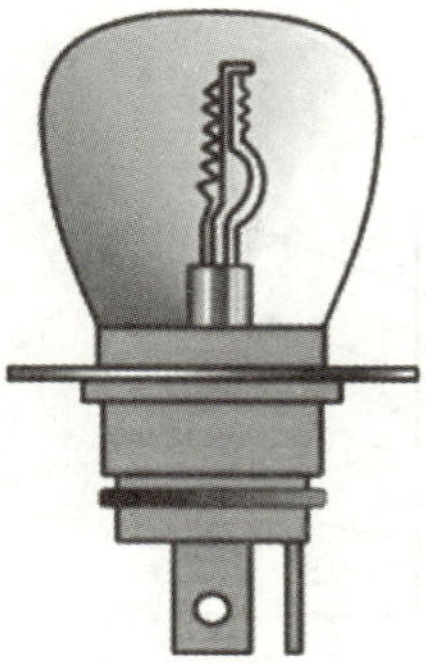

（a）充气灯泡

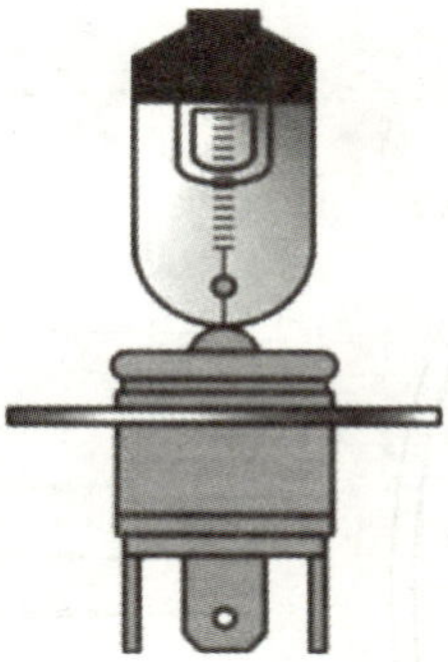

（b）卤钨灯泡

图 3-12 前照灯灯泡

卤钨灯泡尺寸小，灯壳用耐高温、机械强度较高的石英玻璃或硬玻璃制成，所以充入惰性气体的压力较高。因其工作温度高，灯内的工作气压比其他灯泡高很多，故钨的蒸发也受到一定的抑制。现在使用的卤素一般为碘或溴，故称为碘钨灯泡或溴钨灯泡。我国目前多数采用的是溴钨灯泡。

（2）反射镜

反射镜一般用 0.6 ～ 0.8 mm 的薄钢板冲压而成，近年来也有用热固性塑料制成的反射镜。反射镜的表面形状呈旋转抛物面（见图 3-13）。其内表面镀银、铝或铬，然后抛光。由于镀铝的反射系数可以达到 94% 以上，机械强度也较好，故现在一般采用真空镀铝。

反射镜的作用就是将灯泡的光线聚合并导向前方。如图 3-14 所示，灯丝位于焦点 F 上，灯丝的绝大部分光线向后射在立体角 ω 范围内，经反射镜反射后变成平行光束射向远方，使光度增强几百倍，甚至上千倍，达 20 000 cd 以上，从而使车前 150 m，甚至 400 m 内的路面都能被照得足够清楚。

图 3-13 反射镜外形

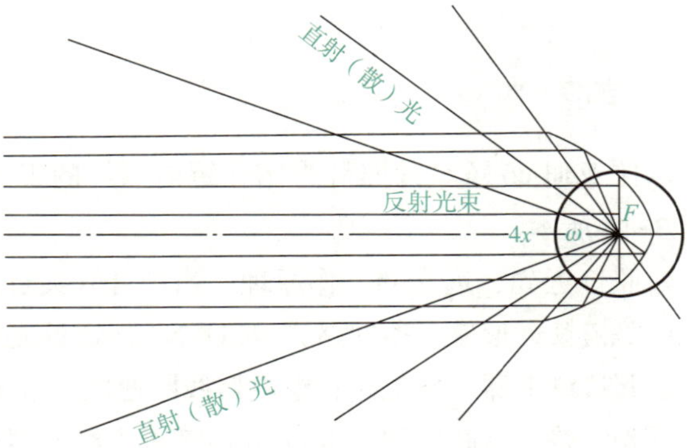

图 3-14 反射镜反射的光线

（3）配光镜

配光镜又称为散光玻璃，它是用透光玻璃压制而成的，是很多块特殊的棱镜和透镜的组合，因此其几何形状比较复杂，外形一般为圆形和矩形。当反射镜反射出的平行光束照射到凹透镜上时，凹透镜将使光束向水平方向散射；当反射镜反射出的平行光束照射到棱镜上时，棱镜将使光束向下折射。配光镜的结构与作用如图 3-15 所示。配光镜还能有效减小对面车辆驾驶人员的炫目效应。

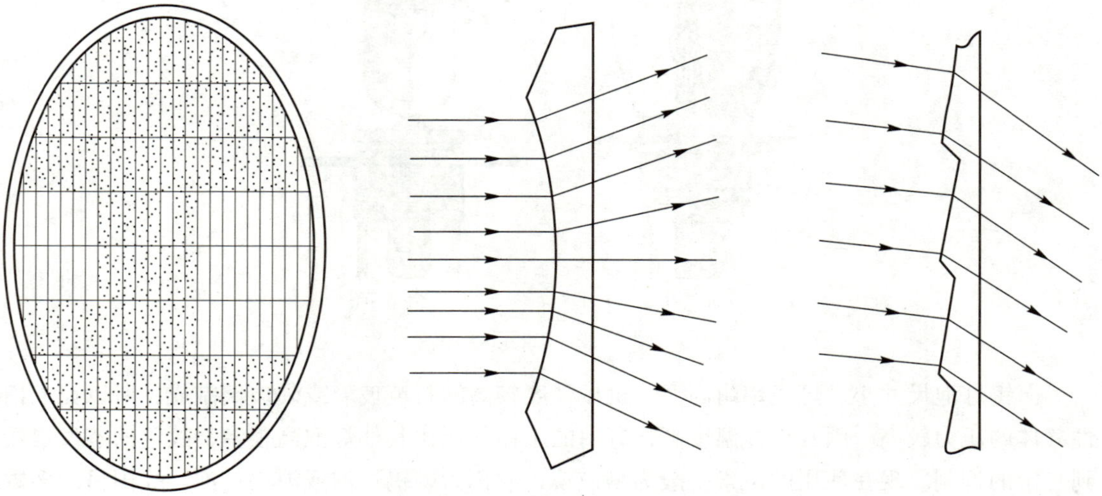

图 3-15　配光镜的结构与作用

2. 前照灯防眩目措施

眩目是指人的眼睛突然被强光照射时，视神经受刺激而失去对眼睛的控制，本能地闭上眼睛，或只能看到亮光而看不见暗处物体的生理现象。这时很容易发生交通事故，所以必须解决前照灯引起的炫目问题。在前照灯中采用双丝灯泡，远光灯丝位于反射镜的焦点上，功率为 45 ～ 60 W；近光灯丝位于反射镜焦点上方，功率为 20 ～ 50 W。当夜间行驶无迎面来车时，可使用远光灯，使前照灯光束射向远方，便于提高车速。当两车相遇时，使用近光灯，使光束倾向路面，从而避免迎面来车驾驶人员的眩目，并使车前 50 m 内的路面也照得十分清晰。

3. 前照灯的工作原理

以比亚迪 e6 轿车前照灯为例介绍前照灯的工作原理。比亚迪 e6 轿车前照灯电路原理图如图 3-16 所示。

前照灯近光、远光的工作原理：当组合开关近光或者远光开关打开时，MCU-N5 接通远光灯线路搭铁，形成一条回路，MCU-N4 接通近光灯线路搭铁，形成一条回路。

前照灯继电器工作电路：继电器线圈通电，继电器开关闭合。

近光线路：常时电源→ K11-6 内部近光继电器触点→左右近光熔丝→左右近光灯→搭铁；远光线路：常时电源→ K11-7 内部远光继电器触点→左右远光熔丝→左右远光灯→搭铁。

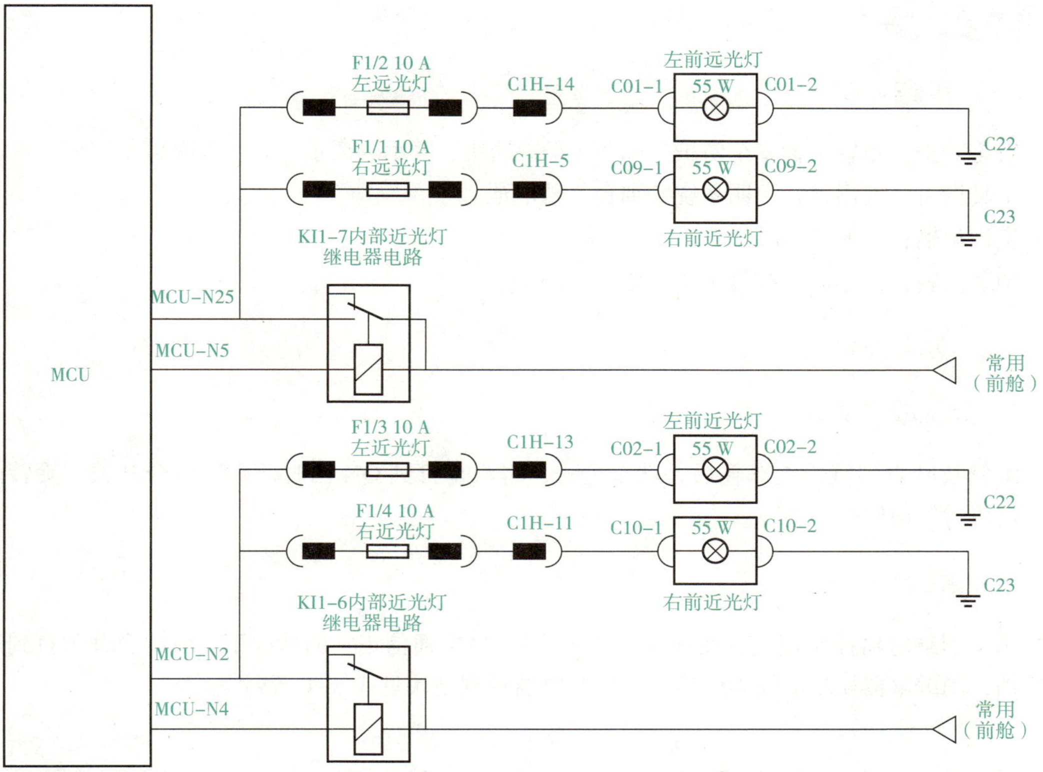

图 3-16　比亚迪 e6 轿车前照灯电路原理图

知识扩展　汽车环境照明中的光导技术

本知识可通过识别二维码获取学习资料。

扫一扫　学一学

故障分析及维修方案　新能源汽车前照灯不亮的原因

新能源汽车前照灯不亮时，夜间行车可能导致事故发生。造成新能源汽车前照灯不亮的原因可能是灯泡损坏、线路故障、继电器故障。

对本任务的故障现象，接受任务的李师傅首先按下启动开关上电试车，发现汽车远光灯不亮而近光灯正常，李师傅说："造成新能源汽车前照灯不亮的原因可能是灯泡损坏、线路故障、继电器故障。"李师傅判断需要更换大灯。

根据李师傅的分析，填写前照灯检修相关信息，告知售后服务经理，得到确认后检修，提交一份分析报告并归档。故障报告检测分析表及实训总结与评价表见活页手册。

任务实施 新能源汽车前照灯不亮故障的检修步骤

一、实施环境

安全防护：布置车辆安全防护与隔离（车辆挡块、警示隔离带、高压危险警示牌）。

工具设备：万用表、照明系统实训台、蓄电池。

实训车辆：比亚迪 e6。

辅助资料：汽车原厂维修手册、原厂电路图。

二、实施步骤

1. 验证故障现象

维修技师看到待检查车辆后，就车检查，将汽车打到 ON 挡时，旋转组合开关，旋转前照灯挡位时，前照灯不工作。

2. 故障检测

①检测继电器控制模块，在确保组合开关和 CAN 通信正常的情况下，将组合开关打到远光灯挡，测继电器模块的输出电压。检测继电器控制模块见表 3-1 所列。

表 3-1 检测继电器控制模块

端子	测试条件	正常值
MCU-N5—车身地	开关远光挡	小于 1 V

②检测内部远光灯继电器，测 MCU-N25 端的输出电压。检测内部远光灯继电器见表 3-2 所列。

表 3-2 检测内部远光灯继电器

端子	测试条件	正常值
MCU-N25—车身地	开关远光挡	9 ~ 16 V

③检测保险，用万用表点在保险两端（F1/2 左、F1/1 右），看是否导通。

④检测线束，测量线束电阻。测量线束电阻见表 3-3 所列。

表 3-3 测量线束电阻

	端子	颜色	正常值
左前远光	C01-2-C22（车身地）	B	小于 1 Ω
	C01-1-C1H-14	L/R	小于 1 Ω
右前远光	C09-2-C23（车身地）	B	小于 1 Ω
	C09-1-C1H-5	L/R	小于 1 Ω

⑤检测灯泡，先目测灯丝是否损坏，再给灯泡加 12 V 电压，看灯泡是否点亮。

3. 确定故障点

根据检测结果确定故障点为左前照灯。

4. 排除故障点

更换左前照灯。

任务二　新能源汽车转向灯不亮故障检修

思政导学　　“中车株洲所”为国家战略提供助力

“中车株洲所”在 2019 北京国际城市轨道交通展览会上全球发布全自主基于通信的列车自动控制系统（Communication Based Train Control System，CBTC 系统）。作为城市交通三大关键核心技术（牵引、信号、制动）之一，CBTC 系统主要用于保证列车安全和提高运营效率，具有技术难度高、安全责任大的特点。CBTC 系统为中国汽车国际化、国家“一带一路”倡仪提供助力。

《汽车及挂车转向信号灯配光性能》（GB 17509—2008）为强制性国家标准。该标准规定了汽车及挂车转向信号灯配光性能的技术要求、试验方法和检验规则，适用于 M、N 和 O 类车辆使用的各种类型转向信号灯。

拓展阅读　　《汽车及挂车转向信号灯配光性能》标准

我国道路交通信号灯组采用“方向指示信号灯”＋“机动车信号灯（满屏灯）”的组合，驾驶人员应按照“机动车信号灯”的指示通行。因此，汽车及挂车转向信号灯配光性能符合标准，才能确保安全。

故障现象

售后服务经理接到客户一辆行驶里程约 35 000 km 的比亚迪 e6，该车转向灯前后均不亮。请思考，如何解决这一问题？

知识链接　信号灯

一、新能源汽车信号系统的功能

新能源汽车信号系统的功能是通过不同色泽的发光标志显示车辆工作状态，从而向人、车辆传递信息，确保车辆和行人的安全。汽车信号灯光大部分是由人近距离感受，因此还必须考虑发光面积与规定发光强度之间的匹配，以防止亮度过大而造成眩目。大部分信号灯的光束扩散角（10% 最大光强度方向之间的夹角）垂直方向不小于 20°，水平方向不小于 40°。

二、新能源汽车信号系统的组成

新能源汽车信号系统主要包括转向信号灯、危险报警灯、制动灯、倒车灯和示宽灯等。信号系统的组成图如图 3-17 所示。

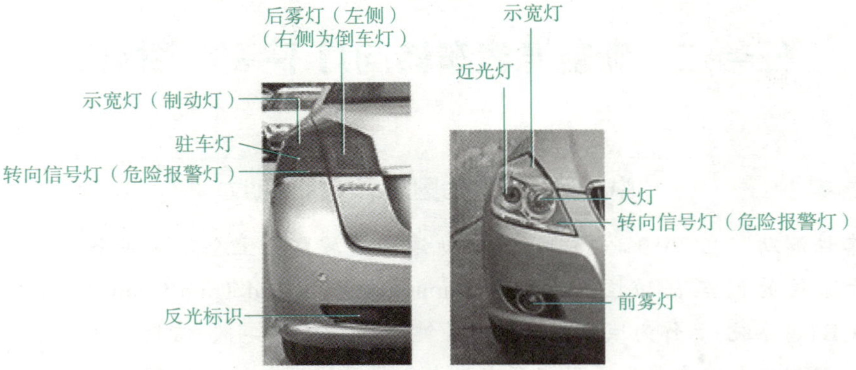

图 3-17　信号系统的组成图

1. 转向信号灯

转向信号灯简称为转向灯。主转向灯一般安装在汽车头部、尾部的左右两侧，侧转向灯安装在汽车车侧中间。在汽车转弯时，转向信号灯发出明暗交替的闪光信号，以示汽车向左或向右转向行驶。转向信号灯一般有 4 只或 6 只，光色为橙色。转向信号灯如图 3-18 所示。

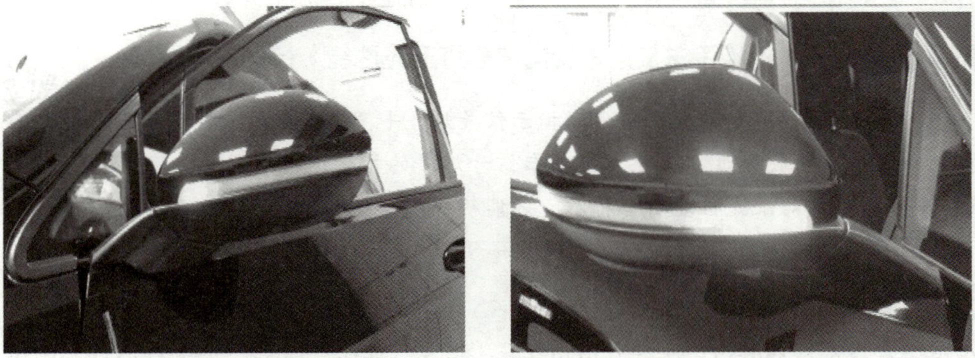

图 3-18　转向信号灯

2. 危险报警灯

危险报警灯与转向信号灯共用。当车辆出现故障停止在路面上或者在高速公路上需要临时停车时，按下危险报警灯开关，转向信号灯同时闪烁，示意其他车辆和行人注意避让。危险报警灯如图 3-19 所示。

3. 制动灯

制动灯俗称“刹车灯”，安装在汽车尾部两端。在踩下制动踏板时，发出较强红光，以示本车制动或者减速。其功率为 20 ～ 25 W。

高位制动灯也称为第三制动灯，一般安装在车辆后窗的中心线上，以便后方车辆能及早发现前方车辆而实施制动，防止发生汽车追尾事故。制动灯如图 3-20 所示。

图 3-19　危险报警灯

图 3-20　制动灯

4. 倒车灯

倒车灯安装在汽车尾部，当变速器挂倒挡时自动发亮，照明车后侧，同时警示后方车辆、行人注意安全。其功率一般为 20 ～ 25 W，光色为白色。倒车灯如图 3-21 所示。

5. 示宽灯

示宽灯又称为位置灯，如图 3-22 所示。其安装在汽车前面、后面和侧面，夜间行驶打开前照灯时，位置灯、仪表照明灯和车牌灯同时发亮，以标志车辆的形位等。其功率一般为 5 ～ 20 W。前位灯俗称小灯，光色为白色或黄色；后位灯俗称尾灯，光色为红色；侧位灯光色为琥珀色。

图 3-21　倒车灯

图 3-22　示宽灯

6. 驻车灯

驻车灯如图 3-23 所示。其安装在车头和车尾两侧，要求从车前和车尾 150 m 远处能确认灯光信号，且要求车前处光色为白色，车尾处光色为红色。夜间驻车时，将驻车灯接通以标志车辆形位。

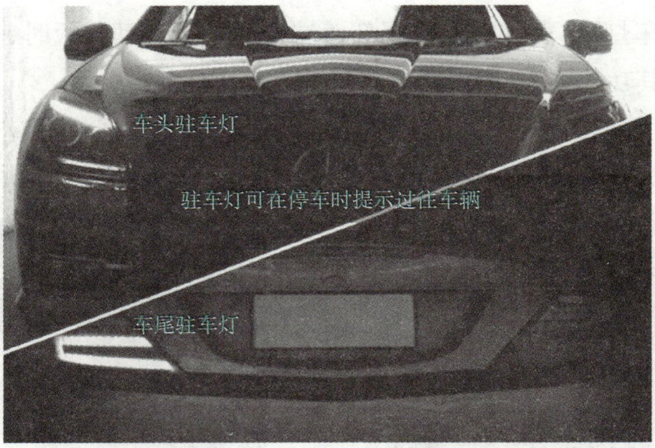

图 3-23　驻车灯

三、转向信号灯的工作原理

当左转向或右转向信号灯有工作电流通过时，投入工作，左转向或右转向信号灯有节奏地闪烁，发出左转向或右转向信号。

1. 闪光器

常见闪光器有电热式、电容式和电子式三类。其中，电热式闪光器结构简单、成本低，但闪光频率不够稳定、使用寿命短，已被淘汰；电容式闪光器闪光频率稳定；电子式闪光器具有性能稳定、可靠等优点，故被广泛应用。

（1）电容式闪光器

电容式闪光器如图 3-24 所示，其触点为常闭触点。

（2）电子式闪光器

电子式闪光器如图 3-25 所示，可以分为晶体管式和集成电路式两类，其触点为常闭触点。

图 3-24　电容式闪光器

图 3-25　电子式闪光器

2. 转向信号灯开关

转向信号灯开关基本安装在方向盘左侧，其操作方法总结为“右上左下”。

3. 转向信号灯工作原理

（1）电容式闪光器工作原理

①汽车转向时，接通转向开关，流经串联线圈的电流产生的吸力大于弹簧片的作用力，将触点迅速打开，由于流过转向灯灯丝电流时间很短，故灯泡处于暗的状态（未来得及亮）。

②触点打开后，蓄电池开始向电容器 C 充电，回路：蓄电池“＋”极→电源开关→接线柱 E→串联线圈→并联线圈→电容器 C→转向信号灯开关→转向信号灯及转向指示灯（左或右）→搭铁→蓄电池“－”极。由于线圈电阻较大，充电电流较小，仍不足以使转向信号灯亮。同时，两线圈产生的电磁吸力方向相同，使触点维持打开，随着电容器 C 两端电压升高，充电电流逐渐减小，电磁吸力也减小，在弹簧片作用下，触点闭合。

③电源通过串联线圈、触点、转向信号灯开关向转向信号灯供电，电容器 C 经并联线圈、触点放电。由于此时两线圈磁力方向相反，产生的合成磁力不足以使触点打开，此时转向信号灯亮。

④随着电容器 C 两端电压下降，流经并联线圈的电流减少，产生的磁力减弱，串联线圈产生的电磁吸力又将触点打开，转向信号灯变暗。

⑤如此反复，使转向信号灯以一定的频率闪烁。

电容式闪光器工作原理图如图 3-26 所示。

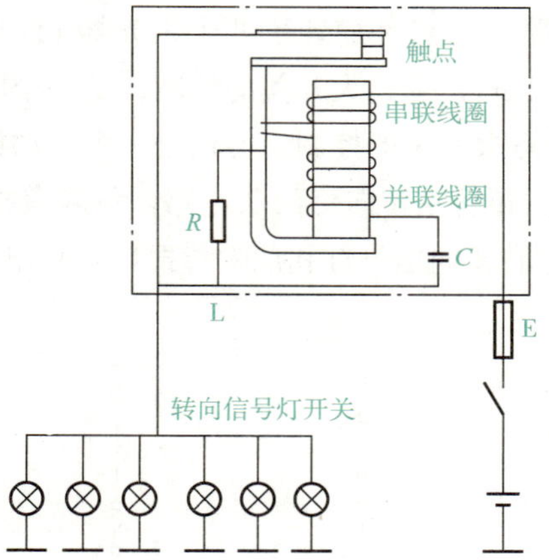

图 3-26 电容式闪光器工作原理图

（2）电子式闪光器工作原理

①当车辆转弯时，接通电源开关 SW 和转向信号灯开关 K，电流经蓄电池“＋”极→电源开关 SW→接线柱 B→R_1→继电器 J 的触点→接线柱 S→转向信号灯开关 K→转向信号灯及转向指示灯（左或右）→搭铁→蓄电池“－”极，转向信号灯亮。由于电源上的分压给三极管 VT 提供了偏置电压而使其导通，集电极电流流经继电器 J 的线圈，其上产生的吸力使触点断开，转向信号灯变暗。

②三极管 VT 导通后其基极电流向电容器充电，回路：蓄电池“＋”极→电源开关 SW→接线柱 B 发射极→基极→电容器 C→R_3→转向信号灯开关 K→转向信号灯及转向指示灯（左或右）→搭铁→蓄电池“－”极。电容器 C 充电过程中，随着电容器两端电压上升，基极电流变小，使集电极电流也相应变小。

③当流经继电器 J 的线圈的电流不足造成吸力减小而释放常闭触点时，继电器 J 的触点又重新闭合，使转向信号灯点亮，同时电容器 C 通过 R_2、触点、R_3 放电，由于此时 R_2 向 VT 提供了反向偏压，加速了 VT 的截止。随着电容器 C 放电电流的减小，R_1 上的压降又为 VT 提供了正向的偏置电压。

④循环往复，使转向信号灯闪烁发光。

电子式闪光器工作原理图如图 3-27 所示。

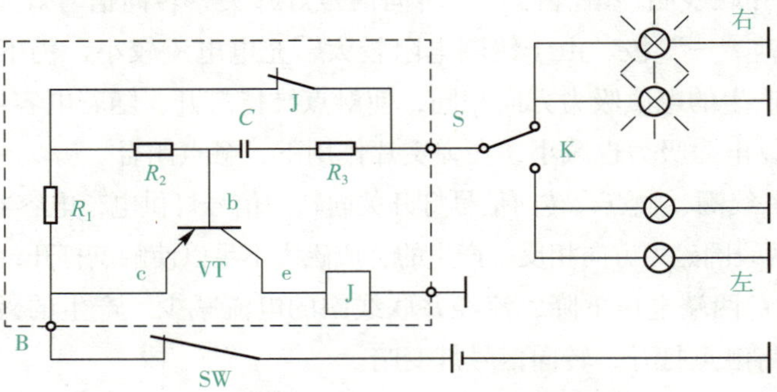

图 3-27　电子式闪光器工作原理图

（3）双闪光器转向信号灯电路

双闪光器转向信号灯电路的特点是加装了两个闪光器 Flasher1 和 Flasher2（见图 3-28），左右转向信号灯用闪光器 Flasher1，受点火开关的控制，是一个联动控制开关。危险警报灯电路用闪光器 Flasher2，虽不受点火开关的控制，但也是一个联动控制开关。转向信号灯联动控制开关同时接通或者断开前左和后左转向灯两条电路。危险警报灯联动开关可同时接通和断开所有的转向信号灯电路。左右转向信号灯和危险警报灯均共用左右前后信号灯。

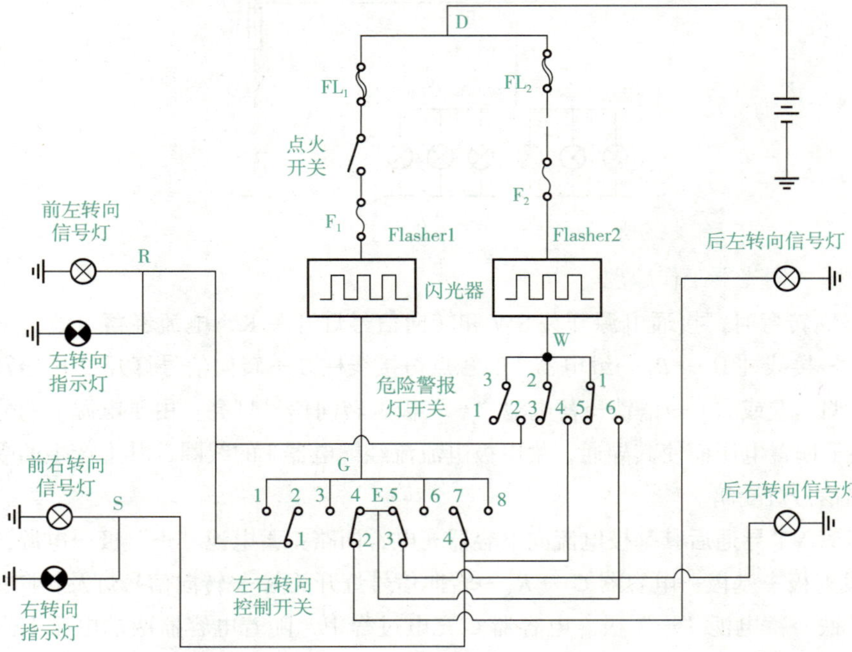

图 3-28　双闪光器转向信号灯电路图

闪光器是间歇接通和断开电路的一个自动开关。因为间歇接通和断开电路，而使信号灯在一定的时间内接通（点亮）和断开（熄灭）。

当驾驶人员拨动左右转向控制开关的左转向时，左右转向开关的 1、1 触点和 2、3 触点接通。前左转向信号灯电路为蓄电池（发电机）正极→ D 点→易熔线 FL1 →点火开关→熔断丝 F1 →闪光器 Flasher1 →左右转向信号灯控制开关接线柱 G 点→左转向控制开关的 1 ～ 4 触点→ R 点→前左转向信号灯→搭铁→蓄电池（发电机）负极。后左转向信号灯电路为蓄电池（发电机）正极→ D 点→易熔线 FL →点火开关→熔断丝 F →闪光器 Flasher1 →左右转向灯控制开关接线柱 G 点→左转向控制开关的 2、3 触点→后左转向信号灯→搭铁→蓄电池（发电机）负极。

知识扩展 车灯的核心技术——贯穿式尾灯

本知识可通过识别二维码获取学习资料。

扫一扫 学一学

故障分析及维修方案 转向信号灯不亮的原因

新能源汽车转向信号灯不亮，会在行驶中失去信号提示的功能，给车辆和行人带来安全隐患。造成新能源汽车转向信号灯不亮的原因可能是继电器损坏、灯泡损坏、保险丝损坏或低压线路故障。

对本任务的故障现象，接受任务的龚师傅首先按下启动开关上电试车，将组合开关打到转向挡，转向信号灯不亮。龚师傅说："新能源汽车转向信号灯不亮通常是由四种因素导致：一是保险丝损坏，二是灯泡损坏，三是低压线路故障，四是继电器损坏。"龚师傅判断继电器需要维修。

根据龚师傅的分析，填写转向信号灯检修相关信息，告知售后服务经理，得到确认后检修，提交一份分析报告并归档。故障报告检测分析表及实训总结与评价表见活页手册。

任务实施 转向灯不亮故障的检修步骤

一、实施环境

安全防护：布置车辆安全防护与隔离（车辆挡块、警示隔离带、高压危险警示牌）。

工具设备：万用表、照明系统实训台、蓄电池。

实训车辆：比亚迪 e6。

辅助资料：汽车原厂维修手册、原厂电路图，转向和危险报警系统电路图如图 3-29 所示。

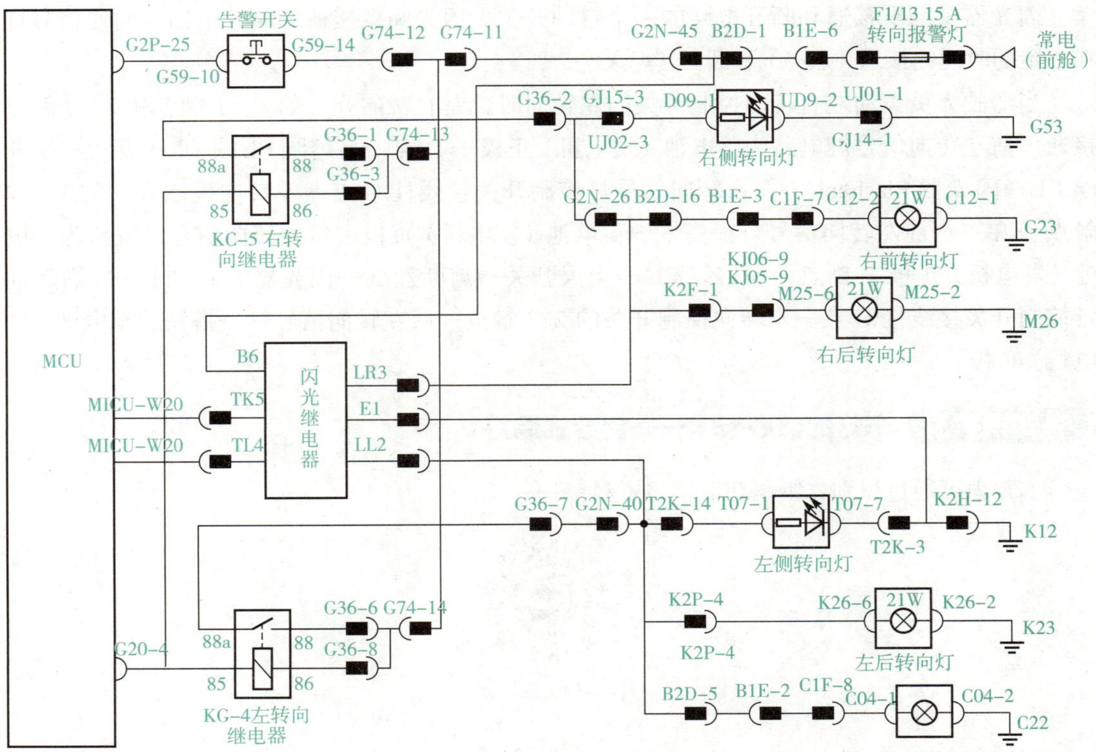

图 3-29　转向和危险报警系统电路图

二、实施步骤

1. 验证故障现象

维修技师看到待检查车辆后，就车检查，将汽车打到 ON 挡时，找到组合开关，拨动转向灯挡位时，转向信号灯不亮。

2. 确定故障点

（1）检测多路集成控制模块

在确保组合开关和 CAN 通信正常的情况下，将组合开关打到转向挡，检测多路集成控制模块的输出电压。检测多路集成控制模块见表 3-4 所列。

表 3-4　检测多路集成控制模块

灯	端子	测试条件	正常值
左转向	MICU-W21—车身地	开关左转挡	9 ~ 16 V
右转向	MICU-W20—车身地	开关右转挡	9 ~ 16 V

（2）检测闪光继电器

给闪光继电器的 TL4、TR5 端接 12 V 电压，E1 端接地，测量 LL2、LR3 端的输出电压。

检测闪光继电器见表 3–5 所列。

表 3–5　检测闪光继电器

端子	测试条件	正常值
LL2—车身地	—	电压值在 0 ～ 12 V 之间以一定的频率不断跳变
LR3—车身地	—	电压值在 0 ～ 12 V 之间以一定的频率不断跳变

（3）检测转向灯

给转向信号灯两端加 12 V 电压，观察灯泡是否发光。

（4）检测线束

检查线束，测量线束电阻。测量线束电阻见表 3–6 所列。

表 3–6　测量线束电阻

转向灯	端子	颜色	正常值
左转向灯	T2K–12—T07–1	R/L	小于 1 Ω
	K2F–4—K26–6	R/L	小于 1 Ω
	B2D–5—C04–2	R/L	小于 1 Ω
	T07–7—车身地	B	小于 1 Ω
	K26–2—车身地	B	小于 1 Ω
	C04–1—车身地	B	小于 1 Ω
右转向灯	G2N–26—U09–1	BR	小于 1 Ω
	K2F–1—M25–6	BR	小于 1 Ω
	B2D–16—C12–2	BR	小于 1 Ω
	M25–2—车身地	B	小于 1 Ω
	U09–7—车身地	B	小于 1 Ω
	C12–1—车身地	B	小于 1 Ω

3. 确定故障点

线束检测值与正常值进行比较，发现 K2F–4—K26–6 端子值为 ∞，确定故障点为左转向信号灯。

4. 排除故障点

更换端子线或者重新连接。

任务三　新能源汽车电喇叭不响故障检修

思政导学　　“中国制造”High End 音响，创新发展之路

隐士音响（杭州）有限公司自觉肩负起时代赋予的重任，履行好高水平科技自立自强的使命担当，自主研发“龙吟”号角音响系统。该音响系统在设计和制造上都实现了高难度的技术突破，在音响的保真度、声压级、性噪比等方面达到了世界级水平。

《机动车用喇叭的性能要求及试验方法》（GB 15742—2019）为强制性国家标准。该标准规定了机动车用电喇叭和气喇叭的性能要求、试验方法及喇叭的装车性能要求、试验方法，适用于 M、N、L 类机动车。

拓展阅读　　机动车用喇叭的性能要求及试验方法标准

从中国制造到中国创造，国创音响第一品牌通过跨界定制模式，打造一个“开放的合作闭环”。音响系统虽在各方面已达到了世界级水平，但应用于新能源汽车领域也必须遵循《机动车用喇叭的性能要求及试验方法》国家标准。

故障现象

售后服务经理接到客户一辆行驶里程约 38 000 km 的比亚迪 e6，该车电喇叭不响。请思考，如何解决这一问题？

知识链接　喇叭

一、新能源汽车喇叭的功能

1. 警告功能

汽车上的喇叭是一种重要的装置，它有很多作用，其中很重要的一个作用是发出警告信号。当有紧急情况发生时，驾驶人员可以按下喇叭，以便提醒其他驾驶人员和行人注意到这个情况。例如，在遇到交通事故、突然停车或者有行人突然穿过马路时，按下喇叭可以起到警告的作用，保护自己和其他人的安全。

2. 传递信息的功能

除了警告作用，喇叭还可以用来传递信息。例如，当驾驶人员想要超车或者变道时，可

以通过按下喇叭来提醒前方的车辆。

此外，喇叭还可以用来表达感谢或者道歉。如果其他驾驶人员对驾驶人员的驾驶行为表示理解或者宽容，可以通过按下喇叭来表达感谢；同样，如果驾驶人员的驾驶行为不当，也可以通过喇叭来道歉。

3. 提醒的功能

喇叭还可以用来提醒其他驾驶人员注意车辆的存在。在夜间或者天气不好的情况下，车辆的能见度会受到影响，这时候可以通过按下喇叭来提醒其他驾驶人员，避免发生事故。

总之，汽车上的喇叭是一个非常重要的装置，除上述几点功能外，也要注意使用的合理性，避免对其他人造成干扰和不必要的困扰。

二、喇叭的分类

汽车喇叭分为电喇叭和气喇叭两种，目前汽车上所装用的喇叭多为电喇叭。电喇叭通过电磁线圈不断地通电和断电，金属膜片产生振动而产生音响，声音悦耳。电喇叭外形多是螺旋形和盆形。螺旋形汽车电喇叭附带扬声筒，扬声筒卷成螺旋形以压缩体积；盆形汽车电喇叭不带扬声筒，形状扁平、体积较小、重量轻且安装方便。

汽车上都装有喇叭，用来警告行人和其他车辆，以引起注意，保证行车安全。汽车喇叭类型较多，按分类方法不同可以分成很多种类。常用的分类方法及类型有以下几种。

1. 按发音动力

按发音动力不同喇叭可分为气喇叭和电喇叭。气喇叭是利用气流使金属膜片振动产生声响，外形一般为筒形，多用在具有空气制动装置的重型载重汽车上。电喇叭是利用电磁力使金属膜片振动产生声响，其声音悦耳，广泛应用于各种类型的汽车上。电喇叭按有无触点又可分为普通电喇叭和电子电喇叭。普通电喇叭是靠触点的闭合和断开，控制电磁线圈激励膜片振动而产生声响的；电子电喇叭中无触点，则利用晶体管电路激励膜片振动产生声响。

由于普通电喇叭常出现触点烧蚀、氧化现象，使喇叭工作可靠性下降，因此现在多采用电子电喇叭，即无触点电喇叭。电子电喇叭的结构如图 3-30 所示。

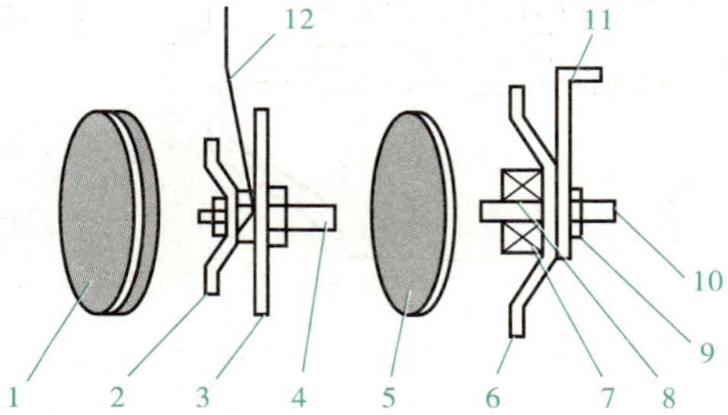

1—罩盖；2—共鸣板；3—绝缘膜片；4—上衔铁；5—纸张垫圈；6—喇叭体；7—线圈；8—下衔铁；9—锁紧螺母；10—调节螺钉；11—托架；12—导线。

图 3-30 电子电喇叭的结构

2. 按外形

按外形不同喇叭可分为螺旋形、筒形和盆形电喇叭。在中小型汽车上，由于安装位置的限制，多采用螺旋形和盆形电喇叭。盆形电喇叭具有体积小、质量轻、指向好、噪声小等优点。

①螺旋形电喇叭。其主要机件由山字形铁芯、线圈、衔铁、膜片、共鸣板、扬声器、触点和电容器等组成。螺旋形电喇叭如图 3-31 所示。膜片和共鸣板接中心杆与衔铁、调整螺母、锁紧螺母连成一体。通过线圈的通断，膜片不断振动，从而发出一定音调的音波，由扬声器加强后传出。

图 3-31 螺旋形电喇叭

螺旋形电喇叭的结构如图 3-32 所示，其中膜片和共鸣板通过中心杆与衔铁、音量调整螺母、锁紧螺母连成一体。其工作原理：当按下按钮时，电流由蓄电池“+”极→线圈→触点→按钮→搭铁→蓄电池“－”极。当电流通过线圈时，产生电磁吸力，吸下衔铁，中心杆上的音量调整螺母压下活动触点臂，使触点分开而切断电路。此时线圈电流中断，电磁吸力消失，在弹簧片和膜片的弹力作用下，衔铁又返回原位，触点闭合，电路又接通。

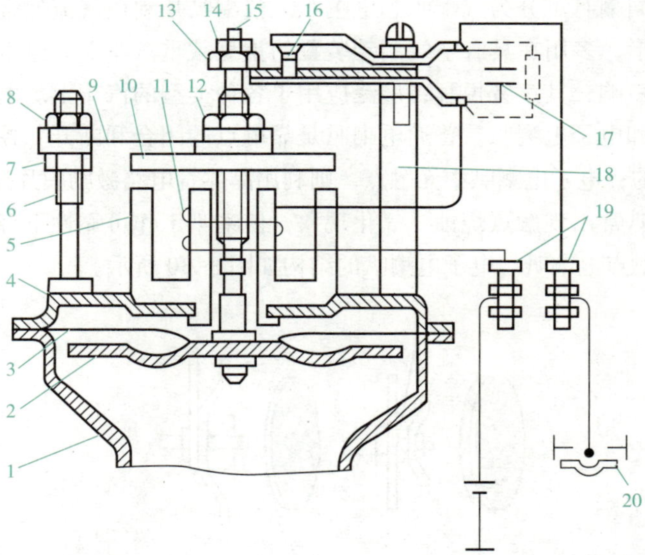

1—扬声器；2—共鸣板；3—膜片；4—底板；5—山字形铁芯；6—螺柱；7—音调调整螺母；8、12、14—锁紧螺母；9—弹片；10—衔铁；11—线圈；13—音量调整螺母；15—中心杆；16—触点；17—电容器；18—触点支架；19—接线柱；20—喇叭按钮。

图 3-32 螺旋形电喇叭的结构

上述过程反复进行，膜片不断振动，从而发出一定音调的音波，由扬声器加强后传出。共鸣板与膜片刚性连接，在振动时发出陪音，使声音更加悦耳。为了减小触点火花，保护触点，在触点间并联了一个电容器（或消弧电阻）。

②盆形电喇叭。盆形电喇叭的电磁铁采用螺管式结构，铁芯上绕有线圈，上、下铁芯之间的气隙在线圈中间，所以能产生较大的吸力。它无扬声筒，而是将上铁芯、膜片和共鸣板固装在中心轴上。当电路接通时，线圈产生吸力，上铁芯被吸下与下铁芯碰撞，产生较低的基本频率，并激励与膜片一体的共鸣板产生共鸣，从而发出比基本频率强得多，且分布又比较集中的声音。盆形电喇叭如图 3-33 所示。

图 3-33　盆形电喇叭

盆形电喇叭的结构如图 3-34 所示。其工作原理：当按下喇叭按钮时，电流由蓄电池“+”极→线圈→触点→喇叭按钮→搭铁→蓄电池“−”极，构成回路。线圈通电后产生吸力，将衔铁吸下，使膜片向下拱曲，直至触点打开；触点打开后，线圈电路被切断，电磁力消失，衔铁和膜片回位，直至触点闭合。在如此反复过程中，膜片不断振动并与共鸣板一起作用产生共鸣发声。

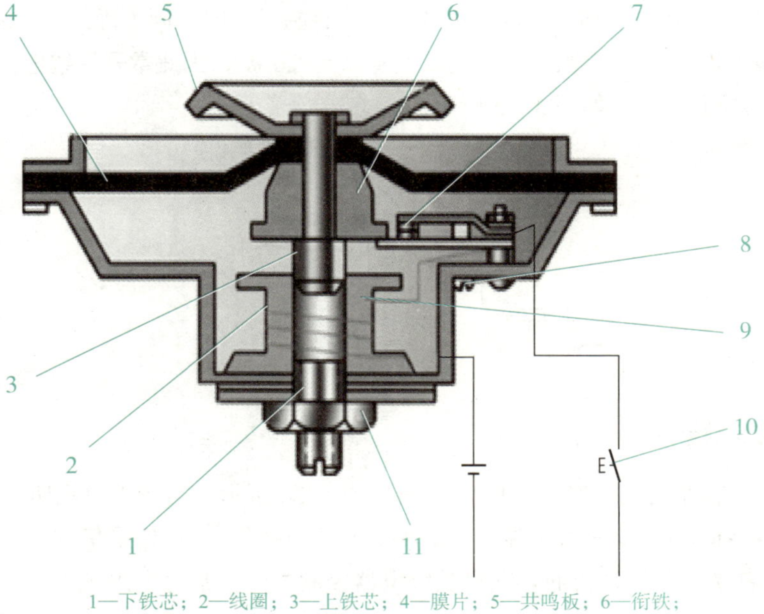

1—下铁芯；2—线圈；3—上铁芯；4—膜片；5—共鸣板；6—衔铁；
7—触点；8—调整螺钉；9—铁芯；10—喇叭按钮；11—锁紧螺母。

图 3-34　盆形电喇叭的结构

3. 按音频

按音频不同喇叭可分为高音喇叭和低音喇叭。高音喇叭发出的声音声调高而且细，听起来较尖锐，其配件后面的配件号多带有字母“H”；低音喇叭发出的声音声调低而且宽，听起来较深沉，其配件后面的配件号多带有字母“L”。

三、喇叭的调整

喇叭的调整包括音调调整和音量调整。不同类型的喇叭调整方法不同。

1. 音调调整

音调的高低取决于膜片振动的频率，而膜片的振动是由衔铁来驱动的，改变铁芯间隙可以改变膜片的振动频率，从而改变音调（有的在制造时已经调好，工作中不用调整）。当减小间隙时，音调升高；当增大间隙时，音调降低。音调调整可通过音调调整螺钉完成。

2. 音量调整

音量的大小与通过线圈的电流大小有关。当线圈通过电流大时，喇叭音量就大；当线圈通过电流小时，喇叭音量就小。线圈通过的电流大小，可以通过改变喇叭触点的接触压力来调整。音量调整可通过音量调整螺钉完成。

四、喇叭的控制电路

1. 喇叭继电器

在汽车上为了得到较为和谐悦耳的声音，常装有两只不同音调（高、低）的电喇叭。当装有两只螺旋形电喇叭时，电喇叭耗用电流较大（15 ～ 20 A），因此常采用继电器控制双音电喇叭。喇叭继电器控制电路图如图 3-35 所示。

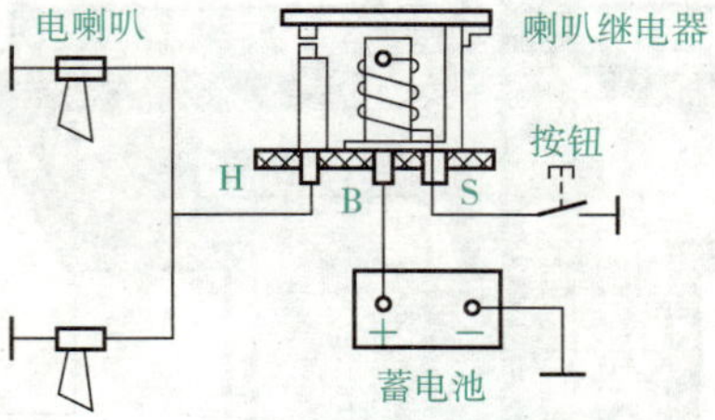

图 3-35　喇叭继电器控制电路图

2. 电喇叭电路图

以比亚迪 e6 轿车为例，其电喇叭电路图如图 3-36 所示。当按下电喇叭开关时，电喇叭开关采集电路：MCU-N19 →时钟弹簧→电喇叭开关→搭铁。MCU 采集到搭铁信号，判定喇叭按下，MCU-N7 控制搭铁接通。电喇叭继电器控制电路：常时电源→喇叭熔丝→喇叭继电器线圈→ MCU-N7 模块搭铁；电喇叭电路：常时电源→喇叭熔丝→喇叭继电器开关→两只电喇叭→搭铁。

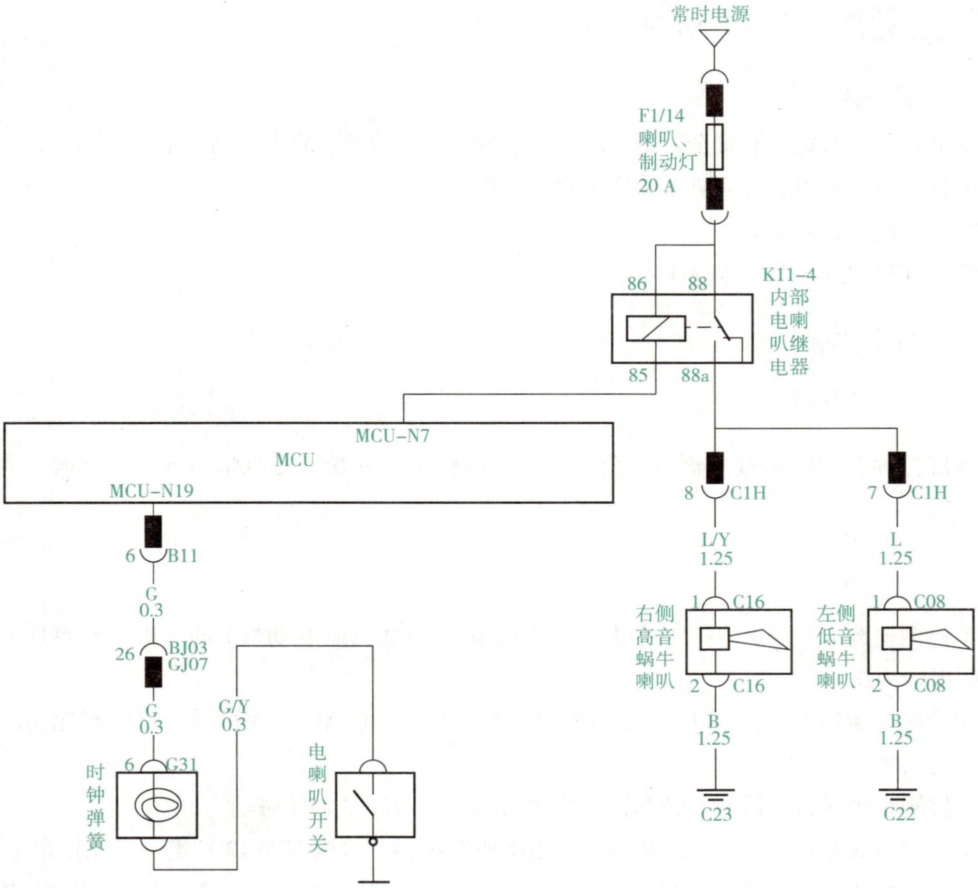

图 3-36　比亚迪 e6 轿车电喇叭电路图

知识扩展　汽车倒车雷达

本知识可通过识别二维码获取学习资料。

扫一扫　学一学

故障分析及维修方案　电喇叭不响的原因

按下电喇叭按钮，电喇叭没有响声，即为喇叭不响故障。电喇叭不响的原因可能是电喇叭电源线短路或断路，或接线柱松脱；电喇叭按钮接触不良；电喇叭磁场线圈烧坏；电喇叭触电烧蚀；电喇叭间隔调整不当。

根据维修技师的分析，填写电喇叭按钮检修相关信息，告知售后服务经理，得到确认后检修，提交一份分析报告并归档。故障报告检测分析表及实训总结与评价表见活页手册。

任务实施 电喇叭不响故障的检修步骤

一、实施环境

安全防护：布置车辆安全防护与隔离（车辆挡块、警示隔离带、高压危险警示牌）。

工具设备：万用表、喇叭系统实训台、蓄电池。

实训车辆：比亚迪 e6。

辅助资料：汽车原厂维修手册、原厂电路图。

二、实施步骤

1. 验证故障现象

维修技师看到待检查车辆后，就车检查，将汽车方向盘中心电喇叭开关按下时，电喇叭始终不响。

2. 故障检测

①检测保险。用万用表二极管挡位检测保险（F1/4 喇叭制动灯）的两端，蜂鸣器发出响声，则保险为正常。

②检测电喇叭开关。拆下并按下电喇叭开关，检测电喇叭开关两端子之间电阻值，阻值为∞，则喇叭开关故障。

③检测时钟弹簧。拆下时钟弹簧，检测时钟弹簧两端是否导通。

④检测内部电喇叭继电器。拔下内部电喇叭继电器，给两端加 12 V 电压，能正常工作。

⑤检测 MCU（继电器控制模块）。按下电喇叭开关，检测 MCU-N7 端子的输出电压。检测继电器控制模块见表 3-7 所列。

表 3-7 检测继电器控制模块

连接端子	颜色	正常值
MCU-N7—车身地	—	小于 1 V

⑥检测线束。使用万用表，测量线束阻值。测量线束阻值见表 3-8 所列。

表 3-8 测量线束阻值

连接端子	颜色	测试条件	正常值
B1I-6—G31-6	G/Y	—	小于 1 Ω
G31-6—车身地	—	按下电喇叭开关	小于 1 Ω

3. 确定故障点

根据检测结果确定故障点为电喇叭开关损坏。

4. 排除故障点

更换电喇叭开关。

项目四

新能源汽车仪表及警告系统检修

本项目介绍新能源汽车仪表及警告系统的功能与组成，转向系统控制原理，转向系统仪表及警告系统的原理及故障诊断。本项目设置两个任务，分别为新能源汽车组合式仪表不显示故障检修、新能源汽车转向系统故障警告灯常亮故障检修。

知识目标

①了解仪表及警告系统的结构及基本原理。

②了解转向系统的结构及基本原理。

③学习用跨接线、故障诊断仪及万用表等工具，进行电路检测。

技能目标

①能正确找到仪表及警告系统的组成部件。

②能正确进行动力电池管理及驱动电机系统数据流的读取与分析。

③能正确进行仪表及警告系统电源输出端电压、电流检测及仪表显示内容的识读。

任务一　新能源汽车组合式仪表不显示故障检修

思政导学　　**“专精特新”服务标杆**

深圳市智立方自动化设备股份有限公司坚持以“专业化、精细化、特色化、新颖化”方向发展。公司核心优势为研发及技术优势、技术服务优势等，是一家专注于工业自动化设备的研发、生产、销售及相关技术服务的高新技术企业。

《电动汽车仪表》(GB/T 19836—2019)为推荐性国家标准。该标准规定了电动汽车仪表持有的指示或显示内容，适用于电动汽车。

拓展阅读 **《电动汽车用仪表》标准**

深圳市智立方自动化设备股份有限公司所生产的汽车仪表必须专业化、标准化，需严格按照国家标准进行测试验证，如技术指标、参数、公式、性能要求、试验方法、检验规则等。目前，《电动汽车用仪表》标准是衡量企业发展的重要指标。

故障现象

售后服务经理接到客户一辆组合式仪表不显示的比亚迪 e6。请思考，如何解决这一问题?

知识链接 **新能源汽车仪表**

一、汽车仪表的发展

汽车仪表是人与汽车的交互界面，为驾驶人员提供所需的车辆运行参数、故障、里程等信息，是每一辆汽车必不可少的部件，仪表显示的内容可以直观地告诉驾驶人员车辆当前的运行状况。新能源汽车仪表和传统燃油车的仪表作用是一样的，但是其显示的内容有很大区别。

1. 传统仪表盘

最初一代的仪表盘只有简单的罗盘和指针，甚至没有冷光灯的显示，黑夜里看仪表盘极其不便。而且只能提供给驾驶人员简单的速度、耗油等信息，操作也很机械化，这样的仪表盘现在已基本被淘汰。传统汽车的仪表盘如图 4-1 所示。

图 4-1 传统汽车的仪表盘

2. 多功能仪表盘

作为行车电脑的显示终端，多功能仪表盘不同于传统汽车的仪表盘，除显示车速及引擎转数外，还可显示当前油耗、气温、续航里程等内容，甚至带有指南针等实用功能。

3. 现代仪表盘

（1）电子液晶智能组合仪表盘

电子液晶智能组合仪表盘被称作组合式的汽车仪表盘，是当代汽车最常用的仪表盘形式。图 4-2 为大众速腾汽车电子液晶智能组合仪表盘。其拥有罗盘和液晶显示屏两大区域，功能齐全，一目了然，各种不同的设计也给汽车内饰注入很多美的元素。

图 4-2　大众速腾汽车电子液晶智能组合仪表盘

（2）数字化仪表盘

数字化仪表盘以吉利汽车为代表。吉利博瑞数字化仪表盘如图 4-3 所示。吉利博瑞数字化仪表盘的出现代表汽车仪表盘又进入了一个新的时代。吉利博瑞数字化仪表盘的油量表、水温表和行车电脑全部摒弃传统的指针，改用科技感十足的数字化显示，时速表也采用了全数字液晶屏。

图 4-3　吉利博瑞数字化仪表盘

二、汽车仪表的类型

1. 按工作原理分类

按工作原理可将汽车仪表分为机械式仪表、电气式仪表、模拟电路电子式仪表和数字式仪表。

①机械式仪表就是基于机械作用力而工作的仪表。

②电气式仪表就是基于电测原理，通过各类传感器将被测的非电量变换成电信号（模拟量）加以测量的仪表。

③模拟电路电子式仪表的工作原理与电气式仪表基本相同，只不过是用电子器件（分立元件和集成电路）取代原来的电气器件，现在均采用各种专用集成电路。

④数字式仪表就是由 ECU 采集传感器的信号，将模拟量转换为数字量，经分析处理后控制显示装置的仪表。

2. 按安装方式分类

按安装方式可将汽车仪表分为组合式仪表和分装式仪表。

①组合式仪表就是将各仪表组合安装在一起。

②分装式仪表就是将各仪表单独安装。

三、组合式仪表的显示内容

组合式仪表显示的内容主要包括表头（指针）显示、报警（指示灯）显示、车辆信息三大部分。

1. 纯电动汽车组合式仪表的显示内容

以纯电动汽车为例，纯电动汽车相对于传统汽车而言没有发动机，所以没有发动机转速表、水温表、燃油表，但是要相应地增加电机转速表、电机电流表、动力电池电压表等。

纯电动汽车组合式仪表的显示内容见表 4–1 所列。

表 4–1 纯电动汽车组合式仪表的显示内容

显示信息	指示方式	刻度区间
车速表	指针 / 数字	0 ～ 240 km/h 或 0 ～ 150 MPH
电机转速表	指针 / 数字	0 ～ 8 000 r/min
功率表	指针 / 数字	–100 ～ 300 kW 或 –140 ～ 400 hp
电机电流表	指针	±200
动力电池电压表	指针	H ～ L
电池温度表	指针	H ～ C
电量表	电量表	0 ～ 100% 或 E ～ F

2. 经典案例

目前汽车仪表正在经历由模拟电路电子式仪表向数字式仪表更新的转型时期，汽车仪表正在向着数字化、智能化的方向高速发展。纯电动汽车上的电气设备较多，普通的数字式仪表已远远不能满足纯电动汽车电气设备的需求。车载液晶数字仪表的应用为纯电动汽车电气设备的采集及控制提供了一种新思路。

（1）吉利帝豪 EV300 的仪表盘显示

吉利帝豪 EV300 的仪表盘如图 4-4 所示。

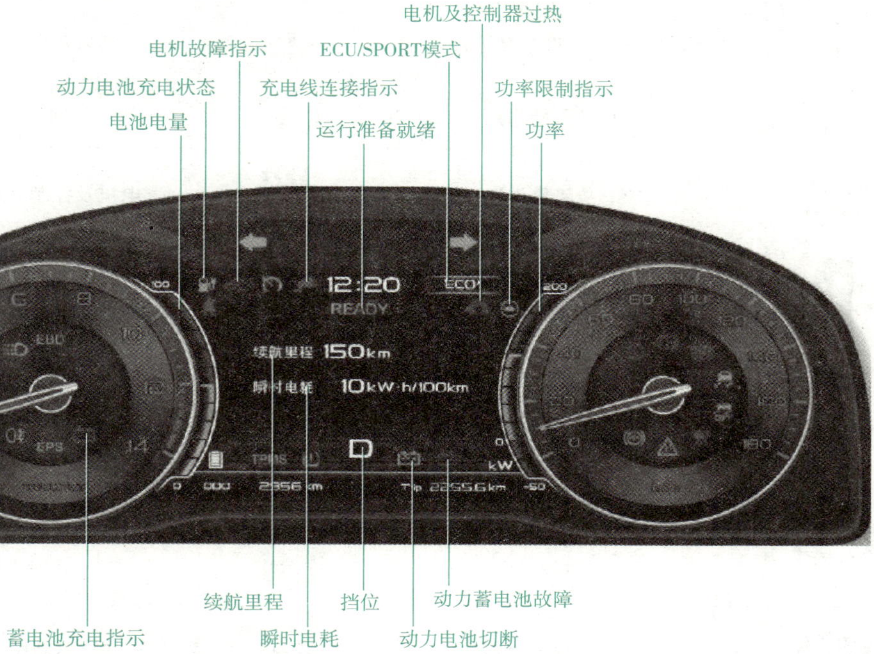

图 4-4　吉利帝豪 EV300 的仪表盘

吉利帝豪 EV300 的仪表盘显示内容见表 4-2 所列。

表 4-2　吉利帝豪 EV300 的仪表盘显示内容

图标	名称	图标	名称
	驻车制动故障警告灯		系统信息指示灯
	驾驶人员座椅安全带指示灯	ECO MODE	环保驾驶模式指示灯
	充电系统警告灯		动力电池电量低警告灯
	前雾灯指示灯		动力电池故障警告灯
	后雾灯指示灯		胎压故障指示灯
	智能钥匙系统警告灯		电子驻车状态指示灯
	ABS 故障警告灯		动力电池过热警告灯

（续表）

图标	名称	图标	名称
	电机冷却液温度过高警告灯		动力系统故障警告灯
EPC	EPC 故障警告灯	OK	OK 指示灯
ESP BAS	ESP 故障警告灯		电机及控制器过热指示灯
	车门状态指示灯		动力电池充电连接指示灯
	SRS 故障警告灯		巡航主指示灯
	EPS 故障警告灯	SET	巡航控制指示灯
	小灯指示灯		转向指示灯
	远光灯指示灯	EV MODE	EV 驱动模式指示灯

（2）仪表盘显示的“大三电”和“小三电”系统

“大三电”系统指的是驱动电机系统、动力电池系统、驱动电机控制器系统。

动力电池系统：电池管理系统（BMS）能够对动力电池组总电压、总电流、每个测点温度和电池单体的电压参数进行实时监控，并进行故障诊断、剩余电量比（SOC）计算、行驶里程计算、短路保护、漏电监测、报警显示和充放电模式选择等。BMS 可以将动力电池相关参数上报整车控制器（VCU），由 VCU 控制动力电池的充电和放电功率。

驱动电机控制器系统：PEU（或 IPU）是一个高功率、高电压的功率电子模块，由一个电机控制单元和一个 DC/DC 转换器组成。PEU 能够按照 VCU 的需求，在四象限上对三相交流永磁同步电动机进行转矩控制。PEU 和 VCU 之间采用 CAN 通信，具备二路硬线唤醒功能（钥匙 ON 挡、充电使能信号），采用 12 V 低压供电。DC/DC 转换器可将直流母线上的高压转化为低压供给车辆的用电设备，具备高压互锁功能。

“小三电”系统指的是空调、电刹车和电助力，也有另一种说法是 DC/DC 转换器、车载充电机、高压配电盒。

电动压缩机通过高压直流电驱动，将压缩后高温高压的冷媒输送到冷凝器，保证制冷循环的正常工作。正温度系数（PTC）加热器利用高压电，通过 PTC 电加热器将冷却液加热至需求温度，并通过空调鼓风机将热量输送至成员舱，从而起到制热效果；车载充电机固定安装在纯电动汽车上，将公共电网的交流电（AC）转化为直流电（DC），供电池包充电，并与 BMS、VCU 等控制器通信，实时上报充电状态。

四、汽车常见仪表的结构与原理

1. 电流表

电流表又称为安培表，汽车上用的是直流电流表，电流表多以双向工作方式串接在发电机充电电路中，用于表示蓄电池充电或放电的电流值，同时还能检视电源工作是否正常。根据结构形式，电流表可分为电磁式和动磁式两种。

（1）电磁式电流表

电磁式电流表由黄铜板条固定在绝缘底板上，接线柱 1 和 3 分别连接在黄铜板条的两端。黄铜板条的下面装有永久磁铁，在磁铁内侧的转轴上装有带指针的软钢转子。电磁式电流表如图 4-5 所示。

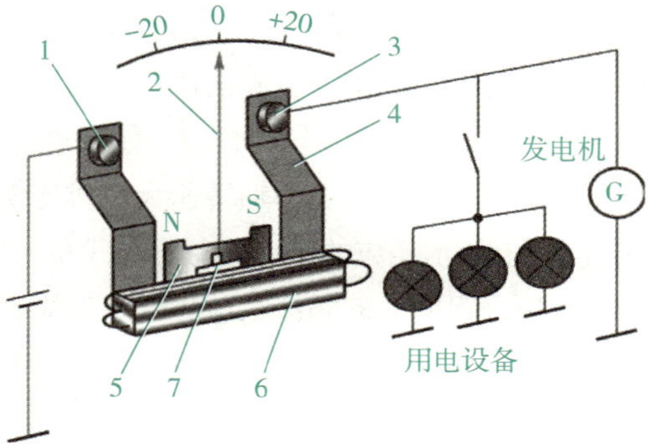

1、3—接线柱；2—指针；4—黄铜板条；5—软钢转子；6—永久磁铁；7—转轴。

图 4-5 电磁式电流表

无电流通过电流表时，软钢转子在永久磁铁的作用下被磁化，并与永久磁场的方向相反，使指针保持在中间位置，示值为零。

当蓄电池放电时，电流由电流表接线柱 1 经过黄铜板条流向接线柱 3，此时流经黄铜板条上的电流产生的环形磁场垂直于永久磁铁的磁场，形成合成磁场，使磁场发生偏转，并带动软钢转子偏转同样的角度，也就是转到合成磁场的方向。电流越大，合成磁场就越强，指针偏转角度也就越大。

（2）动磁式电流表

动磁式电流表由黄铜导电板固定在绝缘底壳上，两端分别与正、负接线柱 1、3 相连，中间有磁轭、永磁转子和指针浮装在黄铜导电板的中部。刻度盘的量程为 −30 ～ +30 A，刻度盘的量程显示蓄电池的充、放电情况，如图 4-6 所示。

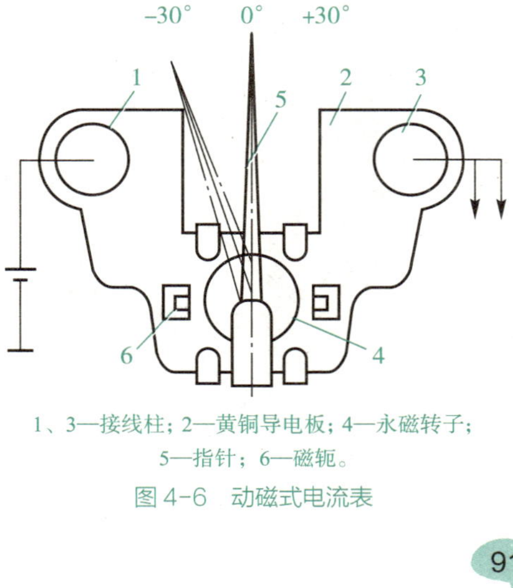

1、3—接线柱；2—黄铜导电板；4—永磁转子；5—指针；6—磁轭。

图 4-6 动磁式电流表

动磁式电流表与电磁式电流表的主要区别在于转子是否为永久磁铁。对于电磁式电流表而言，电流表量程较大，工作原理如下。

当没有电流通过电流表时，永磁转子通过磁轭构成磁回路，使指针保持在中间“0”的位置。当放电电流通过黄铜导电板时，在它的周围产生磁场，使浮装在黄铜导电板中心的转子和指针向“-”方向偏转，指示放电电流值，电流越大，偏转越多，则指示的电流值越大。若充电电流通过黄铜导电板，则指针向“+”方向偏转，指示充电电流值。

2. 车速里程表

车速里程表是用来指示汽车行驶速度和累计行驶总里程数的仪表，由车速表和里程表两部分组成，一般为磁感应式仪表，无电路连接。

（1）磁感应式车速里程表

磁感应式车速里程表的主动轴由变速器传动蜗杆经软轴驱动。磁感应式车速里程表由与主动轴紧固在一起的永久磁铁，带有轴与指针的铝罩，罩壳和紧固在车速里程表外壳上的刻度盘等组成。不工作时，铝罩在游丝的作用下，使指针位于刻度盘的零位。当汽车行驶时，主动轴带着永久磁铁旋转，永久磁铁的磁力线在铝罩上引起涡流，这涡流产生一个磁场。旋转的永久磁铁磁场与铝罩磁场相互作用产生转矩，克服游丝的弹力，使铝罩朝永久磁铁转动的方向旋转，与游丝相平衡。于是铝罩带动指针转过一个与主动轴转速大小成比例的角度，即与汽车行驶速度成比例的角度，指针便在刻度盘上指示相应的车速。磁感应式车速里程表如图 4-7 所示。

车速越高，永久磁铁旋转越快，铝罩上的涡流也就越大，转矩越大，铝罩带着指针偏转的角度越大，因此指针在刻度盘上指示的车速也就越高。车速里程表的传动线路如图 4-8 所示。

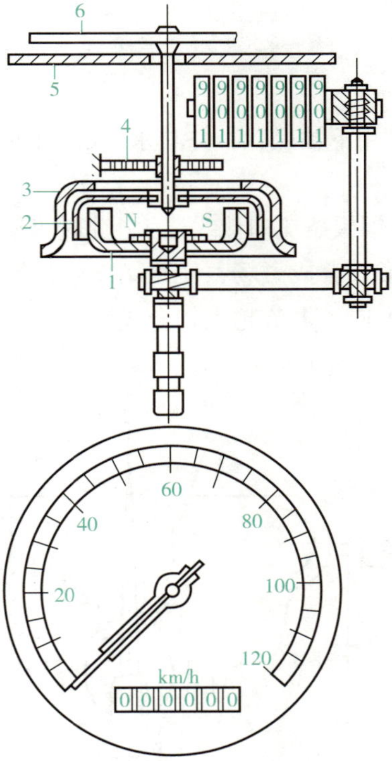

1—永久磁铁；2—铝罩；3—罩壳
4—游丝；5—刻度盘；6—指针。

图 4-7　磁感应式车速里程表

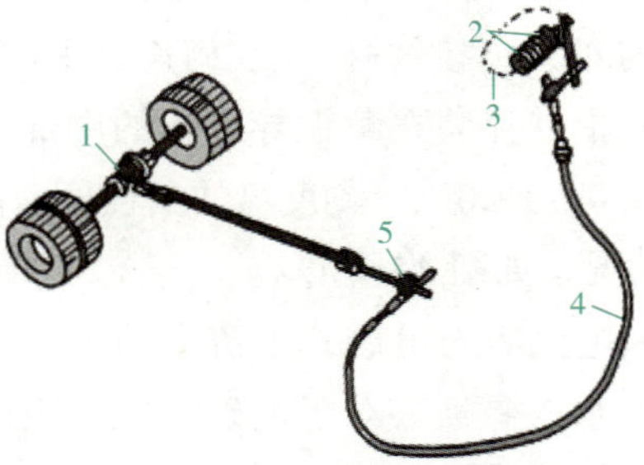

1—差速器传动机构；2—里程表数字轮表；
3—刻度盘；4—传动轮轴；5—变速器第二轴蜗轮蜗杆。

图 4-8　车速里程表的传动线路

工作原理：汽车直线行驶时，变速器输出轴上的蜗轮、蜗杆及软轴等带动永久磁铁转动，在铝罩上感应出涡流，产生转矩，铝罩反抗盘形弹簧向永久磁铁转动方向转动，带动指针同转一个角度，因为涡流强弱与车速成正比，所以指针指示的速度也必定与汽车的行驶速度成正比。

里程表由减速齿轮系统、车速表蜗杆和计数轮组成（见图 4–9），其与汽车传动轴间有定传动比。汽车行驶时，软轴驱动车速里程表的小轴，经三对减速齿轮系、车速表蜗杆带动里程表的第一计数轮转动。第一计数轮上的数字为 1/10 km，每两个相邻的计数轮之间，又通过本身的内齿和进位计数轮的传动齿轮形成 1：10 的传动比。这样汽车行驶时，就可累计行驶里程。

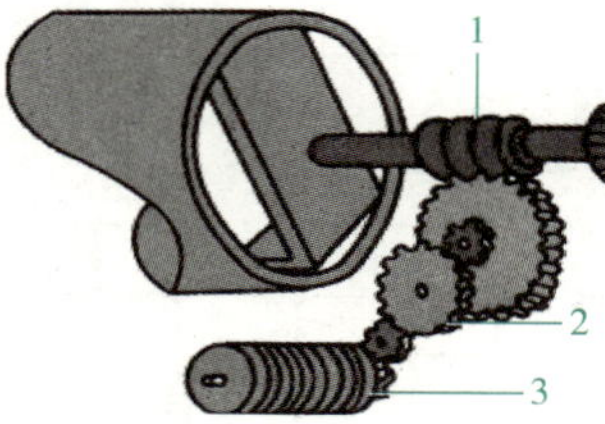

1—车速表蜗杆；2—减速齿轮系统；3—计数轮。

图 4–9　里程表的组成

（2）电子式车速里程表

电子式车速里程表由车速传感器（测速发电机，由变速器驱动）、电子电路、步进电动机、车速表、里程表、计数器等组成（见图 4–10）。

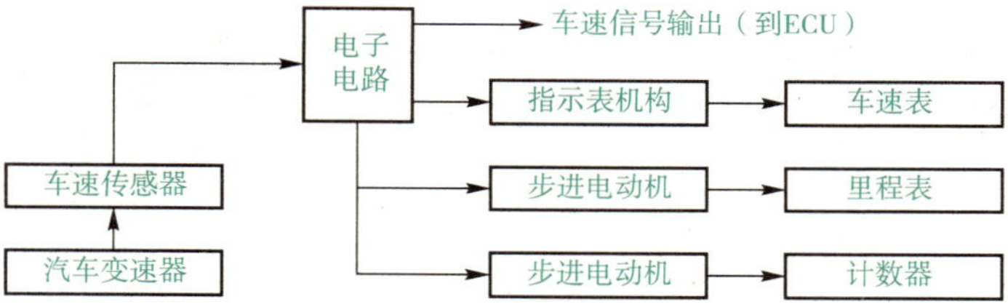

图 4–10　电子式车速里程表结构图

车速传感器。车速传感器由变速器驱动，其作用是产生正比于汽车行驶速度的电信号。它由一个舌簧开关和一个含有 4 对磁极的转子组成。转子每转一周，舌簧开关中的触点闭合 8 次，产生 8 个脉冲信号，汽车每行驶 1 km，车速传感器将输出 4 127 个脉冲。车速传感器内部结构图如图 4–11 所示。

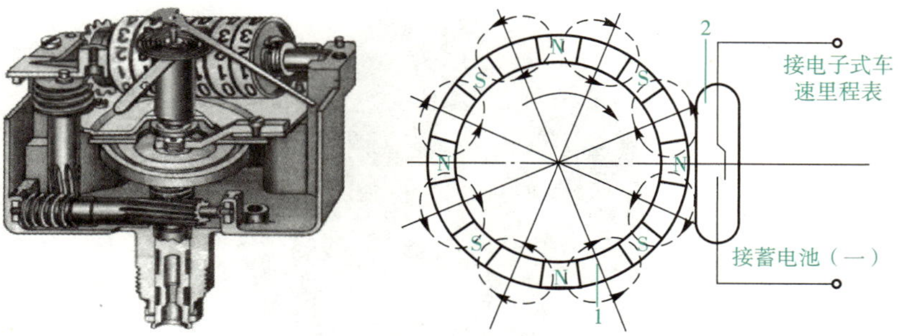

1—转子；2—舌簧开关。

图 4–11　车速传感器内部结构图

电子电路。电子式车速里程表的电子电路由稳压电路、单稳态触发电路、恒流源驱动电路、64 分频电路和功率放大电路组成（见图 4-12）。

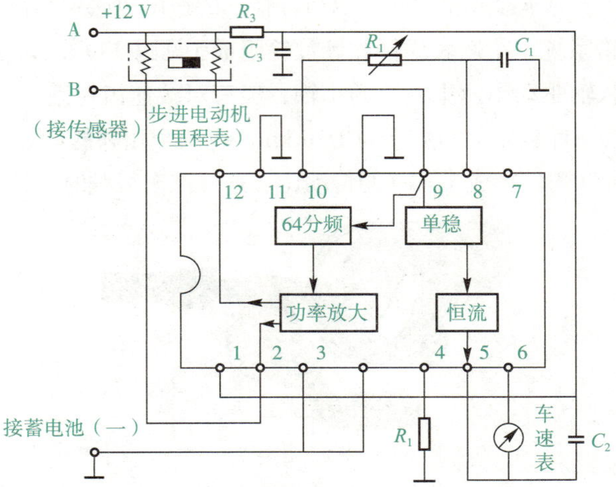

图 4-12　电子式车速里程表的电子电路

工作原理：汽车运行时，将车速传感器输入的脉冲信号整形和处理转变为电流信号，并加以放大，以驱动车速表指示车速；同时它还将脉冲信号经分频和功率放大转变为一定频率的脉冲信号，以驱动里程表步进电动机的轴转动，记录汽车的行驶里程。

车速表以一个磁电式电流表作为指示表。汽车以不同的车速运行时，信号处理电路将车速传感器输入的脉冲信号转变为与车速成比例的电流信号，使电流表的指针偏转，指示出相应的车速。

3. 冷却液温度表

（1）冷却液温度表的功用

冷却液温度表用来指示发动机冷却液的工作温度。冷却液温度表由温度指示表和温度传感器两部分组成，温度指示表安装在组合仪表内，温度传感器安装在发动机气缸盖的冷却水套上。目前在多数汽车上，温度指示表与温度报警灯同时使用。冷却液温度表如图 4-13 所示。冷却液温度表的结构形式有电热式和电磁式两种。

图 4-13　冷却液温度表

（2）电热式冷却液温度表的结构与工作原理

电热式冷却液温度表又称为双金属片式冷却液温度表。电热式冷却液温度表可与电热式冷却液温度传感器或热敏电阻式冷却液温度传感器配套使用。电热式冷却液温度表结构与工作电路同双金属片式机油压力表的相同，仪表盘刻度值不同。电热式冷却液温度表的结构与工作电路如图 4–14 所示。

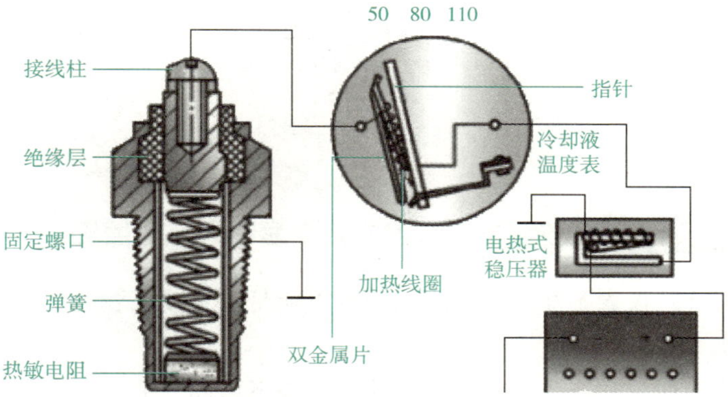

图 4–14　电热式冷却液温度表的结构与工作电路

冷却液温度传感器的密封套筒内装有双金属片，上面绕有加热线圈，线圈的一端通过连接片与接线柱相连，另一端经固定触点搭铁。当电路接通，水温不高时，双金属片主要依靠加热线圈产生变形，故双金属片需经较长时间的加热，才能使触点分开。触点打开后，由于四周温度低、散热快，双金属片迅速冷却又使触点闭合。其工作原理如下：当水温低时，触点在闭合时间长而断开时间短的状态下工作，使流过冷却液温度表加热线圈中的电流平均值增大，双金属片变形大，带动指针向右偏转，指示低温；当水温高时，传感器外壳与双金属片周围温度高，触点的闭合时间短而断开时间长，流过冷却液温度表加热线圈的电流平均值小，双金属片变形小，指针向右偏转角小而指示高水温。

（3）电磁式冷却液温度表的结构与工作原理

电磁式冷却液温度表内有互成一定角度的两个铁芯，铁芯上分别绕有电磁线圈，其中电磁线圈 L_2 与传感器串联，电磁线圈 L_1 与传感器并联。两个铁芯的下端有带指针的偏转衔铁。电磁式冷却液温度表的结构原理图如图 4–15 所示。

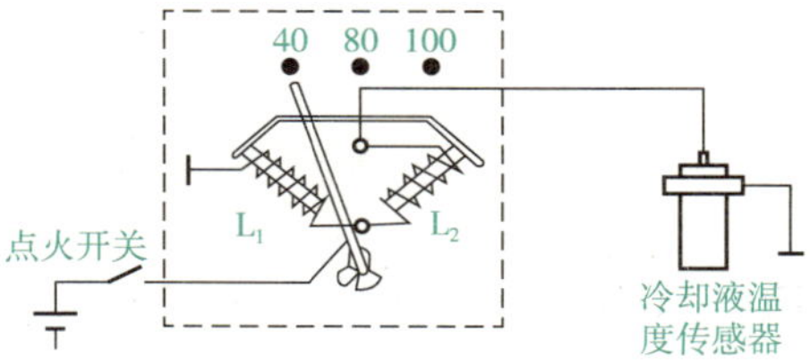

图 4–15　电磁式冷却液温度表的结构原理图

电磁式冷却液温度表一般配用热敏电阻式冷却液温度传感器，而且不需要电源稳压器。其工作原理如下：当水温低时，由于热敏电阻传感器的阻值大，因此线圈 L_2 中的电流小，线圈 L_1 中的电流大，磁场强，吸引衔铁使指针指向低温；当水温高时，由于热敏电阻传感器的阻值减小，流经线圈 L_2 的电流增大，磁场增强，吸引衔铁逐渐向高温方向偏转，使指针指向高温。

知识扩展 电子显示装置

本知识可通过识别二维码获取学习资料。

扫一扫 学一学

故障分析及维修方案 新能源汽车组合式仪表不显示的原因

新能源汽车组合式仪表不显示，故障的原因可能是组合式仪表电源电路发生故障、组合式仪表损坏故障等。

对本任务的故障现象，接受任务的王师傅首先按下启动开关上电试车，组合式仪表不显示，其他电路无明显故障症状。王师傅说："未见其他明显症状，通常是由三种因素导致：一是组合式仪表电源电路发生故障，二是组合式仪表损坏故障，三是组合式仪表自身故障。"王师傅判断组合式仪表自身故障需要维修。

根据王师傅的分析，填写组合式仪表检修相关信息，告知售后服务经理，得到确认后检修，提交一份分析报告并归档。故障报告检测分析表及实训总结与评价表见活页手册。

任务实施 新能源汽车组合式仪表不显示

一、实施环境

安全防护：布置车辆安全防护与隔离（车辆挡块、警示隔离带、高压危险警示牌）。

工具设备：万用表、蓄电池。

实训车辆：比亚迪 e6。

辅助资料：汽车原厂维修手册、原厂电路图。

二、实施步骤

1. 读取故障码

使用故障诊断仪读取故障码（DTC），可能存在以下故障。

DTC U0298-00：与 DC/DC（12 V）模块失去通信。

DTC U029E-00：与主控 ECU 失去通信。

2. 故障检测

①检测保险。用万用表二极管蜂鸣挡检查辅助电源 F2/20，组合式仪表、开关、MCU 等常

时电源 F2/3、ON 挡，保险 F2/31 阻值为 0 Ω，正常。组合式仪表控制电路图如图 4-16 所示。

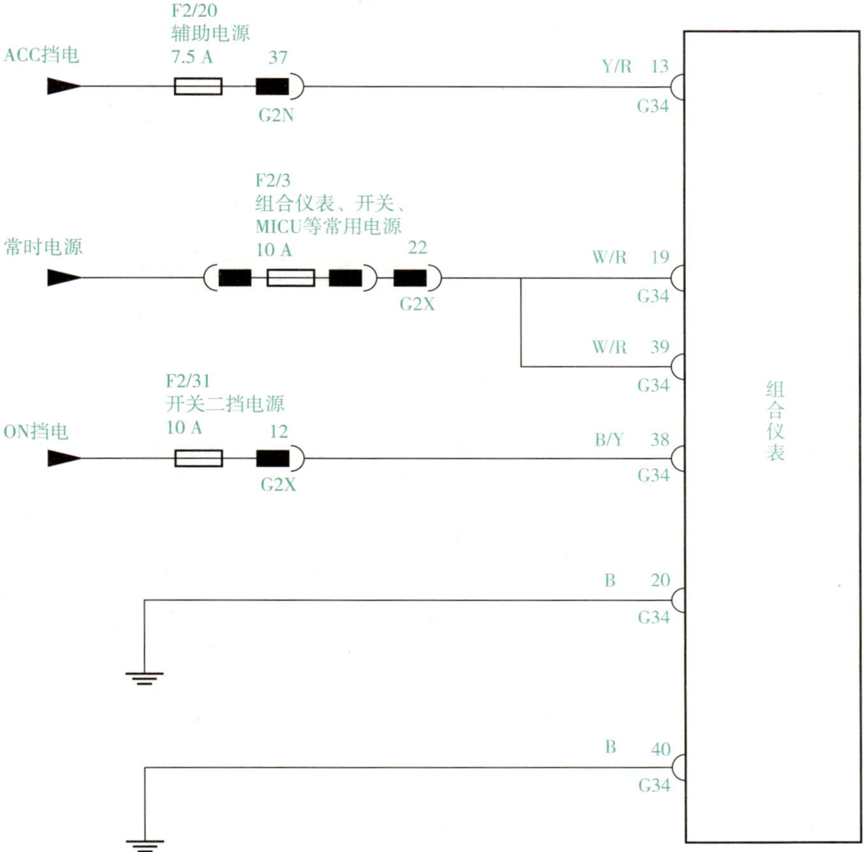

图 4-16　组合式仪表控制电路图

②检测线束。断开组合式仪表 G34 连接器，检查线束或连接器端连接器各端子间电压或电阻。电源挡位上到 ACC 挡，测量 G34-13 电压为 0 V。G34 连接器参考值见表 4-3 所列。

表 4-3　G34 连接器参考值

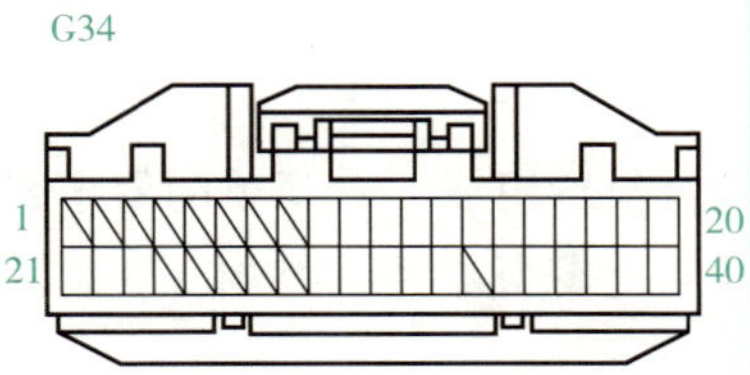

端子	颜色	条件	正常值
G34-13—车身地	Y/R	电源档位上到 ACC 挡	11 ～ 14 V
G34-19—车身地	W/R	始终	11 ～ 14 V
G34-39—车身地	W/R	始终	11 ～ 14 V
G34-38—车身地	B/Y	电源档位上到 ON 挡	11 ～ 14 V
G34-20—车身地	B	始终	小于 1 Ω
G34-40—车身地	B	始终	小于 1 Ω

3. 确定故障点

根据检测结果确定故障点为组合式仪表。

4. 排除故障点

更换组合式仪表。

任务二　新能源汽车转向系统故障警告灯常亮故障检修

思政导学　　怀揣匠心，砥砺前行

汉威科技集团股份有限公司（以下简称汉威科技集团）作为国内知名的气体传感器及仪器仪表制造商，始终坚持技术创新发展战略，不断突破技术壁垒。2021 年，汉威柔性一体化复合柔性微纳传感器研发成功，打破国外垄断，结束了压电传感器长期依靠国外进口产品外贴式成型的历史。

《汽车用温度报警器》（QC/T 208—2007）为汽车行业性标准。该标准规定了汽车用温度报警器（以下简称报警器）的分类、要求、试验方法、检验规则及标志、包装、储存和保管，适用于汽车用温度报警器。

拓展阅读　　《汽车用温度报警器》标准

汉威科技集团生产的各种传感器，有一部分用于给驾驶人员提供报警信号，如轮胎气压传感器、温度报警器等。目前，《汽车用温度报警器》标准建设已成为世界地区核心竞争力的基本要素。

故障现象

售后服务经理接到客户一辆在城乡充满电后行驶 5 000 km 左右的比亚迪 e6，该车的电动转向系统（EPS）指示灯常亮，且操作方向盘对转向沉重。请思考，如何解决这一问题？

知识链接　新能源汽车警报系统

新能源汽车警报系统一般由一个或多个传感器、控制器和警报器组成。最简单的警报系统就是在驾驶人员侧车门上安装开关并接好线路，如果有人开门，警报器就会鸣响。安装这种汽车警报系统需要一个开关、几根电线和一个警报器。

一、新能源汽车警报系统的传感器

新能源汽车传感器应用于动力、底盘、车身等系统，传感器在新能源汽车的电子调节系统中起着非常重要的作用。一辆汽车通常有几十到上百个传感器，新能源汽车常用的传感器有以下八种。

加速度传感器。加速度传感器主要集中在车身操控、安全系统和导航中，典型的应用如汽车安全气囊、ABS 防抱死刹车系统、电子稳定程序（ESP）、电控悬挂系统等。

压力传感器。压力传感器在汽车安全管理系统中实现侧气囊调节。与加速度传感器相比，压力传感器在检查侧面碰撞速度时比加速度传感器快近 3 倍，误响应的概率更小；压力传感器还是电池管理系统和刹车助力系统中的重要部件。新能源汽车刹车助力系统会使用压力传感器检测真空度，电池管理系统中会使用压力传感器检测电池包压力，用于热失控报警。

电流传感器。电流传感器应用于新能源汽车的电池系统管理、电机驱动控制、电源模块三电系统中。电流传感器可以利用电磁感应原理，在隔离条件下，对交流电流信号过流进行保护，从而方便实现开关量输出；可以检测充放电的电流，提高汽车电池的使用效率；可以实时采集新能源汽车的动力电池组中每块电池的端电压和温度、充放电电流和电池包总电压，防止电池发生过充电或过放电现象。

速度传感器。速度传感器是新能源汽车运动测量的关键传感器之一，是用来测量速度的传感器，包括测量汽车电动机旋转速度、汽车行驶速度等。

角速度传感器。角速度传感器又称为陀螺仪，它与加速度传感器共同构成惯性导航系统，是决定新能源汽车的惯性导航系统精度的主要因素。

环境感知传感器。环境感知传感器是汽车之“眼”，主要分为车载摄像头（图像传感器）、超声波传感器、毫米波雷达、激光雷达。

气体传感器。在新能源汽车上安装气体传感器可以监测 PM、温湿度、二氧化碳、甲醛、VOC、氨气、氢气、CO 等多种物质，大大增加汽车的智能化程度，同时也对乘客乘车的安全性、舒适性等方面的体验有着极大的提升。

温度传感器。新能源汽车中的温度传感器主要包括检测电池温度的传感器、监测电机的温度传感器，以及用于电池冷却系统的温度传感器等。

二、警告灯

警告灯是新能源汽车中的一种警示灯，当汽车发生故障时，会自动点亮。警告灯的点亮通常代表着汽车某个系统出现了问题，如电池电量不足、电机故障、充电故障等。警告灯点亮后，及时处理故障问题可以保证车辆的正常行驶和安全。

1. 警告灯的诊断作用分类

当新能源汽车出现警告灯点亮的情况后，可以依据仪表上显示的警告灯，结合故障码和系统状态，找到故障原因。并在问题解决以后查看仪表上的警告灯是否熄灭。仪表上显示的警告灯如图 4-17 所示。仪表内部分警告灯见表 4-4 所列。

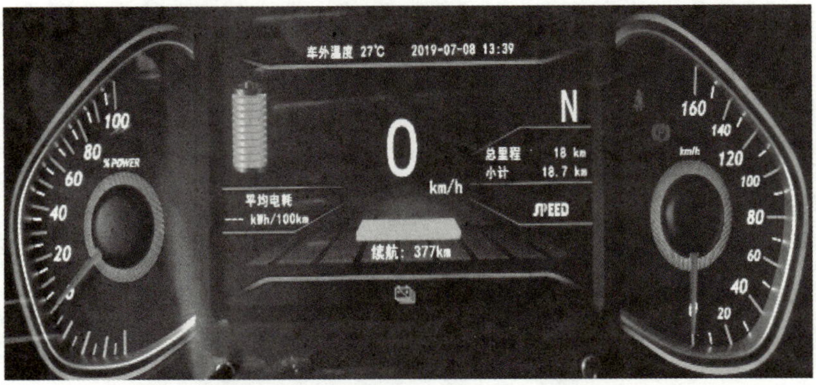

图 4-17　仪表上显示的警告灯

表 4-4　仪表内部分警告灯

图标	名称	图标	名称
	安全带未系警告灯		安全气囊故障警告灯
	制动系统故障警告灯		预测性碰撞报警警告灯
	动力系统故障警告灯		电机冷却液温度高警告灯
	动力电池故障警告灯		电机故障警告灯
	动力电池过热警告灯		电机过热警告灯
	转向系统故障警告灯		低压供电系统故障警告灯
	驻车系统故障警告灯		绝缘检测警告灯

安全带未系警告灯：电源挡位为 ON 时，仪表板上的安全带未系警告灯点亮。该灯将保持点亮，直至驾驶人员系好安全带。当车速超过 10 km/h 时，除非驾驶人员牢固系紧安全带，否则该灯将闪烁并且蜂鸣器将鸣响。蜂鸣器将持续鸣响约 90 s，直至系紧安全带。

安全气囊故障警告灯：点亮并显示为红色时表示安全气囊系统可能存在故障。可通过诊断仪进一步确认故障范围。

制动系统故障警告灯：当制动液液位低于规定液面时，制动系统故障警告灯点亮，需添加制动液或进行制动系统检查。

预测性碰撞报警警告灯：该灯点亮预示车体与障碍物距离过近，提示驾驶人员需紧急制动。

动力系统故障警告灯：如果牵引电机和逆变器系统、充电接口或车载充电器系统、电池系统、冷却系统、启用紧急切断和换挡控制器等系统出现故障，该灯点亮。

电机冷却液温度高警告灯：这种情况是由电机温度异常过高导致的。此情况下车辆可以行驶，但电动车在电机温度过高时会限制车速，导致无法加速。

动力电池故障警告灯：车辆启动时，该警告灯点亮数秒，系统进行自检，若无故障则自动熄灭。一级故障报警时，该警告灯持续点亮，驾驶人员要注意观察车辆状况且慢行，必要时联系授权服务站寻求帮助；二级和三级故障报警时，动力电池故障告警灯点亮以 1 Hz 频率闪烁，此时应立即停车。

电机故障警告灯：该灯点亮表示驱动电机出现故障。

动力电池过热警告灯：该灯点亮说明动力蓄电池过热，此时最好不要继续行驶，应该靠边停车，等待蓄电池冷却，故障灯熄灭后再行驶。如果报这个故障的频率比较高，那么一定不能再上路。

电机过热警告灯：该灯点亮时车辆可以行驶，但电动汽车在电机温度报警时会限制车速，导致无法加速。

转向系统故障警告灯：该灯点亮并显示为黄色时表示当前转向系统功能降低，需要使用较大的力量操作方向盘，若重新启动发动机或者短距离行驶后此灯仍保持点亮，应及时进行检修。该灯点亮并显示为红色时表示电动助力转向系统发生故障，此时应将车辆停靠在安全地点并关闭、重新启动，若此灯仍保持点亮，说明该系统不是偶发性故障，应及时进行检修。此时，电动助力转向系统不起助力作用，需要使用较大的力量操作方向盘才能够实现转向功能。

低压供电系统故障警告灯：整车电量过低时，该警告灯闪烁或常亮，提示尽快充电。

驻车系统故障警告灯：在施加驻车制动的情况下，电源挡位为 ON 时，驻车系统故障警告灯点亮；释放驻车制动时，驻车系统故障警告灯熄灭。如果没有完全释放驻车制动，驻车系统故障警告灯会保持点亮。驾驶前，请确认驻车系统故障警告灯已熄灭。

绝缘检测警告灯：启动车辆，系统自检，该灯点亮 1s 后熄灭。如果该灯在其他时间点亮，则可能表示汽车绝缘检测系统工作不正常。

2. 警告灯的分类

汽车警告灯一般分为指示灯、警告灯、指示 / 警告灯三种类型。红色 = 危险 / 重要提醒；黄色 = 警告 / 故障；绿色 / 蓝色 / 白色 = 指示 / 确认启用。

三、转向系统警告的控制原理

电动助力转向系统简称 EPS，其借助电机对转向轴实现助力作用。电动助力转向系统由转向盘转动转矩、转速传感器、车速传感器、助力机械装置、转向助力电机及控制单元组成。其工作原理如下：由检测驾驶人员的转向操作扭矩的扭矩传感器，根据扭矩信号计算助力扭矩并控制电机驱动的电动助力转向控制单元（ECU），产生助力的电机使电机驱动力传递至转向机构的减速器。电动助力转向系统控制原理图如图 4-18 所示。

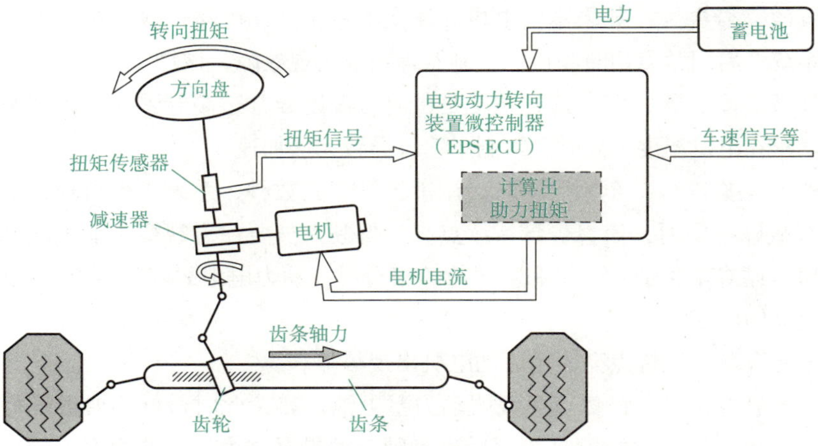

图 4-18　电动助力转向系统控制原理图

1. 传感器

（1）转矩传感器

转矩传感器的作用是采集驾驶人员施加在转向盘上的力矩大小，经过处理后输入 ECU。该信号是 EPS 的主要控制信号之一。驾驶人员转向时转向柱转动，带动磁性转子转动，扭力杆（扭转杆）在转向柱带动下拖动小齿轮转动，进而推动齿条运动。因为转向时扭力杆的扭转使磁性转子与利用磁阻效应的传感头错开，所以通过磁阻元件的磁通量发生变化，这种变化经放大后输入 EPS。

（2）转角传感器

转角传感器（见图 4-19）的作用是采集驾驶人员施加在转向盘上的转向角度与角速度的信号，经处理后输入 ECU。该信号为 EPS 的主要控制信号之一。当该信号失效时，应急运转模式启动，由替代值代替，此时电子助力转向仍然起作用，只不过故障指示灯常亮。

图 4-19　转角传感器

2. 电动助力转向控制单元

ECU 是电动助力转向控制单元（见图 4-20）的控制核心，它根据各传感器的输入信号进行计算分析，得出控制参数的最佳值，然后发出控制指令给电机，控制其动作。ECU 的控制系统与控制算法也是 EPS 的关键技术之一，要求控制系统抗干扰性好，能进行实时控制，还应具有安全保护和故障自诊断功能等。

图 4-20　电动助力转向控制单元

电动助力转向控制单元（ECU）由用于控制的微控制器、用于监测的集成电路（有时为微控制器）、电机驱动电路、通断电机路径及电源路径的继电器、接收外部信号的接口电路等构成。电动助力转向控制原理如图 4-21 所示。

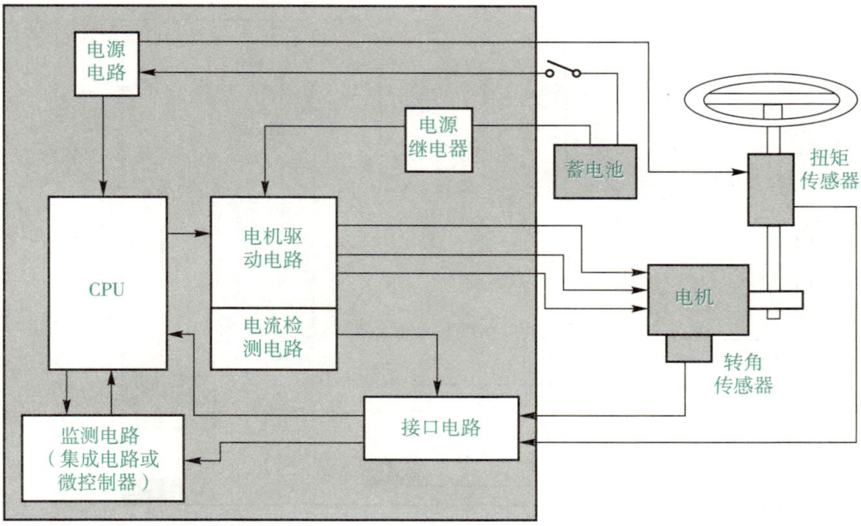

图 4-21　电动助力转向控制原理

3. 电机

电机的作用是根据 ECU 的控制指令输出适宜的助力转矩，它是 EPS 的动力源，如图 4-22 所示。汽车转向时的路感和电机的性能密切相关，要求小转角时助力增加慢、大转角时助力增加快、低速时助力大、高速时助力小，而且转向轮对转向盘的跟随性好。电机是 EPS 的关键技术之一，要求具有控制性能好、转速低、转矩高、响应快、波动小、尺寸小及可靠性高等特点。

图 4-22　电机

4. EPS 的助力控制过程

EPS 的助力控制过程可分为助力基本控制、助力辅助控制、电机电流控制和失效保护处理。各厂商的控制方法有所不同，此处对常见的控制方法进行说明。EPS 的助力控制过程如图 4-23 所示。

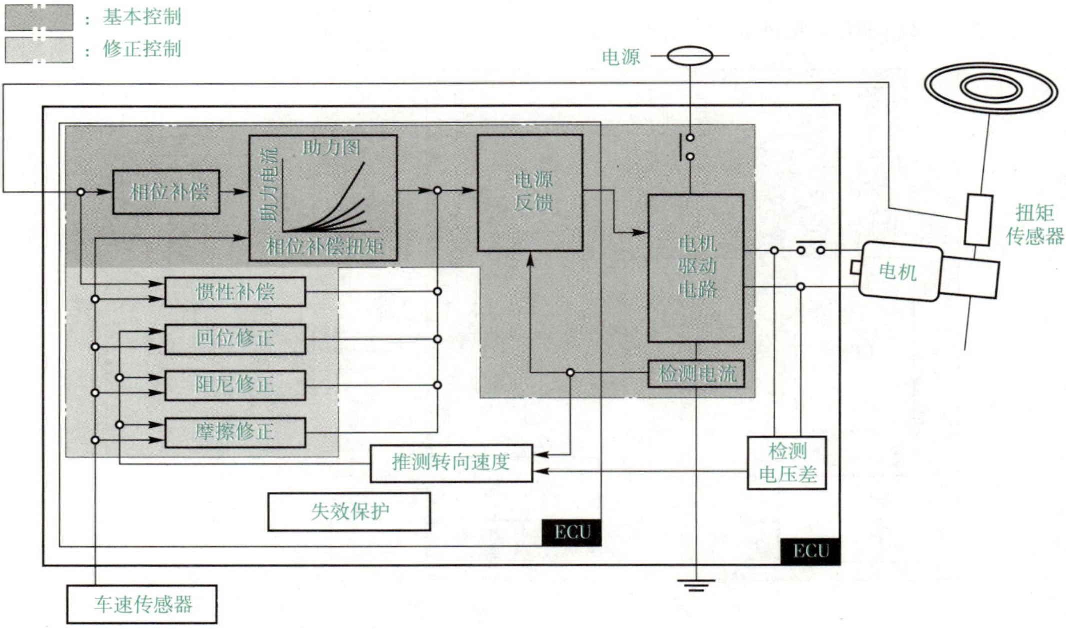

图 4-23　EPS 的助力控制过程

（1）助力基本控制

助力基本控制可以补偿系统对扭矩传感器信号的响应延迟量，并实施相位补偿。根据相位补偿后的值，确定助力量。助力量的值与车辆特性紧密相关，大多以图谱形式设定。此外，也可以通过车速调节助力量，施加车速感应特性。

（2）助力辅助控制

方向盘不仅受驾驶人员的转向操作支配，当路面对轮胎施加扭矩时，也会出现方向盘转动的状况。所以，除了常规的助力基本控制，还应实施助力辅助控制。主要的助力辅助控制：排除电机的惯性力矩影响时，为了平稳助力进行惯性补偿；转向后回正转矩使方向盘回位时，进行对应的回位修正；松手后回位时，为了充分使方向盘稳定进行阻尼修正；电机或机构部分的摩擦引起助力延迟时，进行对应的摩擦修正。修正量与助力量相同，它们的值会依据车辆特性而改变，都应在匹配后确定。

（3）电机电流控制

电机电流控制是控制电机的电流，使电机实时跟踪电机电流指令值。通常是在检测出电机电流之后，修正指令值对应的差量，即反馈控制。同时，按求取助力指令值的一半周期，设定电机电路控制周期。基本上，针对指令值和电流检测值的差量，可实施 PI（比例积分）控制，转换为电压指令值，并将此电压指令值转换为 PWM 的占空比，通过此占空比通断 MOSFET，控制电机。PWM 控制（有刷）如图 4-24 所示。

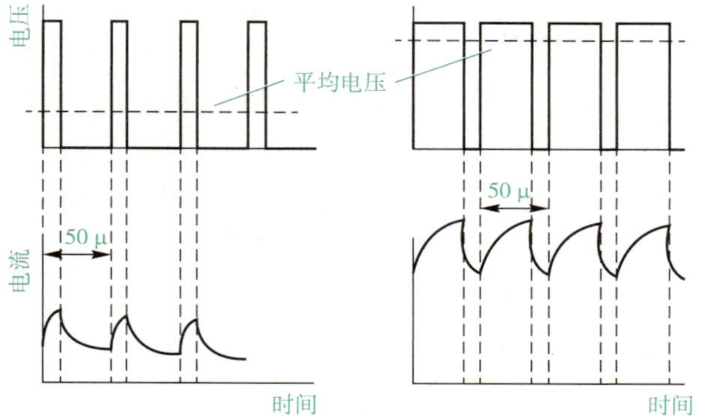

图 4-24　PWM 控制（有刷）

转向助力电机正反转控制原理，如图 4-25 所示。转向助力用直流电机进行正反转控制，a_1 和 a_2 端为触发信号端，从微机系统的 D/A 转换器得到的直流信号输入到 a_1 和 a_2 端，用以触发电动机产生正反转。当 a_1 端得到输入信号时，晶体管 VT_3 导通，VT_2 得到基极电流而导

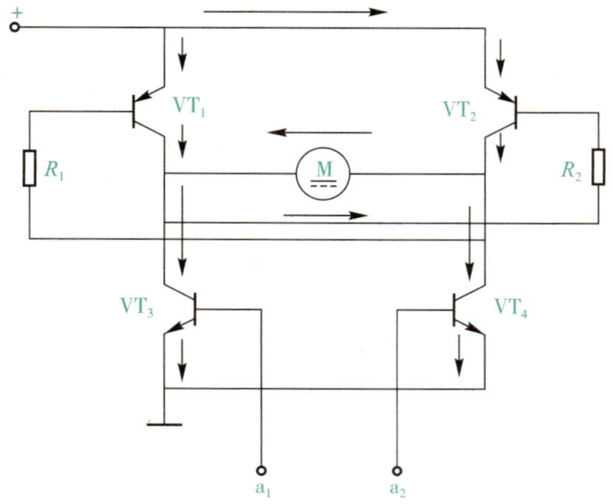

图 4-25　转向助力电机正反转控制原理

通，电流经 VT_2、电动机、VT_4、搭铁而构成回路，电动机正转；当 a_2 端得到输入信号时，晶体管 VT_4 导通，VT_1 得到基极电流而导通，电流则经 VT_1、电动机、VT_4、搭铁而构成回路，电动机中有反向电流流过，电动机反转。通过控制触发信号端电流的大小就可以控制电动机中电流的大小。

（4）失效保护处理

EPS 为了提供约 10 倍于驾驶人员转向操作力的助力，需要在助力出现异常时迅速进行检测，并采取准确的应对措施。例如，当出现与扭矩传感器、电机转角传感器、EPS/ECU 驱动电路、电机断路及微控制器等相关的故障时，停止助力；当出现与电机加热保护、EPS/ECU 加热保护、车速及电源等相关的故障时，限制助力。EPS 最应该避免的异常状态包括异常过热，方向盘锁死（方向盘无法转动），方向盘自由转（方向盘随意自由转动）。当确实检测出可能产生异常时，必须关闭系统。

四、EV450 转向系统电路

EPS 电源电路包括 B+ 和 IG1，分别为 B+ → AM01 → IP36/1 和 IG1 → IF23 → IP35a/5，EPS 模块通过 V-CAN 接收方向盘转角、转速、车速等信号，判断车辆行驶状态，计算转向助力电机输出转矩，向电机提供工作电流。EPS 故障指示灯位于组合仪表上，通过点亮来通知驾驶人员 EPS 发生故障；EPS 控制模块检测系统有故障，通过 V-CAN 向组合仪表发送请求指示灯启动的信息。组合仪表检测到与 EPS 控制模块之间的通信丢失，也会点亮故障指示灯。EV450 转向系统电路如图 4-26 所示。

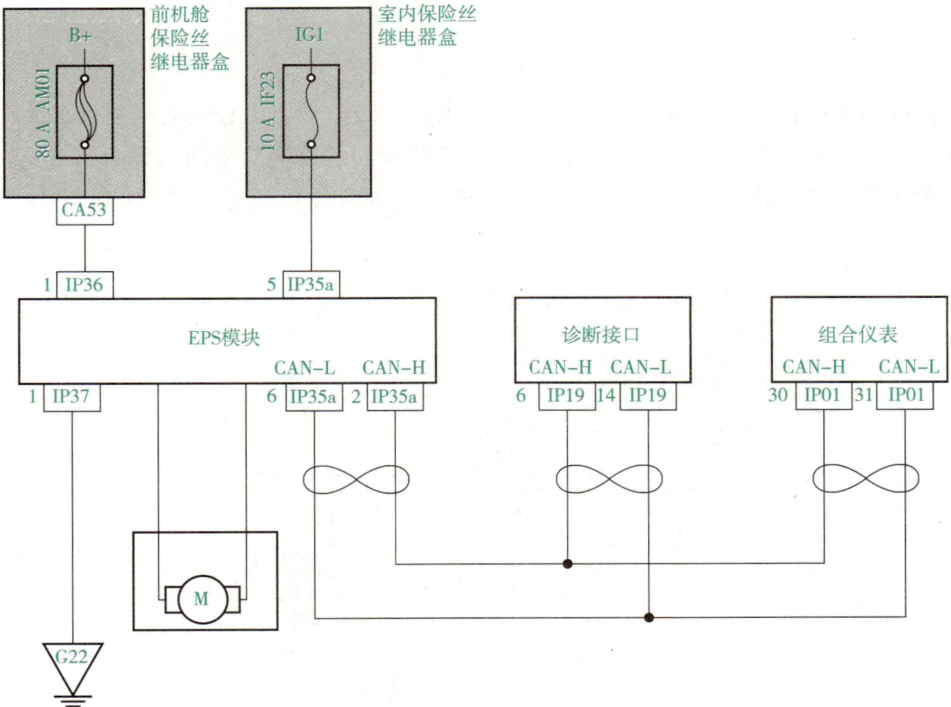

图 4-26　EV450 转向系统电路

知识扩展 低速报警系统

本知识可通过识别二维码获取学习。

扫一扫 学一学

故障分析及维修方案 新能源汽车转向系统故障警告灯常亮的原因

新能源汽车转向系统故障警告灯常亮故障时，可能会导致驾驶人员操作方向盘时转向沉重，同时位于仪表盘的转向系统故障警告灯点亮。造成转向系统故障警告灯亮的原因可能是电源故障、电路故障、CAN 线路故障、控制模块自身故障和组合式仪表自身故障等。

对本任务的故障现象，接受任务的刘师傅首先按下启动开关，上电试车，方向盘转动时，没有沉重感或方向盘异响，仪表提示“转向系统故障警告亮红灯”。刘师傅说：“新能源汽车转向系统故障警告灯常亮，又未见上述情况时通常是由三种因素导致：一是 CAN 总线故障，二是控制模块自身故障，三是组合式仪表自身故障。”刘师傅判断组合式仪表自身故障需要维修。

根据刘师傅的分析，填写组合式仪表检修相关信息，告知售后服务经理，得到确认后检修，提交一份分析报告并归档。故障报告检测分析表及实训总结与评价表见活页手册。

任务实施 新能源汽车转向系统故障警告灯常亮

一、实施环境

安全防护：布置车辆安全防护与隔离（车辆挡块、警示隔离带、高压危险警示牌）。

工具设备：万用表、绝缘检测仪、故障诊断仪。

实训车辆：吉利帝豪 EV450。

辅助资料：汽车原厂维修手册、原厂电路图。

二、实施步骤

1. 读取故障码

使用故障诊断仪读取故障码（DTC），可能存在以下错误。

① DTC 0XF000：控制模块校验码故障、控制模块存储单元故障、控制模块车辆助力参数错误。控制模块内部电气故障、控制模块信号计算故障、控制模块子部件内部故障、控制模块系统编程故障。

② DTC 0XC300：内部控制模块软件不兼容故障等。

2. 故障检测

①用诊断仪访问 EPS 控制单元。操作启动开关使电源模式至 ON 状态；连接故障诊断仪，读取系统故障代码；确认系统是否存在故障代码，未输出故障代码。EV450 转向系统电路如图 4-27 所示。

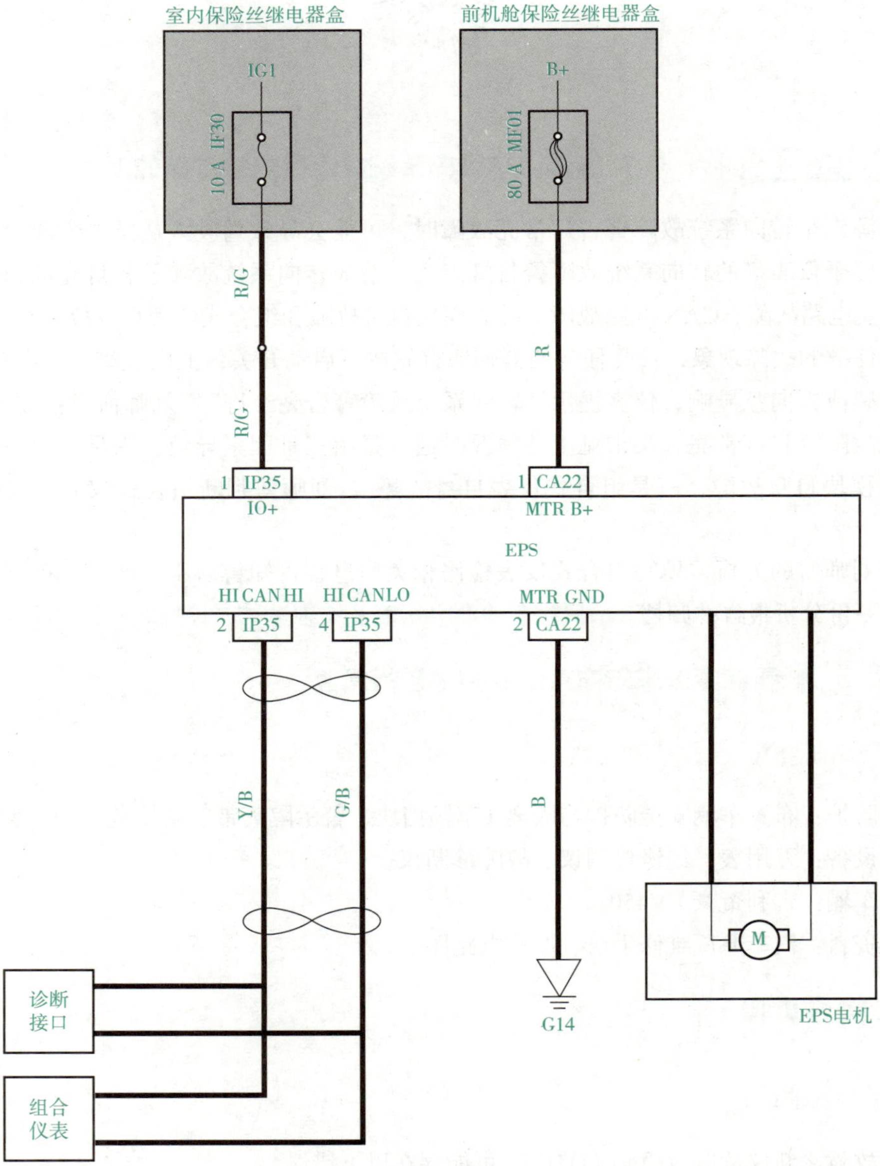

图 4-27 EV450 转向系统电路

②检查蓄电池，电压值为 11 ～ 14 V，测量保险阻值为 0 Ω，正常。

③检查 EPS 控制单元电源。测量 EPS 助力转向系统线束连接器 IP36 的 1 号端子与车身接地之间的电压，测量值为 11 ～ 14 V，正常。IP36/IP37 EPS 电源线束连接器见表 4-5 所列。

表 4-5 IP36/IP37 EPS 电源线束连接器

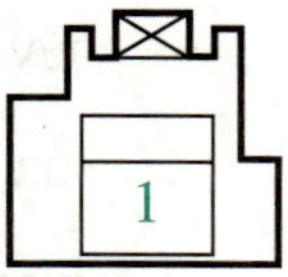

端子	端子定义	颜色
IP36/1	电源	R
IP37/1	接地	B

④检查 EPS 控制单元接地。测量 EPS 助力转向系统线束连接器 IP37 的 1 号端子与车身接地之间的电阻，测量值为 0 Ω，正常。

⑤检查 EPS 控制单元 G1 电路。操作启动开关使电源模式至 ON 状态。测量 EPS 助力转向系统线束连接器 IP35a 的 5 号端子与车身接地之间的电压，测量值为 11 ～ 14 V，正常。

⑥进行 V-CAN 网络完整性检查。操作启动开关使电源模式至 OFF 状态，用万用表测量诊断接口 IP19 的 6 号端子和 14 号端子之间的电阻，测量值为 55 ～ 67.522 0 Ω，正常。

⑦检修 EPS 控制单元 CAN 总线。操作启动开关使电源模式至 OFF 状态，断开 EPS 线束连接器 IP35a；断开诊断接口线束连接器 IP16；用万用表测量 EPS 线束连接器 IP35a 的 2 号端子和诊断接口线束连接器 IP19 的 6 号端子之间的电阻值，测量值小于 1 Ω，正常；测量 EPS 线束连接器 IP35a 的 6 号端子和诊断接口线束连接器 IP19 的 14 号端子之间的电阻值，测量值小于 1 Ω，正常。IP35a EPS 模块线束连接器见表 4-6 所列。

表 4-6 IP35a EPS 模块线束连接器

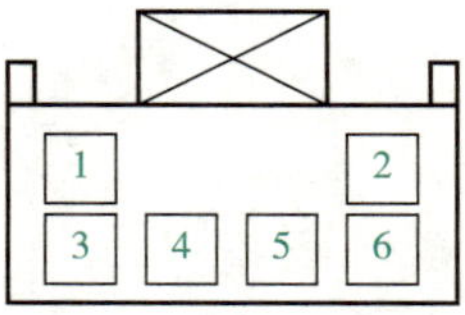

端子号	端子定义	颜色
1		
2	VCAN-H	GR
3		
4		
5	IG1	W/G
6	VCAN-L	L/W

⑧检修组合式仪表控制单元 CAN 总线。操作启动开关使电源模式至 OFF 状态，断开组合仪表线束连接器 IPO1；断开诊断接口线束连接器 IP19；用万用表测量组合式仪表线束连接器 IP01 的 30 号端子和诊断接口线束连接器 IP19 的 6 号端子之间的电阻值，测量值大于标准值（19 Ω）；用万用表测量组合式仪表线束连接器 IP01 的 31 号端子和诊断接口线束连接器 IP19 的 6 号端子之间的电阻值，测量值小于 12 Ω。IPO1 组合式仪表线束连接器见表 4-7 所列。

表 4-7　IPO1 组合式仪表线束连接器

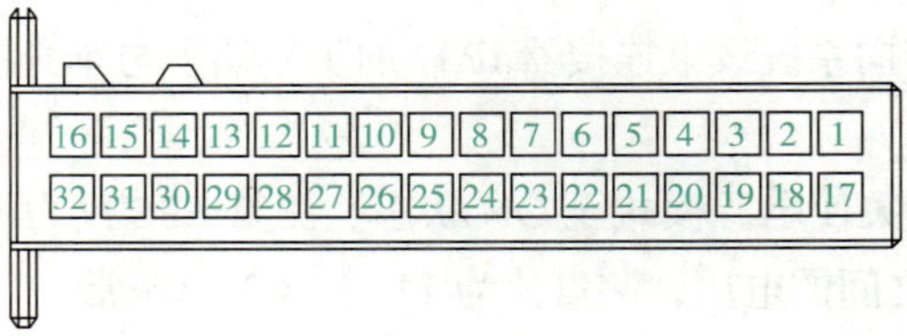

端子号	端子定义	颜色
11	制动液位低（-）	R/V
12	PWM 调光开关	GR
13	12 V 充放电指示	W/Y
16	仪表接地	B
18	小计按钮（TRIP）	W
19	倒挡信号（REVERSESINGAL+）	R/L
24	点火信号	W/Y
27	倒车雷达信号输入	R/B
30	VCAN-L	GR
31	VCAN-H	L/W
32	12 V 常电	Y/W

⑨ EPS 控制模块正常，判断组合式仪表故障。

3. 确定故障点

根据检测结果确定故障点为组合式仪表。

4. 排除故障点

更换组合式仪表。

项目五

新能源汽车辅助电气系统检修

本项目介绍新能源汽车辅助电气系统的功能与组成，电气系统的电路分析方法，电动车窗、洗涤系统和中控门锁的原理及故障诊断。本项目设置三个任务，分别为新能源汽车电动车窗无法升降故障检修、新能源汽车洗涤系统不工作故障检修、新能源汽车中控门锁失效故障检修。

知识目标

①了解汽车辅助电气系统的作用、组成和工作原理。

②熟悉汽车电气系统的电路分析方法。

③掌握汽车电动车窗、洗涤系统和中控门锁的故障检查和分析方法。

技能目标

①能分析汽车电气系统的电路图。

②能分析电动车窗电动车窗、洗涤系统和中控门锁的故障原因。

③能正确使用工具与仪器对电动车窗、洗涤系统和中控门锁进行故障检修。

任务一　新能源汽车电动车窗无法升降故障检修

思政导学　　爱国情怀，技能报国

福耀玻璃工业集团股份有限公司（以下简称福耀集团）是一家社会责任感强烈、互利共赢、安全环保、科技创新的绿色发展型企业。福耀集团的创始人曾说：“国家因为有你而强大，社会因为有你而进步，人民因为有你而富足。我们要为中国人做一片自己的汽车玻璃，这片玻璃要代表中国人走向世界，展示中国人的智慧，在国际舞台上与外国人竞争。”

《电动汽车风窗玻璃除霜除雾系统的性能要求及试验方法》(GB/T 24552—2009)为推荐性国家标准。该标准规定了电动汽车风窗玻璃除霜、除雾系统的性能要求及试验方法，适用于除霜、除雾系统使用动力电池作为动力源的 M_1 类纯电动汽车。

拓展阅读《电动汽车风窗玻璃除霜除雾系统的性能要求及试验方法》标准

电动防夹车窗已成为强制性的汽车标准配置。随着世界范围内对汽车安全要求的不断提高，我国颁布了国家标准 GB/T 24552—2009。该标准对防夹功能的效果进行了强制要求。至此，汽车防夹电动车窗的安装比例开始快速提升。

故障现象

售后服务经理接到客户一辆比亚迪 e6 轿车，行驶里程 30 000 km，该车右后门玻璃不能升降，其他车门玻璃工作正常。请思考，如何解决这一问题?

知识链接 电动车窗

一、电动车窗的功能

车窗是整个汽车车身的重要组成部分，是为了满足车内采光、通风及驾驶人员和乘坐人员的视野需要而设计的，他们只需要操纵车窗的升降开关，就可以使车窗上升和下降。现代汽车为了方便驾驶人员和乘坐人员，大部分采用电动车窗。门窗控制模块接收和传输至每个车门开关和车窗电动机的信号。当车窗开关被激活时，信号向门窗控制模块发出，然后门窗控制模块又向相应的车窗电动机发出信号，车窗电动机将按指令的方向转动，进而实现与驾驶人员操作相匹配的动作，现代汽车可以实现以下三个功能：依靠电动机升降玻璃功能、自动上升和下降功能、防夹功能。

二、电动车窗的组成

电动车窗主要由车窗玻璃、玻璃升降器、控制开关（分控开关）等组成（见图 5-1）。

1. 车窗玻璃

车窗玻璃一般采用钢化玻璃。车窗玻璃按安装位置不同可分为前风挡玻璃、后风挡玻璃、侧窗玻璃和门窗玻璃。

2. 直流电动机

直流电动机有永磁式和双绕组式两种，目前汽车常用的是永磁式。汽车的每个车窗都装有一套升降机构，通过控制模块采集玻璃上升或者下降开关信号后，再由控制模块控制它的电流方向，使车窗玻璃上升或下降。

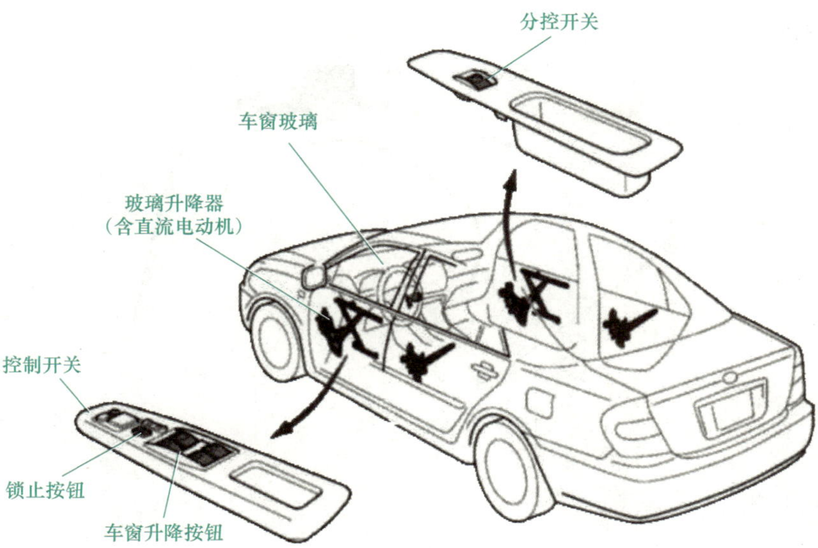

图 5-1　电动车窗的组成

3. 玻璃升降器

按照机械升降机构的不同工作原理，玻璃升降器可以分为三种形式：绳轮式、叉臂式和软轴式。

（1）绳轮式玻璃升降器

绳轮式玻璃升降器由滑轮、钢丝绳、张力器、张力滑轮等组成（见图 5-2）。其工作原理：通过驱动电动机拉钢丝绳来控制门窗玻璃的升降，电动机的输出部分是一个塑料绳轮，绳轮绕上钢丝绳，钢丝绳上的滑块带动玻璃，使之沿导轨做上下运动。

（2）叉臂式玻璃升降器

叉臂式玻璃升降器主要由扇形齿板、玻璃导轨和调节器等组成（见图 5-3）。其工作原理：扇形齿板利用驱动电动机的棘轮进行转动，从而带动 X 臂运动，使风窗玻璃向上或向下移动。

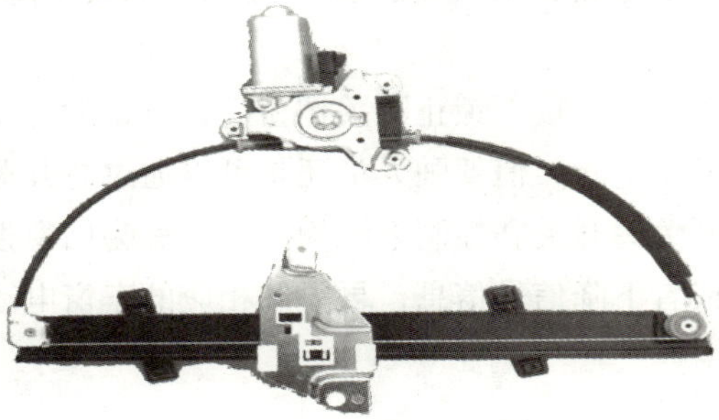
图 5-2　绳轮式玻璃升降器

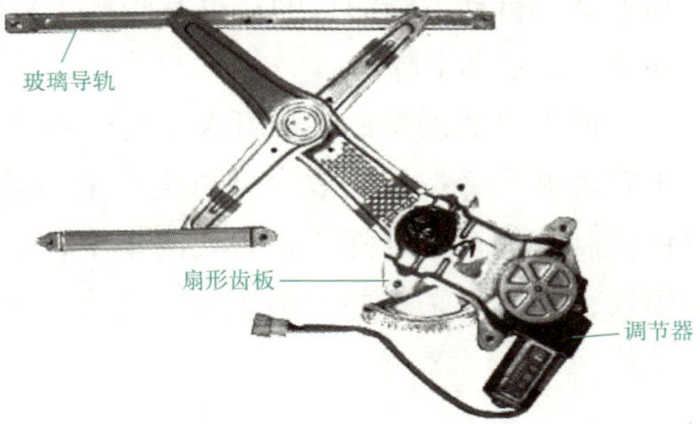

图 5-3　叉臂式玻璃升降器

（3）软轴式玻璃升降器

软轴式玻璃升降器主要由软轴、小齿轮等组成（见图 5-4）。其工作原理：电动机的输出部分是一个小齿轮，通过与软轴上的齿（近似于齿条）相啮合，驱动软轴卷轴卷绕，带动玻璃沿导轨上下运动。

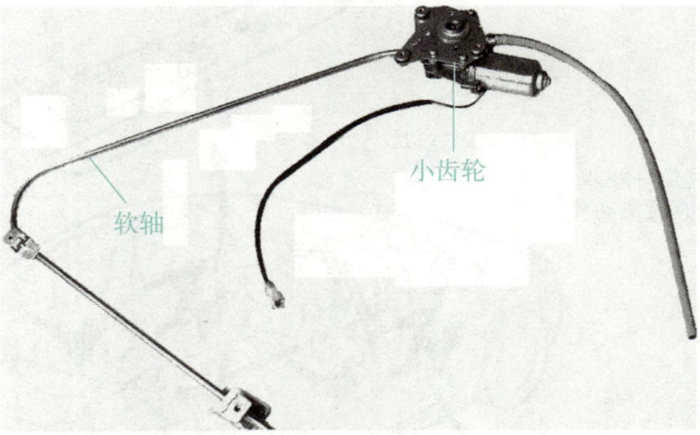

图 5-4　软轴式玻璃升降器

4. 控制开关

汽车的电动车窗系统均装有两套控制开关：一套为主控总开关（见图 5-5），一般装在左前门内饰板上，驾驶人员可通过该开关控制每个车窗；另一套为分开关（见图 5-6），分别装在其他三个车门内饰板上，由乘坐人员操控。

图 5-5　总开关

图 5-6　分开关

有些汽车主控总开关具备五个挡位，分别达到左前车窗玻璃自动上升、手动上升、空挡、手动下降、自动下降的目的；也有些汽车主控总开关只能控制车窗玻璃自动上升、自动下降、手动上升、手动下降。

目前大多数汽车的主控开关上还装有锁止开关按钮。按下锁止开关按钮后，汽车后部车窗位置玻璃升降按钮失效，可防止儿童随意操作发生危险，但驾驶人员还是可以通过总开关按钮控制其他车窗升降。在现代汽车中，主控总开关集开关和控制系统为一体，称为门窗控制模块，它可以采集并识别车窗玻璃按钮的上升或者下降信号信息，再控制相应的车窗电动机工作。

5. 断路器

电动机内装有一个或多个热敏断路器，用以控制电流，防止电动机过载。当车窗完全关闭或因结冰等原因使车窗玻璃不能自如运动时，即使操纵开关没有断开，热敏开关也会自动断路，从而保护电动机不被烧毁。

三、电动车窗的工作原理

不同车型所采用的电动车窗控制原理各不相同，电动车窗电气系统可以分为传统电动车窗电气系统和现代电动车窗电气系统

1. 传统电动车窗电气系统

汽车上的车窗玻璃升降器最初为机械式，通过手动摇窗把手驱动升降器来进行车窗玻璃升降，为了安全，驾驶人员侧车窗升降时需要在停车时进行。后来为了方便、安全，已逐步改为电动车窗，通过操纵车窗升降开关来控制玻璃升降。图 5-7 为传统电动车窗电气系统原理图。按下车窗升降开关时，电动机电流需要通过车窗开关触点，在升降器升到顶或下降到底时，若未及时松开开关，电动机会堵转，导致通过升降开关的电流突然猛增，造成开关提前损毁、开关故障，甚至出现升降器齿盘切齿现象，影响车窗的稳定性。

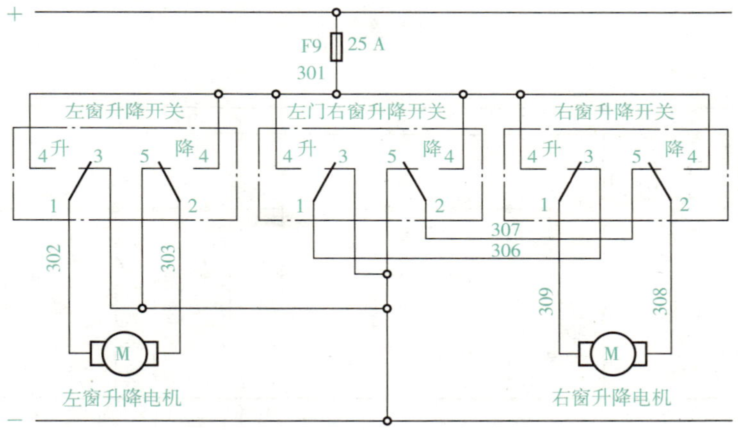

图 5-7　传统电动车窗电气系统原理图

2. 现代电动车窗电气系统

现代电动车窗电气系统按控制方式的不同又可分为继电器控制和 BCM 控制。

（1）继电器控制电动车窗

为降低成本，现代电动车窗电气系统也可采用全部由继电器控制的方案，如图 5-8 所示。图中车窗升降开关只提供控制信号，开关内不经过电流，故不存在损坏现象。

（2）BCM 控制电动车窗

随着电子技术的进步，车身控制模块（Body Control Module，BCM）在汽车上使用越来越多，根据控制内容的多少，不同的 BCM 差别很大。最初用在车身上的就是车门、车窗控制模块。图 5-9 是 BCM 控制电动车窗中的一种。BCM 控制电动车窗由单片机进行控制，电路简单、可靠性高，因其控制内容少，价格也相对较低。其工作原理：由车窗升降开关发给单片机控制信号，然后由单片机控制三极管等来驱动继电器，改变电动机的极性，进而控制升降器电机的上升和下降。有的 BCM 会设计专用电路对电机电流进行检测，防止过载、

断路等。

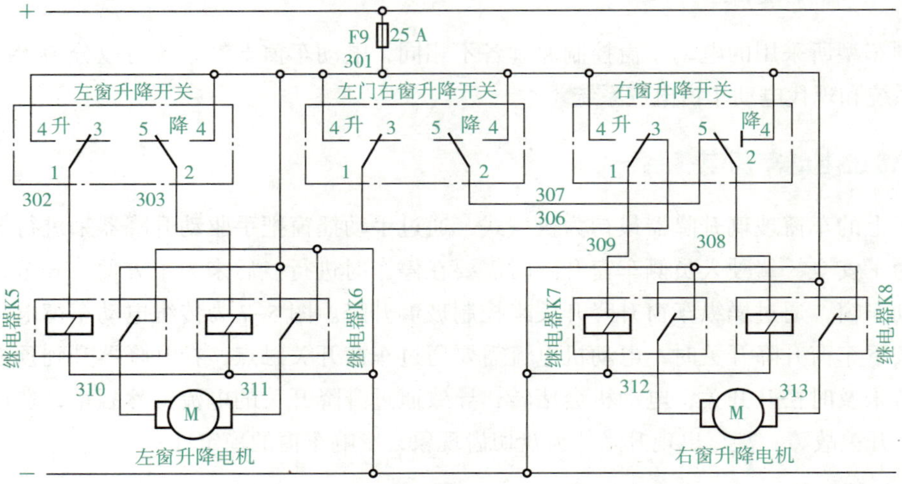

图 5-8 继电器控制电动车窗

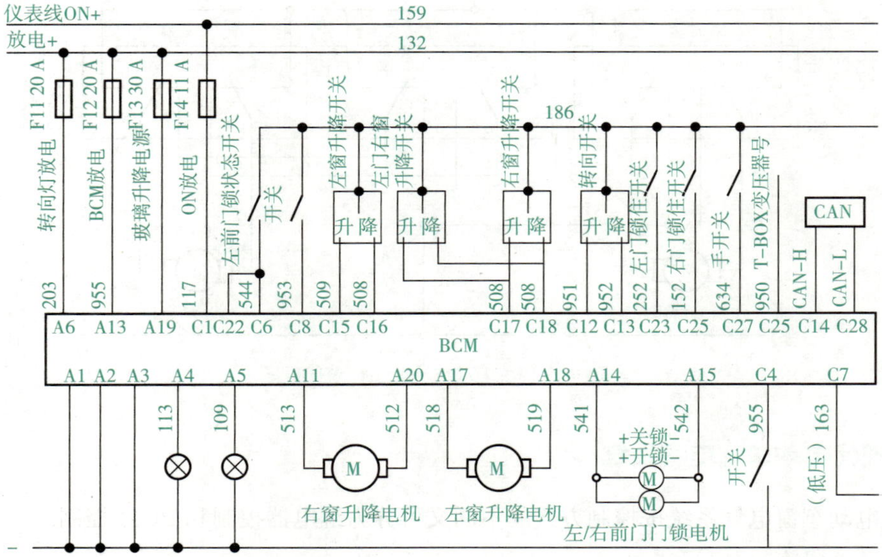

图 5-9 BCM 控制电动车窗

3. 比亚迪 e6 电动车窗的原理

比亚迪 e6 采用 BCM 控制电动车窗模式，当点火开关位于 ON 状态时，电动车窗系统运行。驾驶人员侧总开关包括对应每个电动车窗的单个车窗开关、分开关只能控制各自电动车窗的升降操作。车窗移动的方向取决于电源电压的极性。每个电动车窗包括一个双向电动车窗电动机（由内部断路器保护）。电池电压通过附件供电电压电路，向电动车窗开关供电。电动车窗开关也接收固定的接地源。电动车窗电动机控制电路是通过电动车窗开关的常闭上升和下降触点连接至接地。当电动开关置于下降位置时，电动车窗电动机向下控制电路被切换到 12 V，并应用于电动车窗电动机的下降端。由于电动机的另一端通过向上开关的常闭触点连接至接地，车窗向下移动。通过将电动车窗开关置于向上位置，电动车窗电动机的极性对调，车窗向上移动。

4. 一键升降带防夹的车窗控制

目前在中高档车型中，前门一般具有一键升降带防夹的车窗控制功能，它的汽车车窗升降控制开关有两档：第一挡和普通电动车窗一样，车窗升降到需要的位置时松开按键，升降过程停止；第二挡为按一下后放开，窗户将自动完全开启或者完全关闭，因此具有一键升降带防夹的车窗控制功能的汽车提高了驾乘人员使用方便性，避免了驾驶人员开关车窗分散注意力，提高了驾驶安全系数。如图 5-10 所示，BCM 通过 LIN 线直接控制前门开关和前门电机，来实现一键升降和防夹控制，而后门开关未和 BCM 相连，故后门电动机不具有一键升降带防夹的车窗控制功能。

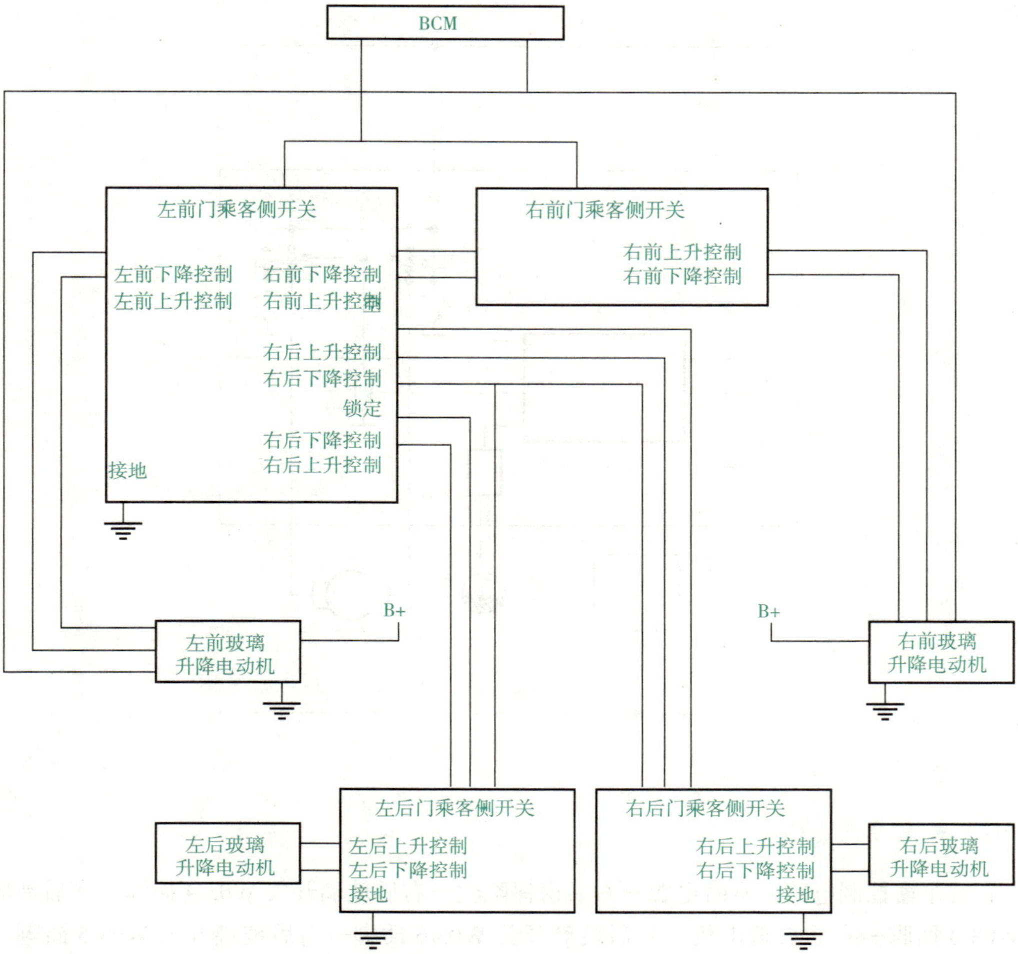

图 5-10　车窗控制原理图

为防止产生安全危险，我国出台了国家标准《机动车运行安全技术条件》(GB 7258—2017)。该标准规定从2018年1月1日开始电动车车窗应具备防夹功能，包括电动车窗。目前，车窗防夹在国内中高档小汽车上的使用已经比较普遍，但在商用车和低端乘用车上还不常见。

主流的车窗防夹的基本原理：在电机轴上安装磁环，在磁环附近安装带有霍尔传感器、MCU的电子模块，电机轴每转动一周，霍尔传感器将产生固定数量的方波。在车窗上升过程中遇到障碍物时，阻力增大，电机转速变小，电流增大，霍尔传感器的方波的脉宽增大。因此，电子模块可通过霍尔传感器的方波的脉宽或电机电流的变化来判断车窗是否遇到障碍物以及夹物力的大小（一般超过100 N被认为遇到障碍物），计算每次上升过程中的累计脉冲数量，可判断电动车窗是否处于防夹区域（一般离车窗顶端4～200 mm位置），进而最终确定是否需要产生防夹作用。如果模块判定需要防夹，则发出指令，使电机反转，电机下降一段距离后（一般120 mm左右）停止，车窗防夹控制模块框图如图5-11所示。

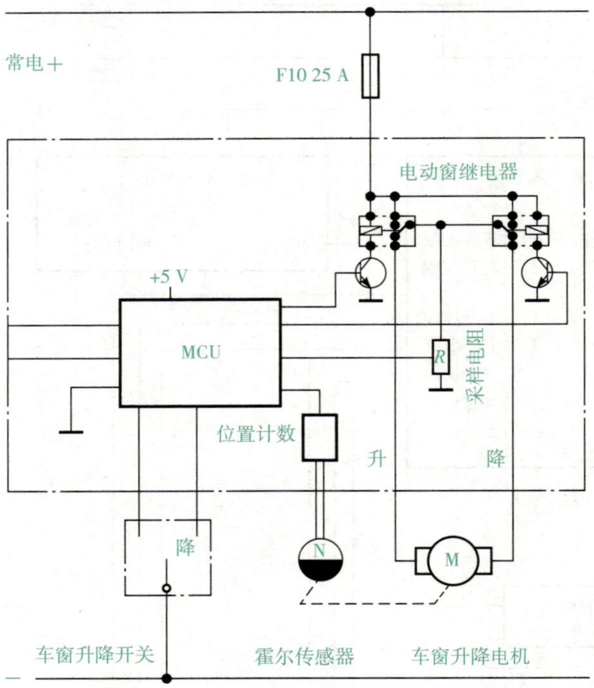

图5-11　车窗防夹控制模块框图

5. 车窗控制电路

右后车窗控制电路：常时电源→右后窗保险丝→右后玻璃开关W03/4插脚→右后玻璃开关W03/3插脚→右后玻璃电机→右后玻璃开关W03/6插脚→右后玻璃开关W03/5插脚→接地。右后车窗控制电路示意图如图5-12所示。（注：后玻璃开关W03/1和后玻璃开关W03/2由左前玻璃开关控制，单独控制实现玻璃电机的正反转工作。）

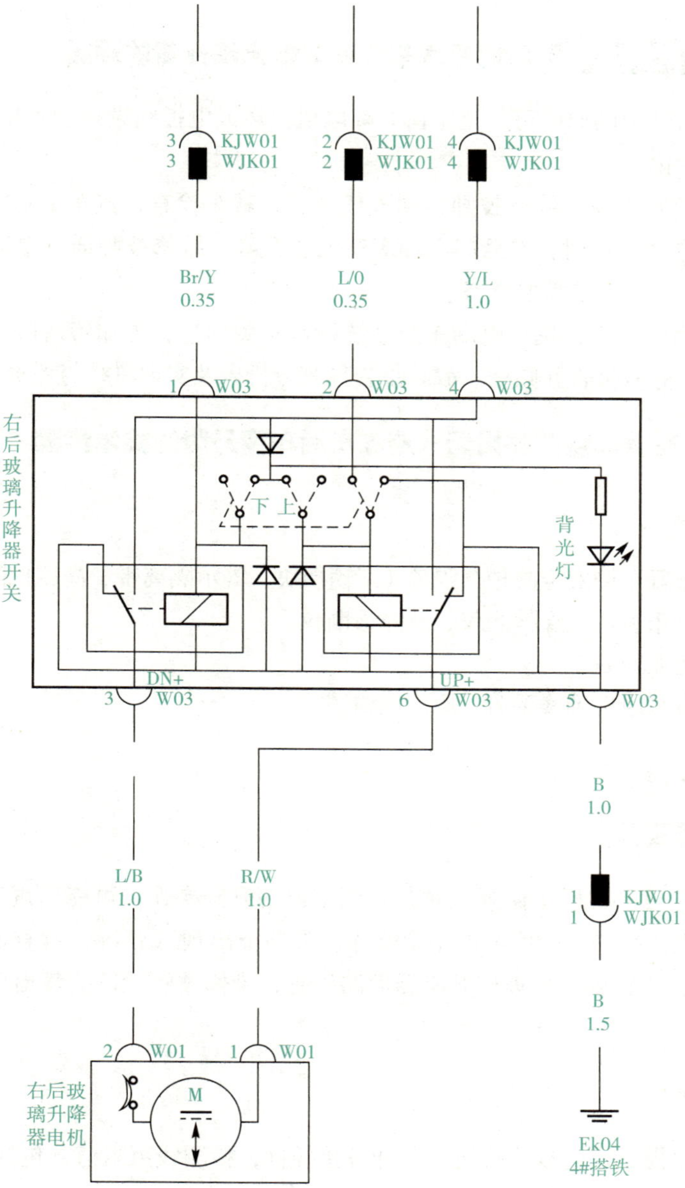

图 5-12　右后车窗控制电路示意图

知识扩展　眨眼控制车窗的升降

本知识可通过识别二维码获取学习。

扫一扫　学一学

故障分析及维修方案　新能源汽车电动车窗无法升降的原因

造成车窗无法升降的原因可能是车窗升降电机损坏或电控线束接触不良、电机过热保护、导轨堵塞或胶条老化。

对本任务的故障现象，维修技师接到该任务后，就车检查，汽车上 ON 挡，验证故障现象确定，当开启电动车窗时，右后门电动车窗无法升降。维修技师通过电动车窗控制原理及控制电路判断电动车窗系统需要维修。

根据维修技师的分析，填写电动车窗系统检修相关信息，告知售后服务经理，得到确认后检修，提交一份分析报告并归档。故障报告检测分析表及实训总结与评价表见活页手册。

任务实施　左前车窗开关组无法控制左后车窗升降的检修步骤

一、实施环境

安全防护：布置车辆安全防护与隔离（车辆挡块、警示隔离带、高压危险警示牌）。

工具设备：万用表、绝缘检测仪、故障诊断仪。

实训车辆：比亚迪 e6。

辅助资料：汽车原厂维修手册、原厂电路图。

二、实施步骤

1. 验证故障现象

检查右前、左后、右后车窗开关对各自侧车窗的升降操作，可能出现三种情况：A 均无法操作、B 个别无法操作、C 均可以正常操作。如验证出现 A 情况：检查窗控系统电源；如验证出现 B 情况：跳转到对应玻璃升降器回路检查；维修技师验证故障出现 C 情况，故下一步需检查线束情况。

2. 故障检测

根据验证现象提示进行故障检测，断开各接插件，检测线束阻值，包括 T03（见图 5-13）和 W03（见图 5-14）之间的线路检测。

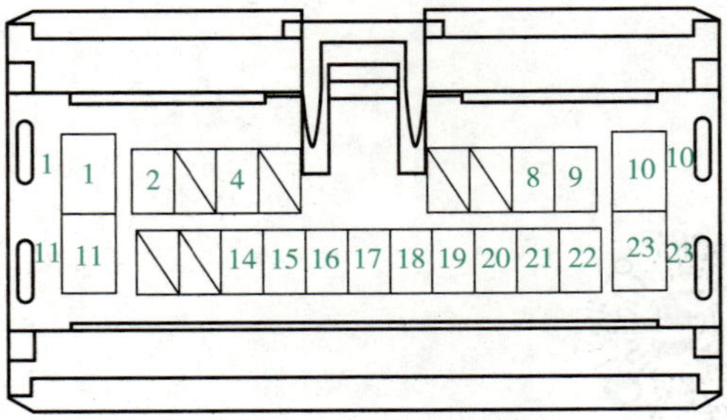

图 5-13　左前门线束插头 T03

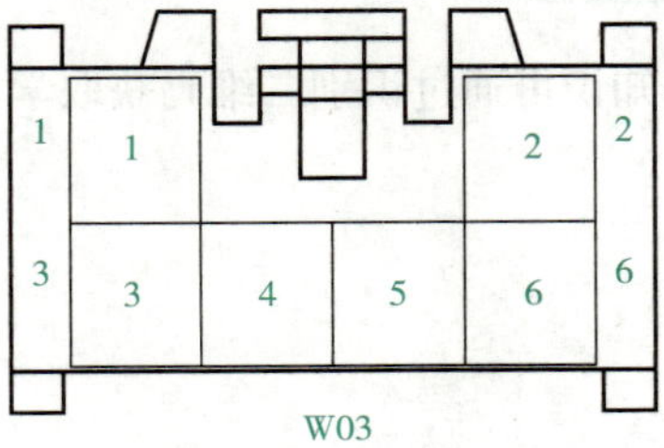

图 5-14　右后门线束插头

诊断时参考的窗电路图如图 5-15 所示。

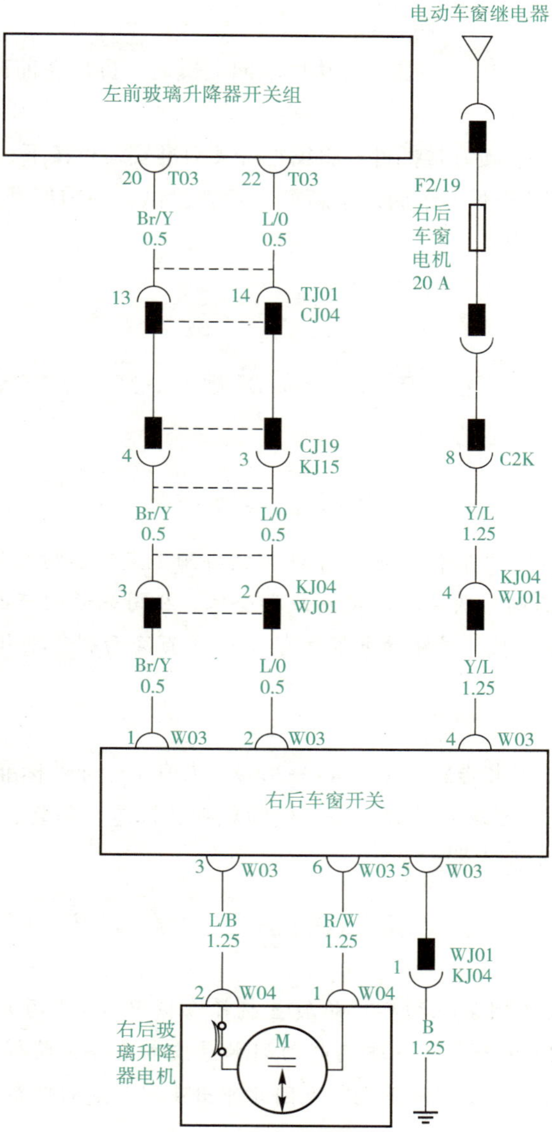

图 5-15 诊断时参考的窗电路图

①使用万用表测量左前玻璃升降器开关组 T03-20 号端子与右后车窗开关 W03-1 号端子之间的电阻，在点火开关处于 OFF 状态时，标准值应小于 1 Ω。

②使用万用表测量左前玻璃升降器开关组 T03-22 号端子与右后车窗开关 W03-3 号端子之间的电阻，在点火开关处于 OFF 状态时，标准值应小于 1 Ω。

③如两个数值异常，需更换线束。维修技师检查数值正常，需进一步检查。

3. 确定故障点

根据检测结果确定故障点为左前玻璃升降器开关组。

4. 故障消除

①断开蓄电池负极。

②拆卸左前窗控开关。用一字螺丝刀从后端向上撬起，拆出左前窗控开关；断开连接器；取下窗控开关。

③安装左前窗控开关。接好接插件；将窗控开关对准安装点按下；搭好蓄电池负极。

④更换左前玻璃升降器开关组后，重新就车检查测试，左前门开关可以控制右后门玻璃升降，故障消除，任务结束。

任务二　新能源汽车洗涤系统不工作故障检修

思政导学　　卧薪尝胆，百炼成钢

以“百年心态”打造“百年企业”，宁波市镇海阳光交通器材有限公司旗下自主品牌“百隆雨刷”从被人耻笑到载誉全球。公司始终把产品质量放置首位，同时研发新科技，最终功夫不负有心人，“百隆雨刷”冲出亚洲，走向世界。

《汽车风窗玻璃电动刮水器》（QC/T 44—2009）为汽车行业性标准。该标准规定了汽车风窗玻璃电动刮水器的技术要求、试验方法、检验规则和标志、包装、运输、储存，适用于汽车风窗玻璃上使用的电动刮水器。

拓展阅读　　《汽车风窗玻璃电动刮水器》标准

“百隆雨刷”通过了国家机动车产品质量监督检验中心（上海）检测，全部符合 QC/T 44—2009 汽车风窗玻璃电动刮水器技术条件，获得 ISO/TS16949 国际标准体系认证，“百隆雨刷”也因此冲出亚洲，走向世界。

故障现象

售后服务经理接到客户一辆行驶里程约 30 000 km 的比亚迪 e6，该车电动刮水器不能工作。请思考，如何解决这一问题？

知识链接　刮水器系统

一、刮水器系统的功能

刮水器系统是重要的安全件，布置于前后风窗玻璃区域，其主要功能是清除风窗玻璃上的雨水与污迹，从而维持驾乘人员的清晰视野，以保证驾驶人员在雨天的行车安全。现代汽车都装有一个对风窗玻璃进行清扫的刮水器系统，可实现点刮、间歇刮、慢刮、快刮等不同的刮水功能。

二、刮水器系统的组成

刮水器系统主要由雨刮洗涤开关、电动雨刮器、风窗玻璃洗涤器和电动机等组成（见图 5-16）。

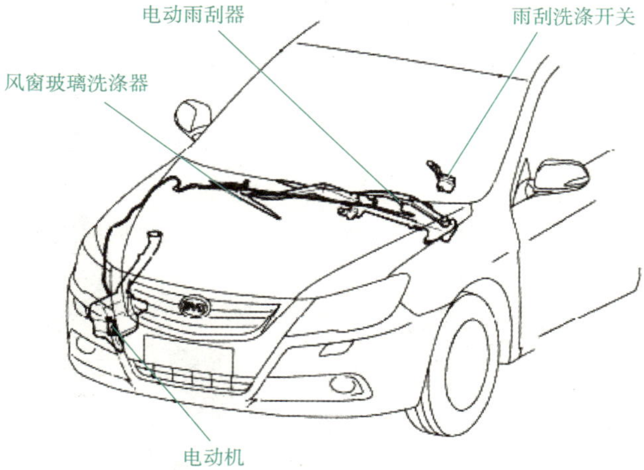

图 5-16 刮水器系统的组成

1. 刮水器系统的开关

（1）风窗雨刮器开关

风窗雨刮器开关为旋钮式开关，有 MIST、OFF、AUTO、LO、HI 五个位置（见图 5-17）。旋钮处于 MIST 位置时，雨刮器电路手动接通一次，雨刮器只刮一次；旋钮处于 OFF 位置时，雨刮器电路断开，雨刮器关闭；旋钮处于 AUTO 位置时，雨刮器电动机电路接通，雨刮器自动运转，且运转速度随间隙调速旋钮的旋钮角度而改变；旋钮处于 LO 位置时，雨刮器电动机电路接通，雨刮器低速运转，雨刮片慢刮；旋钮处于 HI 位置时，雨刮器电路高速挡接通，雨刮片做快速刮扫运动。

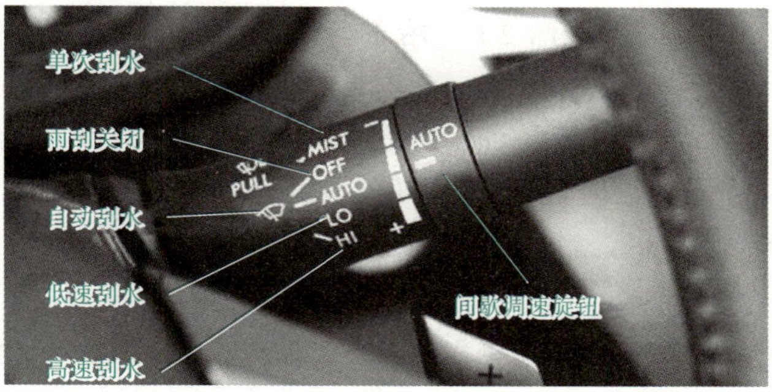

图 5-17 车门窗玻璃

（2）风窗洗涤器开关

将洗涤器开关操纵杆向上抬时，洗涤器电动机通电，洗涤器喷嘴向风窗玻璃喷出洗涤液，以利于风窗玻璃的清洗。

2. 电动式雨刮器

雨刮器的驱动方式有真空式、气动式和电动式三种，目前汽车上广泛使用的是电动式雨刮器。电动式雨刮器普遍具有高速、低速及间歇三个工作挡位，而且除了变速之外，还有自动回位的功能。电动式雨刮器由电动机、传动机构和雨刮片三部分组成。电动式雨刮器工作原理：电动机轴端的蜗杆驱动蜗轮，蜗轮带动摇臂旋转，摇臂使拉杆往复运动，从而带动雨刮片左右摆动。

3. 风窗玻璃洗涤器

风窗玻璃洗涤器由储液罐、洗涤泵、软管、三通接头和喷嘴等组成，如图 5-18 所示。

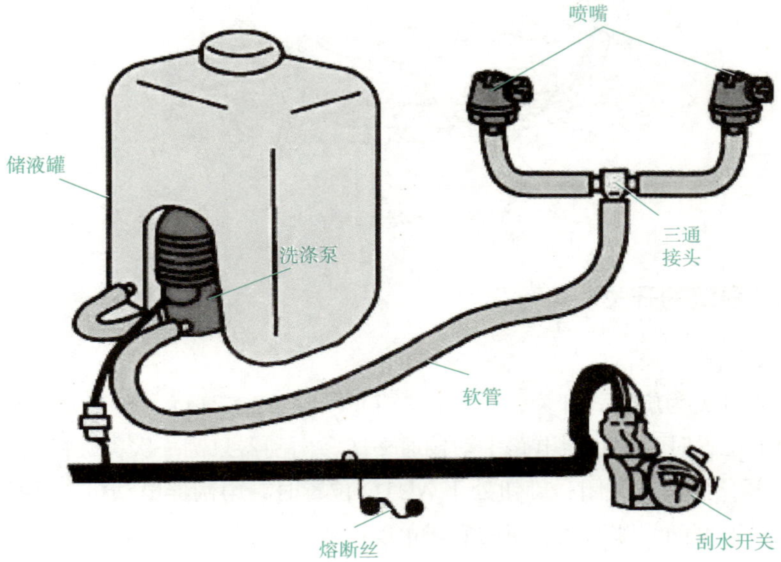

图 5-18　风窗玻璃洗涤器

（1）储液罐

储液罐由塑料制成，容量为 1.2 L，用于盛装洗涤液。洗涤液一般由水或水与适量的添加剂组成，添加剂有利于清洁或降低冰点。常用的洗涤液是硬度不超过 205 ppm（1 ppm=0.001‰）的清水。为了刮洗油、蜡等物质，可在水中添加少量的去垢剂和防锈剂。强效洗涤液的去垢效果虽好，但会使风窗密封条和雨刮片胶条变质，还会引起车身喷漆变色以及储液罐、喷嘴等塑料件的开裂，所以对洗涤液的选用必须十分慎重。

（2）洗涤泵

洗涤泵由一只小型永磁直流电动机和离心泵组成。洗涤泵安装于储液罐上，其输出压力一般为 68.6 kPa，消耗电流不大于 3.6 A。

（3）喷嘴

汽车洗涤喷嘴分为圆形、方形、扁形三种，一般安装一个或两个，喷射方向可以调节。单孔喷嘴布置在左右雨刮驱动轴附近，双孔喷嘴布置于车身中心线上。喷嘴直径一般为 0.8 ～ 1.0 mm，上有一个球体喷头，使用时用大头针插入喷头的内孔，稍稍用力即可调整其朝向。喷嘴堵塞时，可用细钢丝加以疏通。

4. 电动机

刮水器的动力来自电动机，它是整个刮水器系统的核心。电动机如图 5-19 所示。刮水器电动机的质量要求相当高，它采用直流永磁电动机，安装在前风窗玻璃上的刮水器电动机一般与蜗轮蜗杆机械部分做成一体。蜗轮蜗杆机械部分的作用是利用其输出轴带动四连杆机构，并通过四连杆机构把连续的旋转运动变为左右摆动的运动。

图 5-19 电动机

三、刮水器系统的工作原理

1. 电动机高、低速挡位

如图 5-20 所示，刮水电动机通常采用改变两电刷串联的导体数来进行调整，电刷 B_1 为高低速公用电刷，B_2 用于低速，B_3 用于高速，其电枢采用对称叠绕式。电动机工作时，在电枢内每个小线圈都产生相等的反电动势。

①当开关 K 拨到低速挡 L 时。电源电压 U 加在 B_1 和 B_2 之间，线圈①②③④和线圈⑤⑥⑦⑧两条支路产生的全部反电势与电源电压平衡后，电动机便稳定旋转，转速较低。

②当开关 K 拨到高速挡 H 时。电源电压 U 加在 B_1 和 B_3 之间，线圈①②③④⑧与线圈⑤⑥⑦组成两条并联回路，线圈⑧与线圈①②③④的反电势相反，互相抵消，变为只有三个线圈的反电势与电源电压 U 平衡，因而只有转速升高使反电势增大，才能得到新的平衡。由于反电势的减小，使电枢的转速上升，重新达到电压平衡，这样电动机刮水器就得到了高、低不同的工作挡位。

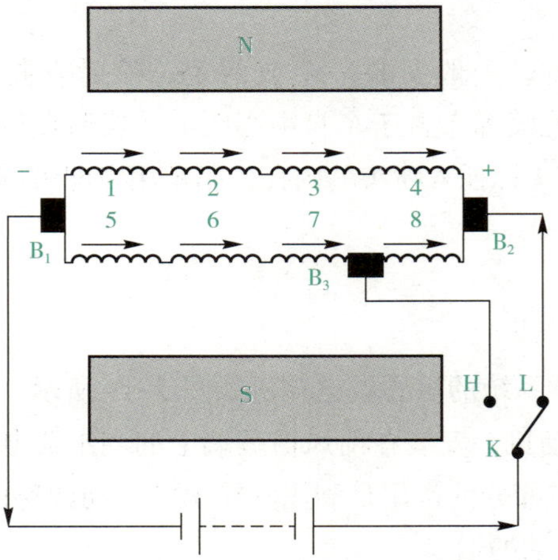

图 5-20　电动机高、低速挡位示意图

2. 雨刮电机复位

目前大多数新能源汽车采用 BCM 雨刮复位控制方式。当复位板（开关）与触头 a、b 处于如图 5-21 所示位置时，复位信号回路导通使 BCM 获得低电平信号，BCM 控制继电器Ⅰ、Ⅱ处于图中位置使电机低速（53）回路搭铁导通，此时电机高、低速端均与电源正极断开，低速端与电源负极接通，电机能耗制动实现复位。

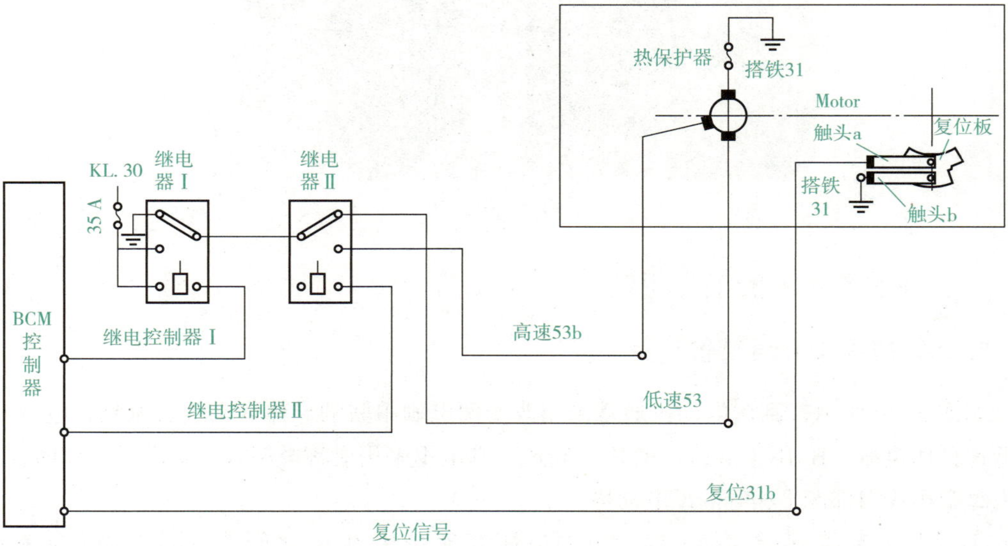

图 5-21　BCM 雨刮复位控制图

3. 电动机刮水器控制电路

以比亚迪 e6 轿车为例，对风窗刮水器电路进行分析：前刮水器继电器和前刮水器高速继电器都包含在发动机室前仓配电盒内，二者根据来自 BCM 的控制信号，对前刮水器电动机进行控制。刮水器开关（组合开关）转到 ON 时，由 BCM 的 16 号端子通过 LIN 与组合开关通信，读取端口组合状态，从而控制前刮水器的高速、低速和间歇操作。电动雨刮控制电路如图 5-22 所示。

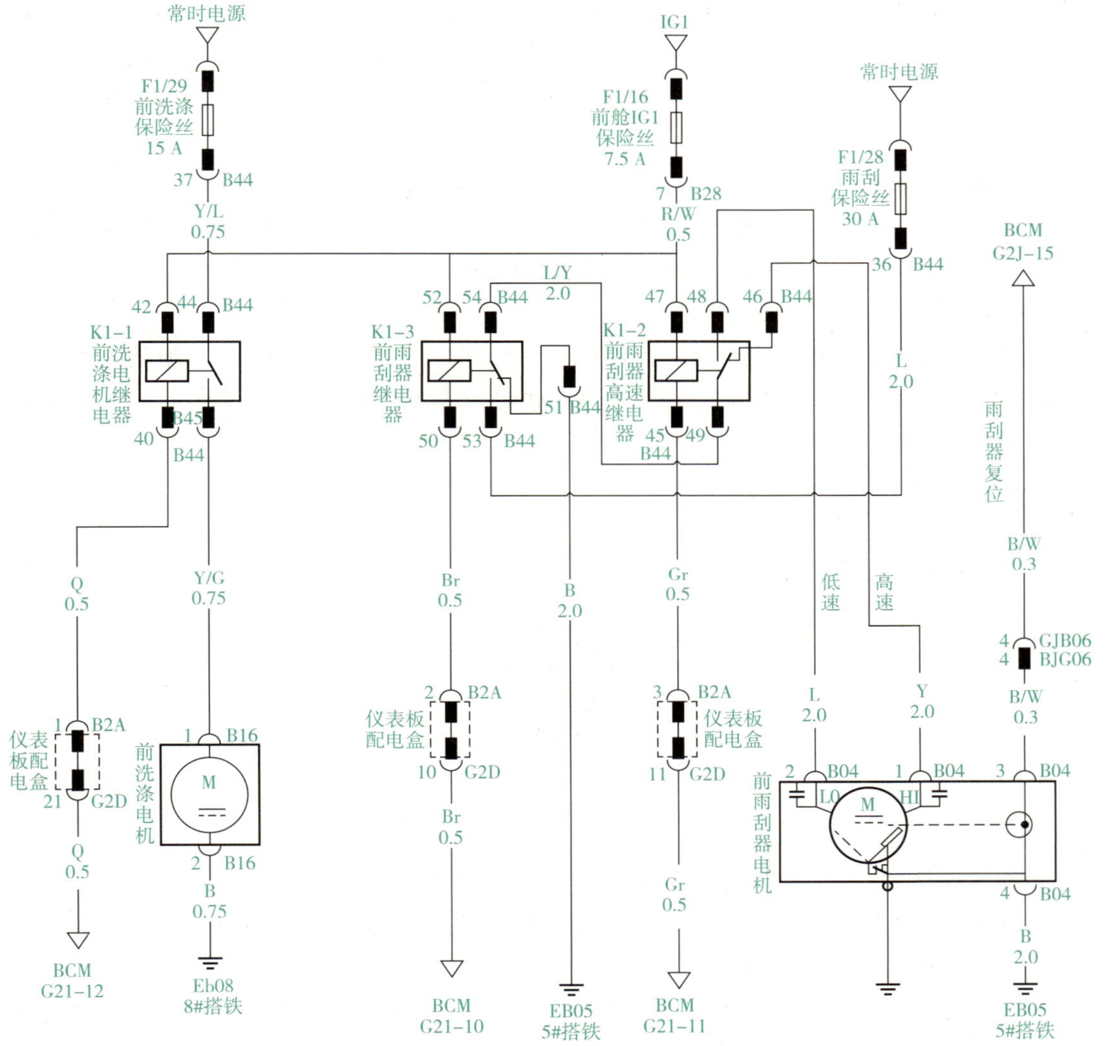

图 5-22　电动雨刮控制电路

（1）高速刮水器的操作

当刮水器开关位于 HI 位置，BCM 通过刮水器开关读取功能检测到高速刮水器 ON 信号。BCM 从 10 号端子输出接地信号，接通前刮水器继电器线圈电路，前刮水器继电器通电常开触点闭合，而前刮水器高速继电器线圈未通电，常闭触点保持原状，接通前刮水器高速运行电路：蓄电池电压→ F1/28 雨刮保险丝→ K1-3 前刮水器继电器常开触点（53-54）→ K1-2 前刮水器高速继电器常闭触点（49-46）→前刮水器电机端口（1）→前刮水器电机端口（4）→通过 EB05 接地。此时，前刮水器电动机高速运转。

（2）低速刮水器的操作

当刮水器开关位于 LO 位置，BCM 通过刮水器开关读取功能检测到低速刮水器 ON 信号。

BCM 分别从 10 号端子、11 号端子输出控制接地信号，接通前刮水器继电器线圈电路和前刮水器高速继电器线圈电路，前刮水器继电器的常开触点闭合、前刮水器高速继电器常闭触点打开，接通前刮水器低速运行电路：蓄电池电压→ F1/28 雨刮保险丝→ K1-3 前刮水器继电器常开触点（53-54）→ K1-2 前刮水器高速继电器常闭触点（49-48）→前刮水器电动机端口（2）→前刮水器电动机端口（4）→通过 EB05 接地。此时，前刮水器电动机低速运转。

（3）间歇操作

前刮水器间歇操作间隔时间由四个开关的组合（间歇操作分度盘位置 1、2、3 和 4）以及车辆速度信号决定。在每次间歇操作间隔时间之后，BCM 间歇控制前刮水器继电器线圈通电，进而接通刮水器低速运行电路，使前刮水器间歇地低速运行。

（4）动复位的操作

刮水器开关转到 OFF 位置，刮水器电机将继续工作，直到刮水器臂到达风窗玻璃的底部，此时前刮水器电动机端口 3 和 4 之间接通，BCM 的 15 号端子采集到接地信号后，BCM 判断雨刮电机已复位。

知识扩展 “隐形”雨刮的时代

本知识可通过识别二维码获取学习。

扫一扫　学一学

故障分析及维修方案 电动刮水器不工作的原因

造成电动刮水器不工作的原因可能是保险故障、前雨刮器电机继电器故障、前雨刮器电机故障、组合开关故障、线束故障。

对本任务的故障现象，维修技师接到该任务后，就车检查，汽车上 ON 挡，验证故障现象，确定当开启雨刮时，无论哪个挡位雨刮都不工作。维修技师通过刮水器控制原理及控制电路判断刮水器系统需要维修。

根据维修技师的分析，填写电动刮水器检修相关信息，告知售后服务经理，得到确认后检修，提交一份分析报告并归档。故障报告检测分析表及实训总结与评价表见活页手册。

任务实施 电动刮水器故障的检修步骤

一、实施环境

安全防护：布置车辆安全防护与隔离（车辆挡块、警示隔离带、高压危险警示牌）。

工具设备：万用表、绝缘检测仪、故障诊断仪。

实训车辆：比亚迪 e6 主控制器实训台系统。

辅助资料：汽车原厂维修手册、原厂电路图。

二、实施步骤

1. 验证故障现象

维修技师看到待检查车辆后，就车检查，将汽车打到 ON 挡时，摆动组合开关，无论雨刮处于何种挡位时，雨刮均不工作。

2. 故障检测

①检查有无故障码。用解码器读取故障码，检查结果正常，无故障码。

②检查保险丝。检查保险，用万用表检查前舱配电盒 F1/16、F1/28 保险的阻值。检查结果都小于 1 Ω，检查结果正常。

③检查线束（电源）。断开前舱配电盒连接器 B44；电源打到 ON 挡；用万用表查端子电压 B44-53 号脚电压，正常情况 11 ～ 14 V，检查结果正常。

④检查继电器 K1-2 和 K1-3。从前舱配电盒中拔下前刮水器高速继电器 K1-2 和 K1-3，检查继电器端子见表 5-1、表 5-2 所列，检查结果正常。

表 5-1　检查 K1-2 正常情况下参数

<table>
<tr><th>继电器 K1-2 电路图</th><th>端子</th><th>条件</th><th>正常情况</th></tr>
<tr><td rowspan="4">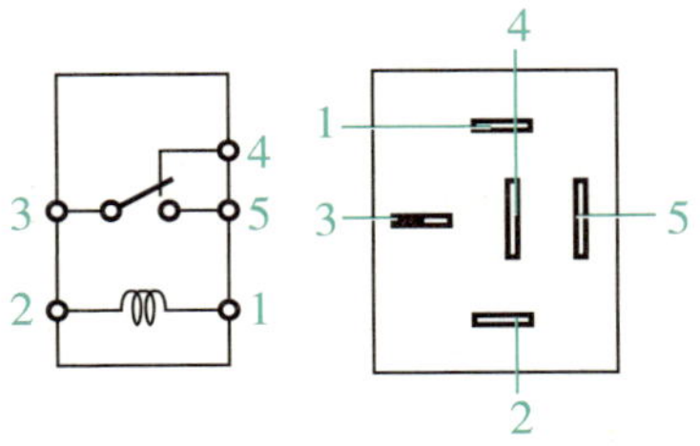</td><td>3—5</td><td>1—2 端子加蓄电池电压</td><td>小于 1 Ω</td></tr>
<tr><td>3—5</td><td>1—2 端子悬空</td><td>大于 10 kΩ</td></tr>
<tr><td>3—4</td><td>1—2 端子加蓄电池电压</td><td>大于 10 kΩ</td></tr>
<tr><td>3—4</td><td>1—2 端子悬空</td><td>小于 1 Ω</td></tr>
</table>

表 5-2　检查 K1-3 正常情况下参数

<table>
<tr><th>继电器 K1-3 电路图</th><th>端子</th><th>条件</th><th>正常情况</th></tr>
<tr><td rowspan="4">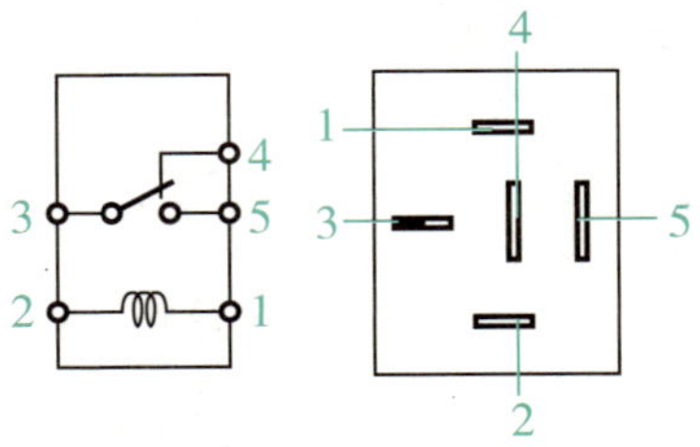</td><td>3—5</td><td>1—2 端子加蓄电池电压</td><td>小于 1 Ω</td></tr>
<tr><td>3—5</td><td>1—2 端子悬空</td><td>大于 10 kΩ</td></tr>
<tr><td>3—4</td><td>1—2 端子加蓄电池电压</td><td>大于 10 kΩ</td></tr>
<tr><td>3—4</td><td>1—2 端子悬空</td><td>小于 1 Ω</td></tr>
</table>

⑤检查雨刮电机。断开前雨刮电机连接器 B04；给电机对应端子通电，检查电机运行状

态。检查结果出现异常，该电机在通电后不旋转，见表 5-3 所列。

表 5-3　B04 正常情况下参数

B04 电路图	端子	条件	正常情况
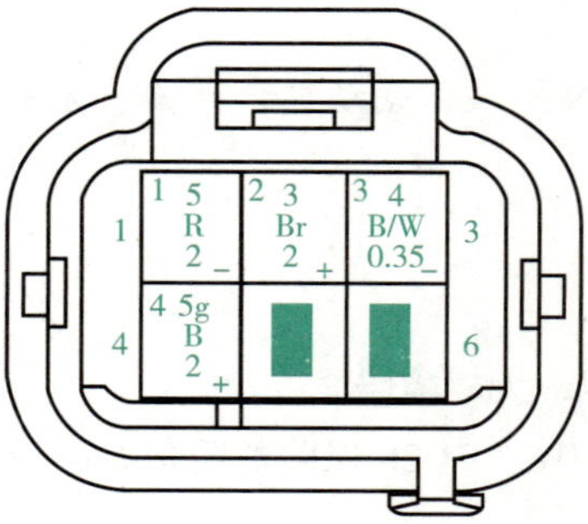 B04	2—蓄电池正极 4—蓄电池负极	—	电机低速运转
	1—蓄电池正极 4—蓄电池负极	—	电机高速运转
	3—4	电机停在非停止位	大于 10 kΩ
	3—4	电机停在停止位	小于 1 Ω

3. 确定故障点

根据检测结果确定故障点为雨刮电机。

4. 排除故障点

更换雨刮电机步骤如下。

①拆卸前雨刮器总成。

②拆卸前通风盖板。

③拆卸前雨刮器总成。

④安装前雨刮器总成。

⑤安装前通风盖板。

⑥安装左、右雨刮刮臂。

经维修技师更换新雨刮电机后，电源打到 ON 挡，拨动组合开关测试，雨刮电机每个挡位工作正常，故障消除，任务完成。

任务三　新能源汽车中控门锁失效故障检修

思政导学　　工匠精神

鲁班锁的内部凹凸部分相互啮合，十分巧妙。它起源于中国古代建筑中首创的榫卯结构，凸出部分叫作榫，凹进部分叫作卯，榫和卯咬合，起到连接、固定的作用。

《汽车电动门锁装置》(QC/T 627—2013）为汽车行业性标准。该标准规定了汽车电动门锁装置的技术要求、试验方法、检验规则、标志、包装、运输及储存等，适用沿铰链轴做旋转运动的汽车车门电动门锁装置，其他型式的电动门锁装置也可参照执行。

拓展阅读 《汽车电动门锁装置》标准

鲁班锁的核心源于中国古代建筑首创的榫卯结构，原为木质结构，从外观看是严丝合缝的十字立方体。经过后人的改造，鲁班锁被广泛应用于各大行业领域。《汽车电动门锁装置》标准建设已成为世界汽车工业核心竞争力的基本要素。

为提高汽车使用的便利性和安全性，现代汽车越来越多地安装了中央控制门锁系统，简称为中控门锁系统。随着计算机技术的发展，中控门锁系统不断向网络化、集成化的方向发展。

故障现象

售后服务经理接到客户一辆行驶里程约 53 000 km 的比亚迪 e6，该车右前门门锁失效。请思考，如何解决这一问题？

知识链接 中控门锁系统

一、中控门锁系统的功能

车门锁通常是和汽车的防盗系统结合在一起的，随着对汽车安全性、可靠性和方便性要求的不断提高，目前大多数轿车都配置了中控门锁系统。中控门锁系统是指通过设在驾驶（副驾驶）座车门上的开关或通信设备，同时控制车门的关闭与开启的一种控制装置。中控门锁系统具有钥匙联动锁门和开门功能以及钥匙禁闭预防功能。

二、中控门锁系统的组成

中控门锁系统由门锁机构、门锁开关、接收器天线、遥控器和控制模块等组成（见图 5-23）。

1. 门锁机构

中控门锁系统采用的门锁一般是电动门锁。常用的电动门锁机构有直流电动机式、电磁线圈式、双向压力泵式等。门锁总成主要是由门锁开关、门锁传动机构和门锁壳体等组成。门锁开关用来检测车门的开闭情况，当车门关闭后，门锁开关断开；当车门开启时，门锁开关接通。门锁机构由电动机、齿轮和位置开关等组成，当门锁电动机转动时，蜗杆带动齿轮转动，齿轮推动锁杆，车门被锁上或打开，然后齿轮在回位弹簧的作用下返回原位置，防止操纵门锁时电动机工作。位置开关在锁杆推向锁门位置时断开，推向开门位置时接通。

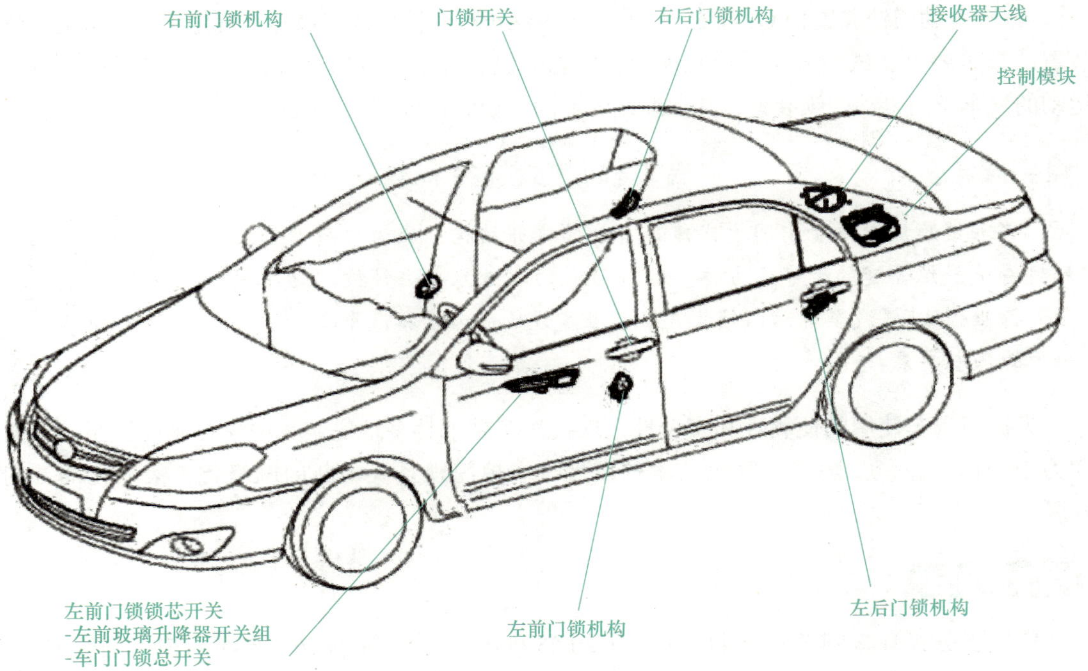

图 5-23　中控门锁系统图

（1）直流电动机式

直流电动机式电动门锁机构利用控制直流电动机的正反转实现门锁的开、关动作。其主要由双向直流电动机、门锁开关和连杆操纵机构等组成（见图 5-24）。驾乘人员可以利用门锁开关接通或断开门锁继电器。

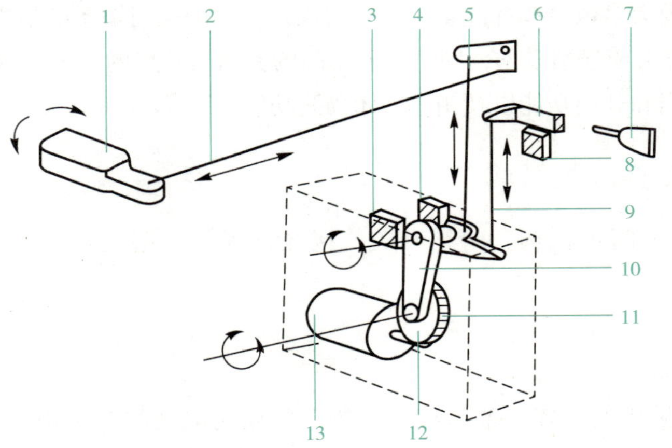

1—车门按钮（设在车厢内）；2、5、9—连接杆；3—位置开关；4、8—门锁开关；6—门钥匙孔座；7—钥匙；10—锁杆；11—齿条；12—传动齿轮；13—电动机。

图 5-24　直流电动机式电动门锁机构

（2）电磁线圈式

电磁线圈式电动门锁机构示意图如图 5-25 所示，当给锁门线圈通正向电流时，衔铁带动连杆左移，锁门；当给开门线圈通反向电流时，衔铁带动连杆右移，开门。

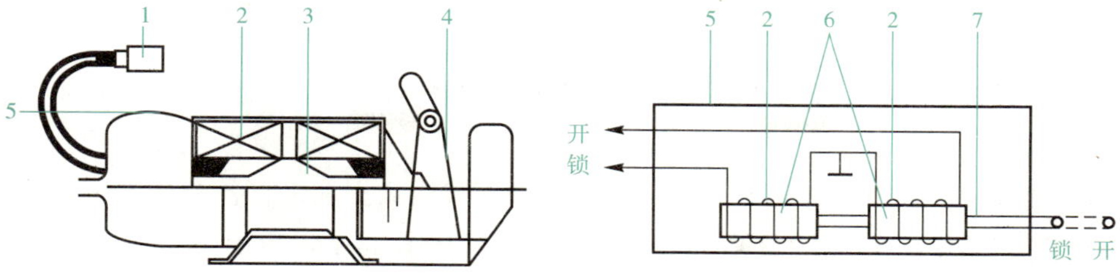

1—电源插头；2—电磁线圈；3—铁芯；4—托架；5—外壳；6—衔铁；7—连杆。

图 5-25　电磁线圈式电动门锁机构示意图

2. 门锁开关

门锁开关俗称为外拉手总成，通常安装在驾驶人员侧门把手上或车门内饰板上，驾驶人员可通过操作开关在车内实现开锁或闭锁。门锁开关如图 5-26 所示。

3. 接收器天线

接收器天线也是中控门锁系统的组成部分。其主要功能是接收遥控器发出的信号。接收器天线如图 5-27 所示。

图 5-26　门锁开关

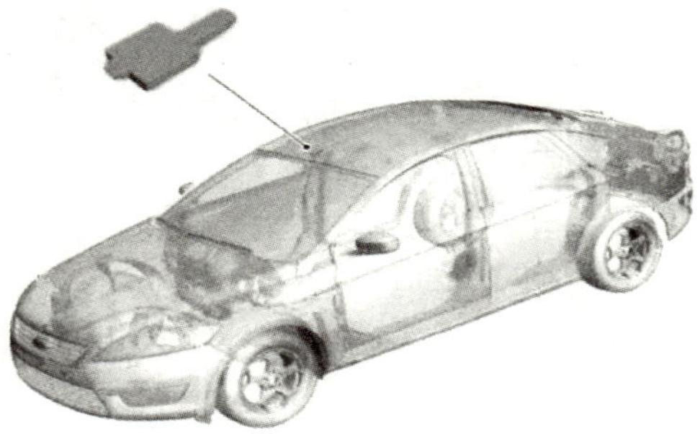

图 5-27　接收器天线

4. 遥控器

遥控器可以远距离操作中控门锁系统。遥控器如图 5-28 所示。

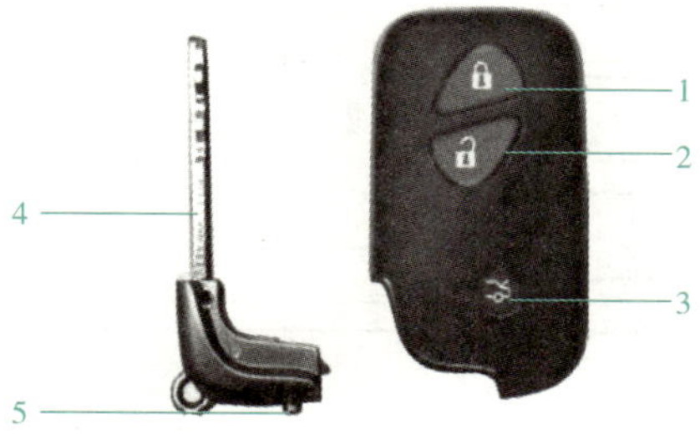

1— “闭锁” 按键；2— “开锁” 按键；3— “后背门开启” 按键；

4—机械钥匙；5— “锁止” 按键。

图 5-28　遥控器

5. 控制模块

中控门锁系统中包括以下控制模块：车身控制模块和智能钥匙系统模块。

（1）车身控制模块

车身控制模块（BCM）主要采集响应高频接收器代码数据和来自各个开关的信号，控制门锁闭锁和开锁动作。车身控制模块（BCM）的系统架构图如图 5-29 所示。

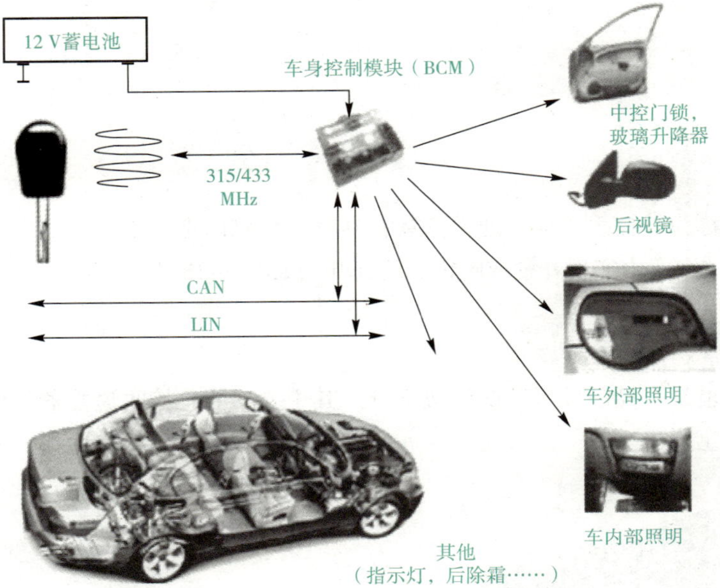

图 5-29　车身控制模块（BCM）的系统架构图

（2）智能钥匙系统模块

智能钥匙系统模块主要接收天线及高频接收器等信号，并将信号传递给车身控制模块。智能钥匙系统模块示意图如图 5-30 所示。

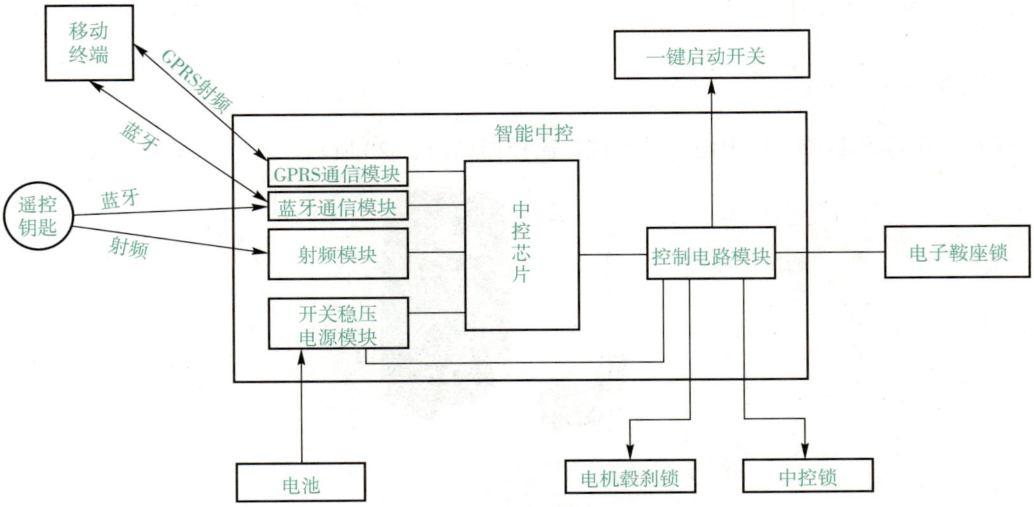

图 5-30　智能钥匙系统模块示意图

三、中控门锁系统工作原理

1. 中控门锁系统开锁或闭锁工作原理

通过操作开关的电压信号（串联电阻实现不同电压值）输入，控制模块分别输出闭锁和开锁指令的脉冲电流，通过改变它们的线圈通电电流的方向，转化其运动方向，从而实现开锁或闭锁。

（1）机械钥匙开锁及闭锁

如图 5-31 所示，当用钥匙顺时针转动驾驶人员侧锁芯进行开锁时，门锁开关的开锁触点闭合，把开锁信号输送到中控门锁系统的 BCM，当 BCM 收到开锁信号时，会同时驱动左前门锁和右前、后门闭锁器开锁；当用钥匙逆时针转动驾驶人员侧锁芯进行闭锁时，BCM 会收到闭锁信号，驱动右前、后门闭锁器闭锁。当 BCM 收到遥控器开 / 闭锁信号也可控制闭锁器执行相应的动作，BCM 控制流入门控电机的流向，来实现左前门锁电机和右前门锁电机、左后门锁电机、右后门锁电机的开锁及闭锁。

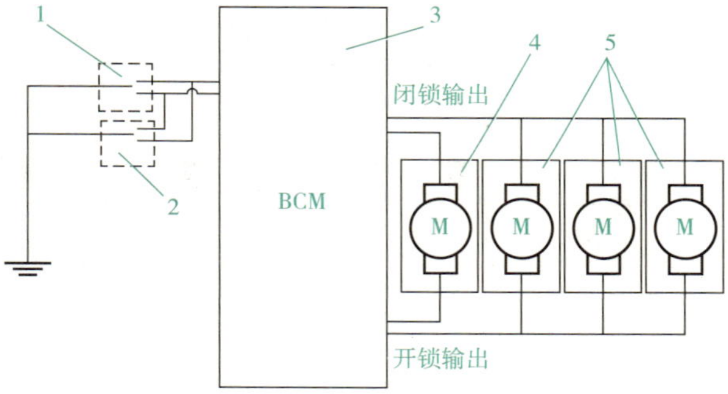

1—门锁开 / 闭开关；2—左前门闭锁反馈信号开关；3—车身控制模块；
4—左前门闭锁器；5—左后门，右前、后门闭锁器。

图 5-31 机械钥匙开锁和闭锁原理图

（2）遥控器开锁及闭锁

当用遥控器打开或锁止车门时，智能钥匙系统控制器驱动车门把手内的车外探测天线会发出 125 kHz 的低频探测信号，信号中含有加密报文。当钥匙靠近车辆时，智能钥匙接收到低频探测信号后，发出 315 MHz 的高频信号，信号中含有密码认证信息；高频接收模块接收到智能钥匙发出的信号后进行解调并传递给智能钥匙控制器；智能钥匙控制器进行信息认证成功后，会通过 CAN 与 BCM 进行通信，BCM 控制门锁电机执行开锁、闭锁动作。遥控器控制示意图如图 5-32 所示。

2. 中控门锁系统控制电路

以比亚迪 e6 的左前门中控门锁为例讲解其控制电路。左前门中控门锁控制电路如图 5-33 所示。

（1）左前门闭锁工作电路

常时电源→BCM→BCM（G2E-34）→左前门锁电机（T06-4）→左前门锁电机（T06-3）→BCM（G3E-26）→搭铁。左前门锁电机闭锁动作。

（2）左前门开锁工作电路

常时电源→BCM→BCM（G2E-26）→左前门锁电机（T06-3）→左前门锁电机（T06-4）→BCM（G2E-34）→搭铁→接地。左前门锁电机开锁动作。

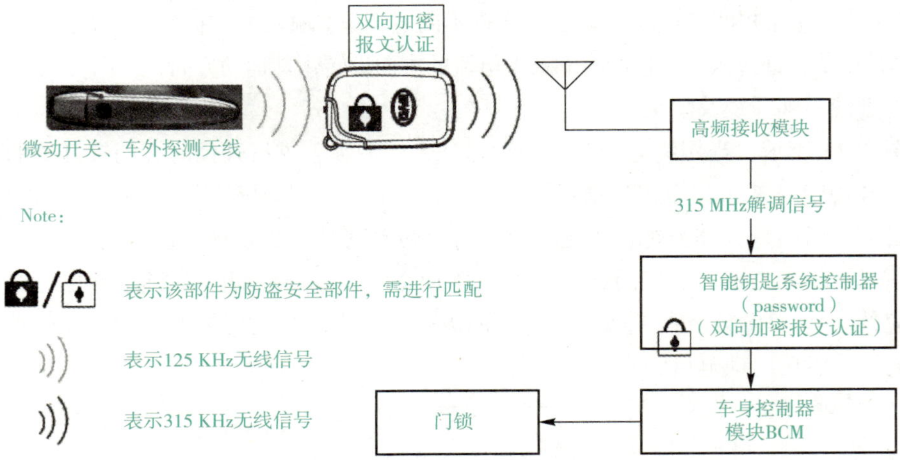

图 5-32　遥控器控制示意图

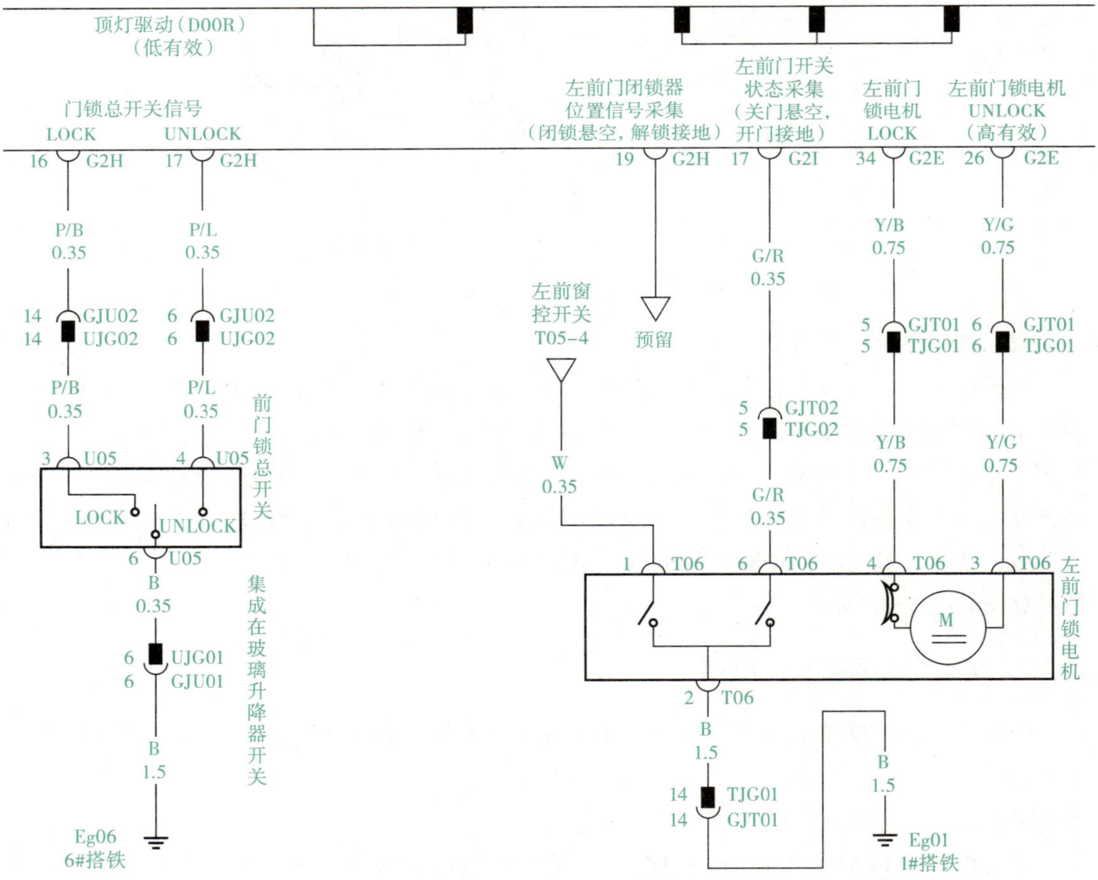

图 5-33　左前门中控门锁控制电路

知识扩展 新时代智能门锁

本知识可通过识别二维码获取学习。

扫一扫　学一学

故障分析及维修方案 右前门中控门锁失效故障的原因

纯电动汽车的右前门中控门锁发生故障时，会导致门锁无法正常开、闭，从而出现安全事故。造成中控门锁失效的原因可能是右前门锁电机故障、线束故障、BCM 故障。

对本任务的故障现象，维修技师接到该任务后，就车检查，汽车上 ON 挡，验证故障现象，确定当按下右前门解锁或者闭锁按钮时，右前门中控门锁都不工作，其余中控门锁工作正常。维修技师说："右前门中控门锁失效通常是由三种因素导致：一是右前门中控门锁电机故障，二是线束故障，三是 BCM 故障"。

根据维修技师的分析，填写右前门中控门锁检修相关信息，告知售后服务经理，得到确认后检修，提交一份分析报告并归档。故障报告检测分析表及实训总结与评价表见活页手册。

任务实施 右前门中控门锁失效故障的检修步骤

一、实施环境

安全防护：布置车辆安全防护与隔离（车辆挡块、警示隔离带、高压危险警示牌）。
工具设备：万用表、绝缘检测仪、故障诊断仪。
实训车辆：比亚迪 e6。
辅助资料：汽车原厂维修手册、原厂电路图。

二、实施步骤

1. 验证故障现象

维修技师看到待检查车辆后，就车测试，将汽车打到 ON 挡时，确定当按下右前门解锁或者闭锁按钮时，右前门中控门锁都不工作，其余门锁工作正常。

2. 故障检测

（1）根据验证现象提示进行故障检测

根据验证现象提示进行故障检测，断开各接插件，包括中控门锁电机和 BCM 之间的线路检测以及中控门锁电机自身检测。

(2)检查右前门中控门锁电机

将右前门中控门锁电机 U06-3 及 U06-4 各自连接外接蓄电池正负极，中控门锁电机可以实现闭锁和开锁，故右前门中控门锁电机正常，需进一步检查中控门锁电机和 BCM 之间的线路。右前门中控门锁电机连接器见表 5-4 所列。

表 5-4 右前门中控门锁电机连接器

右前门中控门锁电机电路图	端子	正常情况
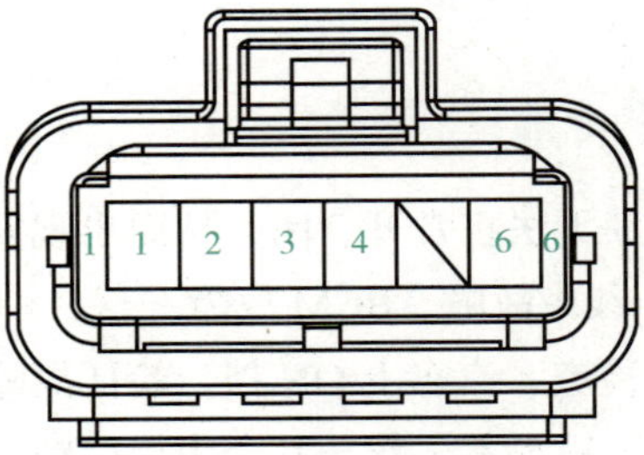	蓄电池正极—U06-3 蓄电池负极—U06-4	中控门锁电机闭锁
	蓄电池正极—U06-4 蓄电池负极—U06-3	中控门锁电机解锁

诊断时参考的电路图如图 5-34 所示。

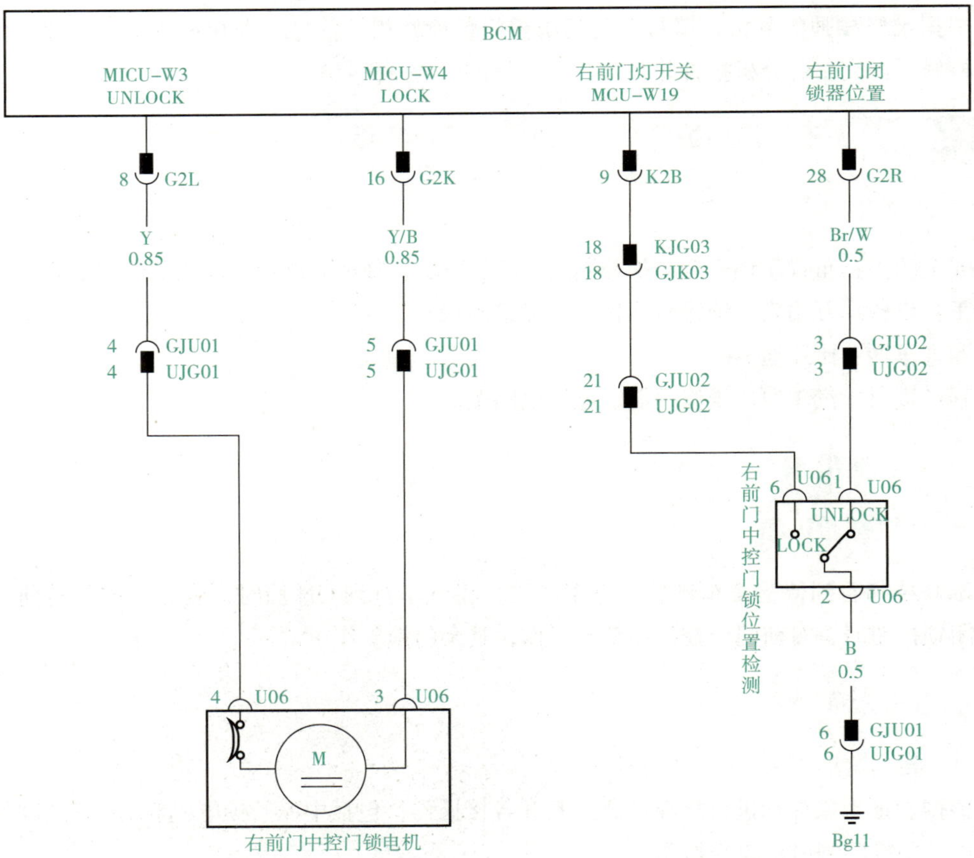

图 5-34 诊断时参考的电路图

①使用万用表测量右前门中控门锁电机 U06-4 号端子与 BCM 的 G2L-8 号端子的电阻，在点火开关 OFF 时，标准值应小于 1 Ω。

②使用万用表测量右前门中控门锁电机 U06-3 号端子与 BCM 的 G2K-16 号端子的电阻，在点火开关 OFF 时，标准值应小于 1 Ω。

③如两个数值异常，需更换线束，维修技师检查数值正常，需进一步检查。

3. 确定故障点

线束检测正常，故确定故障点为 BCM。

4. 故障排除

①拆卸 BCM：第一步断开蓄电池负极；第二步找到 BCM，断开连接器，取下 BCM。

②安装 BCM：第一步接好插接件，将 BCM 对准安装点按下；第二步搭好蓄电池负极。

③更换：更换 BCM 后，重新就车检查测试，当打到 UNLOCK 时，右前门中控门锁开关可以控制右前门中控门锁动作，故障排除，任务结束。

项目六

新能源汽车通信系统检修

本项目介绍新能源汽车电气系统的通信系统功能、网关的作用和组成、结构原理及故障检测等。本项目设置两个任务，分别为新能源汽车驱动电机控制器通信故障检修、新能源汽车多媒体交互（MMI）系统不工作故障检修。

知识目标

①了解通信系统、CAN 总线和 MOST 总线的作用及组成。

②了解通信系统、CAN 总线和 MOST 总线的工作原理。

③学习用跨接线、故障诊断仪及万用表等工具，对通信系统、CAN 总线和 MOST 总线进行电路检测。

技能目标

①能正确找到通信系统、CAN 总线和 MOST 总线的组成部件；

②能正确进行通信系统、CAN 总线和 MOST 总线的 DTC 读取与分析；

③能正确进行通信系统、CAN 总线和 MOST 总线的电路检测。

任务一　新能源汽车驱动电机控制器通信故障检修

思政导学　　“复兴号”的七大技术特点

“复兴号”集成了大量现代国产高新技术，实现了牵引、制动、网络、转向架、轮轴等关键技术的重要突破，是中国科技创新的又一重大成果。“复兴号”带着中国速度驶入“世界屋脊”，实现全国 31 个省区市全覆盖。

《汽车网关信息安全技术要求及试验方法》（GB/T 40857—2021）为推荐性国家标准。该标准适用于汽车网关产品信息安全的设计与实现，也可用于产品测试、评估和管理。

拓展阅读　《汽车网关信息安全技术要求及试验方法》标准

通信与信息系统是信息社会的主要支柱，是现代高新技术的重要组成部分，是国家国民经济的神经系统和命脉。汽车行业在信息安全领域的首批基础性国家标准，将为汽车整车及零部件的信息安全防护技术水平的提升提供技术指导。

故障现象

售后服务经理接到客户一辆 2018 款吉利帝豪 EV300，该车按下启动开关，系统故障灯点亮，READY 指示灯不亮。请思考，如何解决这一问题？

知识链接　通信系统的功能和网关

一、车载网络的定义

车载网络是计算机网络技术与自动化控制技术相结合产生的新兴技术领域，它支持汽车向智能化发展。人们把所有点对点连接映射为一个通信介质（总线），所有电子控制单元（ECU）共享总线，数据以位连续的形式传输，总线网络由此产生。

二、车载网络系统的分类

按照系统的信息量、响应速度、可靠性等要求，车载网络系统可分为 A 级、B 级、C 级、D 级四类。车载网络系统分类表见表 6-1 所列。

表 6-1　车载网络系统分类表

车载网络分类	数据传输速率	应用场合
A 级	＜ 20 kB/s	天窗、雨刮、空调、照明等
B 级	30 ～ 125 kB/s	车身电子舒适性模块、仪表显示等
C 级	125 kB/s ～ 1 MB/s	牵引控制、发动机、自动变速器、ABS 等
D 级	1 MB/s 以上	导航、车载音响、车载电话等

A 级是面向传感器 / 执行器控制的低速网络，数据传输速率通常小于 20 kB/s，主要用于天窗、雨刮、空调、照明等系统。

B 级是面向独立模块间数据共享的中低速网络，数据传输速率为 30 ～ 125 kB/s，主要用于车身电子舒适性模块、仪表显示等系统。

C 级是面向实时性控制的中高速网络，数据传输速率为 125 kb/s ～ 1 MB/s，主要用于牵引控制、发动机、自动变速器、ABS 等系统。

D 级是面向媒体传输的高速网络，数据传输速率为 1 MB/s 以上，主要用于导航、车载音响、车载电话等系统。

A 级目前首选的标准是串行通信网络（LIN）总线；B 级网络的国际标准是 CAN 总线；C 级未来会使用到具有高速实时传输特性的总线标准和协议，包括采用时间触发通信的 X-by-Wire 系统总线标准，用于安全气囊控制和通信的总线协议、标准；D 级主要标准是数字数据（DDB）总线和系统传输（MOST）总线。

三、车载网络系统的功能

车载网络系统实现汽车内部各个电子控制系统之间的数据共享和快速传输，在显著降低线束用量的同时，有效提高汽车电子系统的安全性和可靠性。现代汽车普遍采用车载网络系统。

多路传输功能。为了减少车辆电气线束的数量，多路传输通信系统可使部分数字信号通过共用传输线路进行传输，系统工作时由各个开关发送的输入信号通过中央处理器（CPU）转换成数字信号，该数字信号将以串行信号的形式从传感器装置传输给接收装置，发送的信号在接收装置处将被转换为开关信号，开关信号再对有关元件进行控制。常规线路与多路传输线路的对比如图 6-1 所示。

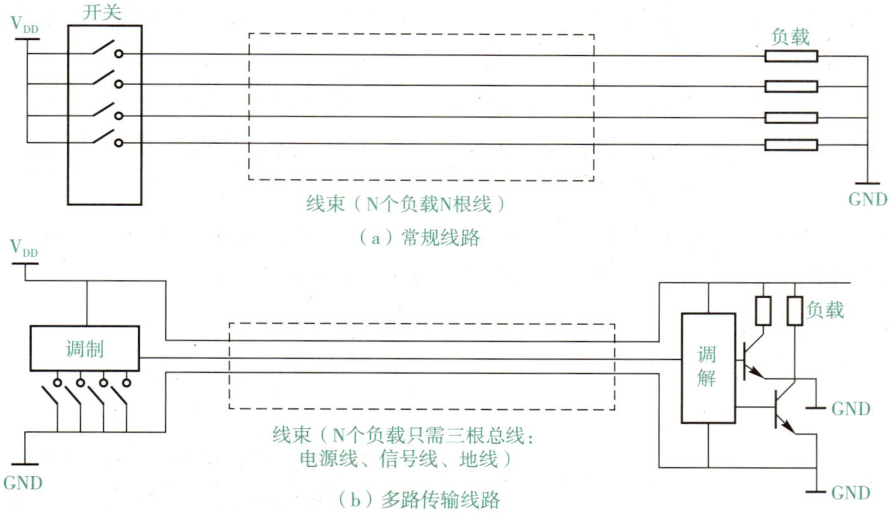

图 6-1 常规线路与多路传输线路的对比

唤醒和休眠功能。此功能用以减少在断开点火开关时蓄电池的额外消耗。当系统处于休眠状态时，多路传输通信系统将停止诸如信号传输和 CPU 控制等功能，以节约电池的电能；而当系统一旦有人为操作时，处于休眠状态的有关控制装置立即开始工作，同时还将“唤醒”信号通过传输线路发送给其他控制装置。

失效保护功能。失效保护功能包括硬件失效保护和软件失效保护两种功能。当系统的 CPU 发生故障时，硬件失效保护功能使其以固定的信号持续输出，以确保车辆能继续行驶；当系统某控制装置发生故障时，软件失效保护功能将不受来自有故障的控制装置的信号影响，以保证系统能继续工作。

故障自诊断功能。故障自诊功能具有两种模式，即多路传输通信系统的自诊断模式和各系统输入线路的故障诊断模式。通过这两种模式，既能对自身的故障进行自诊断，又能对其他系统进行故障诊断。

四、车载网络系统的组成

车载网络系统实际上就是一种汽车多路传输系统，主要由模块、数据总线、网络、架构、通信协议、网关等组成（见图 6-2）。

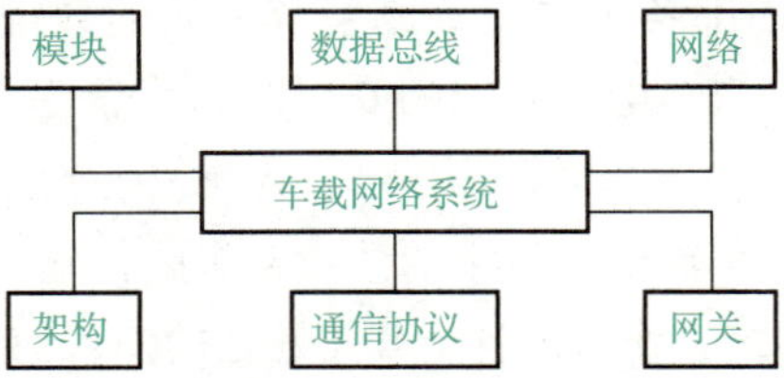

图 6-2　车载网络系统的组成

模块。模块是各种电子控制单元或装置的代名词，简单的如传感器，复杂的如单片微处理器或其组件等。传感器是一个模块，它会根据检测物理量的不同产生不同的电压信号。这些信号在计算机（一种数字装置）的输入接口被转变成数字。在计算机多路传输系统中，一些简单的模块被称为节点。

数据总线。数据总线是指模块间运行数据的通道，模块间可以发送和接收数据，数据总线又称为双向数据总线，即所谓的信息高速公路。信息高速公路示意图如图 6-3 所示。汽车上的信息高速公路实际是一条或两条导线，为了对抗电子干扰，双线制数据总线的两条线是绞在一起的。信息高速公路示意图如图 6-4 所示。新能源汽车四种车用总线分别为 CAN 总线、LIN 总线、FlexRay 总线和 MOST 总线。新能源汽车四种车用总线表见表 6-2 所列。

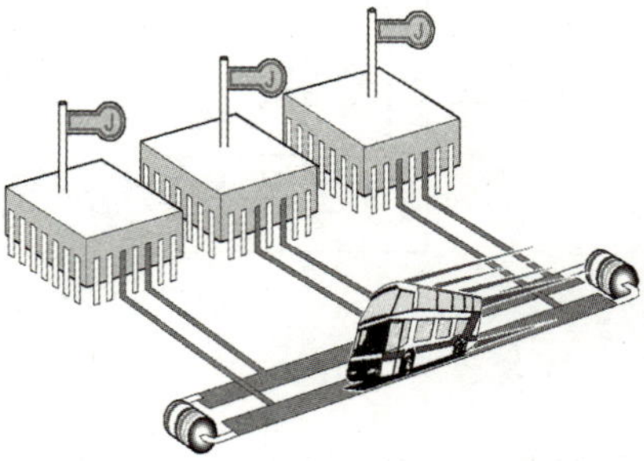

图 6-3　信息高速公路示意图

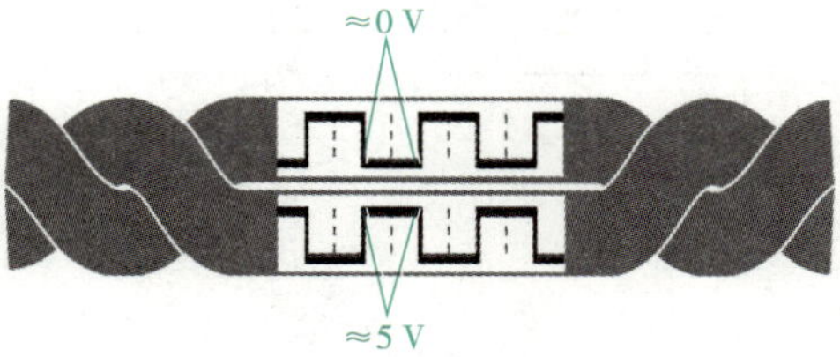

图 6-4　信息高速公路示意图

表 6-2　新能源汽车四种车用总线表

总线类别	通信速度	应用
CAN	125 kB/s ～ 1 MB/s	汽车空调、电子指示、故障检测等
LIN	10 ～ 125 kB/s	大灯、灯光、门锁、电动座椅等
FlexRay	1 MB/s ～ 10 MB/s	引擎控制、ABS、悬挂控制、线控转向等
MOST	10 MB/s 以上	汽车导航系统、多媒体娱乐

网络。网络的作用是将多条数据总线连接在一起以实现信息共享，或者将数据总线和模块组合在一起形成一个系统。

架构。架构是信息高速公路的配置，其输入和输出端规定了什么信息能进、什么信息能出。架构通常包括 1 ~ 2 条线路，采用双绞线时，数据的传输是基于两条线的电位差。当其中的 1 条线路传输数据时，它对地有一个参考电压，在进行故障检修时，就可以根据该电压的有无来判断数据总线工作是否正常。

通信协议。通信协议相当于交通运输的交通规则，大多数数据总线与网络使用的通信协议都是专用的。因此，在维修诊断故障时，也需要专用的诊断软件。

网关。网关实际上也是一种电子控制单元（或模块），其作用是保证采用不同协议和速度的数据总线间实现无差错数据传输、信息共享，并且不产生协议间的冲突。

五、通信系统

1. CAN 总线

（1）CAN 的基本组成与工作原理

电子控制单元。CAN 控制器接收来自传感器的信号，将其处理后再控制执行元件工作，同时根据需要将传感器信息通过 CAN 总线发送给其他电子控制单元。电子控制单元示意图如图 6-5 所示。

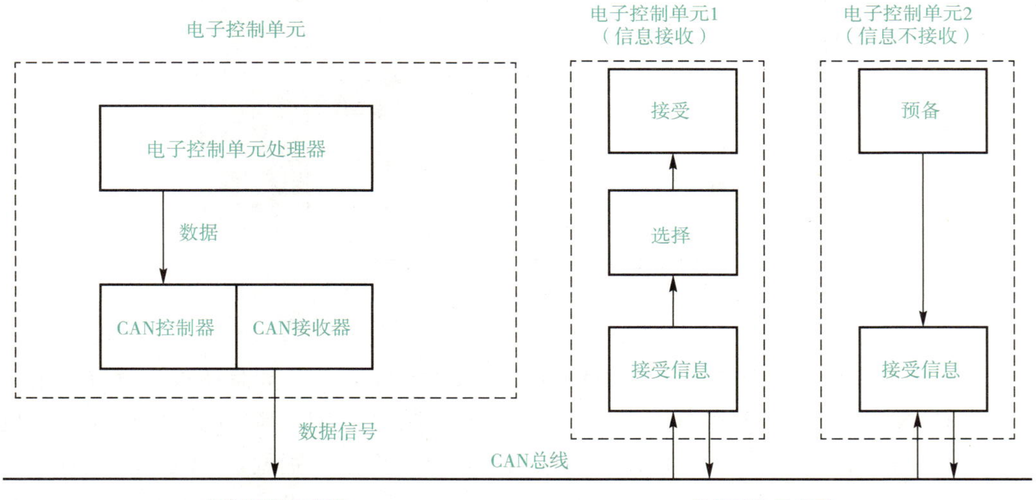

图 6-5 电子控制单元示意图

CAN 控制器。CAN 控制器接收控制单元中微处理器发出的数据，处理数据并传给 CAN 接收器。同时，CAN 控制器也接收 CAN 收发器收到的数据、处理数据后传给微处理器，如图 6-6 所示。

CAN 收发器。CAN 收发器是由一个发射器和一个接收器组合而成，其作用是将从控制器接收的数据转换成能够通过 CAN-Bus 传递的电信号，并且接收 CAN 总线数据传给 CAN 控制器。CAN 收发器示意图如图 6-7 所示。

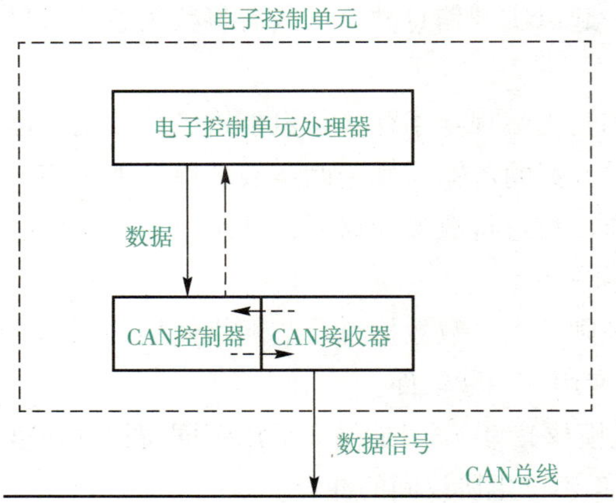

图 6-6　CAN 控制器示意图

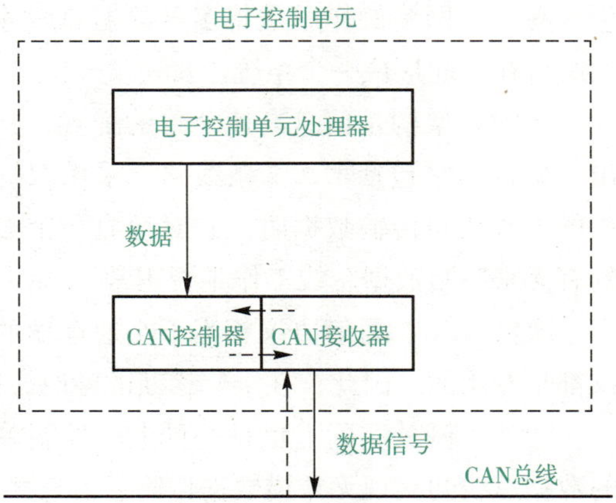

图 6-7　CAN 收发器示意图

（2）CAN 总线网络拓扑

在 CAN 总线上传输的数据报文不包含发送节点和接收节点的信息，每个报文的内容通过标识符识别，标识符在网络中的唯一性描述了数据的含义，以祥菱 M1- 比亚迪为例，该车的 CAN 总线网络拓扑图如图 6-8 所示。

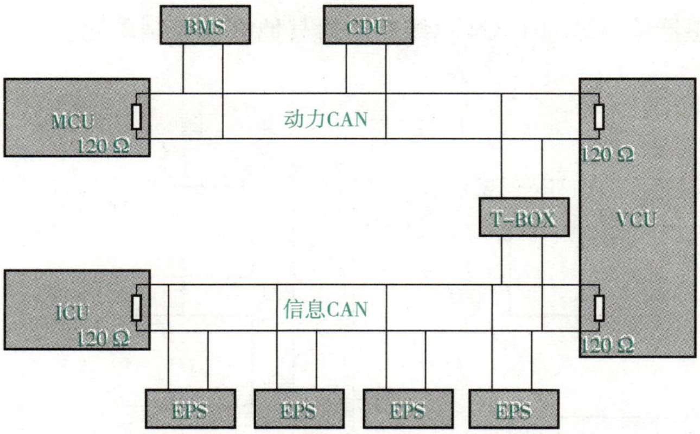

图 6-8　祥菱 M1- 比亚迪的 CAN 总线网络拓扑图

报文可以被所有节点同时接收，可以进行相关性报文过滤，如果相关，就进行报文处理。动力 CAN 主要负责高压部件的通信，包括整车控制器 VCU、高压配电盒 CDU、电机控制器 MCU、动力电池 BMS 和 T-BOX，其中 120 Ω 终端电阻分别位于 VCU 及 MCU 中；信息 CAN 主要负责低压部件的通信，包括整车控制器 VCU、电动助力转向 EPS、ABS、ETC、T-BOX、组合仪表 ICU，其中 120 Ω 终端电阻分别位于 VCU 及 ICU 中。注意：VCU 和 T-BOX 同时属于动力 CAN 及信息 CAN。

（3）CAN 总线诊断接口

诊断接口中 3 和 11 号孔位为动力 CAN，其中 3 是 CAN 高，11 是 CAN 低；诊断接口中 6 和 14 号孔位是信息 CAN，其中 6 是 CAN 高，14 是 CAN 低。CAN 总线诊断接口如图 6-9 所示。

（4）CAN 总线诊断参考数据

动力 CAN 和信息 CAN 中分别有两个 120 Ω 的终端电阻，因此测量 CAN 高、CAN 低之间的电阻为 60 Ω（两个 120 Ω 电阻并联后为 60 Ω）。通常情况下，CAN 高对地电压为 2.5 ～ 3.5 V，CAN 低对地电压为 1.5 ～ 2.5 V，同一组 CAN 总线的 CAN 高和 CAN 低电压相加等于 5 V 左右。

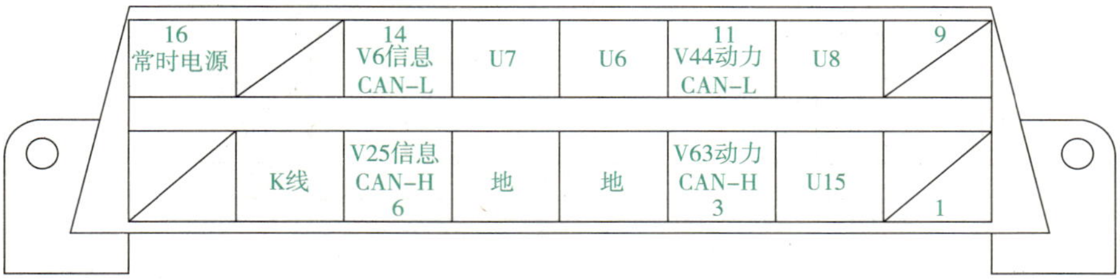

图 6-9　CAN 总线诊断接口

2. LIN 总线

局部连接网络（Local Interconnect Network，LIN）总线，用于实现汽车中的分布式电子系统控制。LIN 为现有汽车网络（如 CAN 总线）提供辅助功能，LIN 总线是一种辅助的串行通信总线网络。LIN 是基于 UART/SCI 的低成本串行通信协议，通常用于车门、雨刮器、车灯等对通信速率要求不高的器件，主要是出于节约成本考虑。

汽车上的 LIN 一般不独立存在，通常与上层 CAN 相连，形成 CAN-LIN 网关节点。一个 LIN 的拓扑结构中数据总线自诊断接口为一个网关，CAN 总线一端连 LIN 主机控制单元，一端连 CAN 自诊断，然后 LIN 主机控制单元通过 LIN 总线连着两个 LIN 从机控制单元，LIN 主机控制单元即为主机节点，也相当于一个小的网关，三个 LIN 从机控制单元变为从机节点。CAN-LIN 网关节点如图 6-10 所示。

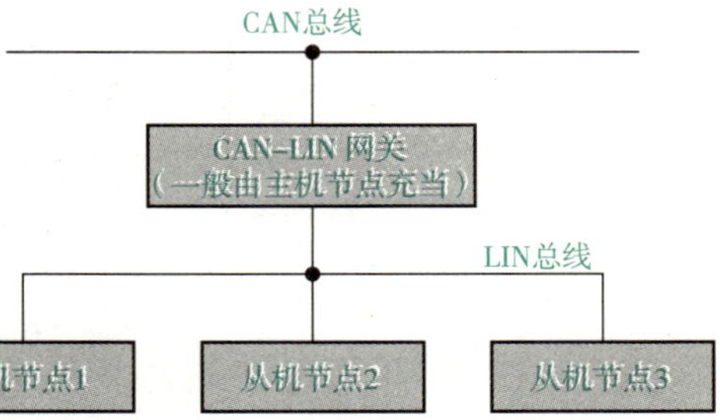

图 6-10　CAN-LIN 网关节点

（1）LIN 总线的基本组成与工作原理

LIN 的拓扑结构为单线总线，应用单一主机多从机的概念。总线电平为 12 V，传输位速率（bitrate）最高为 20 kB/s。由于物理层限制，一个 LIN 最多可以连接 16 个节点，典型应用一般都在 12 个节点以下，主机节点有且只有一个，从机节点有 1 ～ 15 个。

一个 LIN 由一个主任务，若干个从任务组成，主机节点既有主任务又有从任务，从机节点只包含从任务，主任务负责决定总线上的报文，从任务提供每一帧的数据。

LIN 主机控制单元。LIN 主机控制单元连接在 CAN 总线上，监控数据传输过程和数据传输速率，发送信息标题，决定何时将哪些信息发送到 LIN 总线上多少次，因此在 LIN 数据总线系统上的LIN控制单元与CAN总线直接起“翻译”作用，能够进行LIN主机控制单元及与之相连的LIN从机控制单元的自诊断。LIN总线网络拓扑图如图6-11所示。

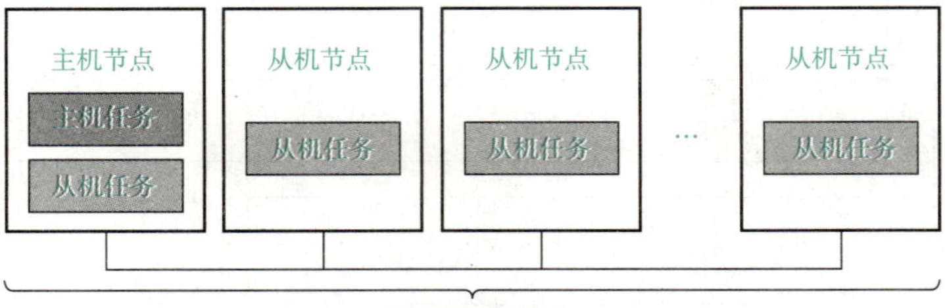

图6-11　LIN总线网络拓扑图

LIN从机控制单元。在LIN总线系统内，单个的电控单元、传感器及执行元件都可看作LIN的从机控制单元。传感器内集成有一个电子装置，对测量值进行分析，该数值作为数字信号通过LIN总线传递。有些传感器和执行元件只使用LIN主机控制单元插接器上的一个端子，BMW E60电动遮阳帘的从机控制单元如图6-12所示。

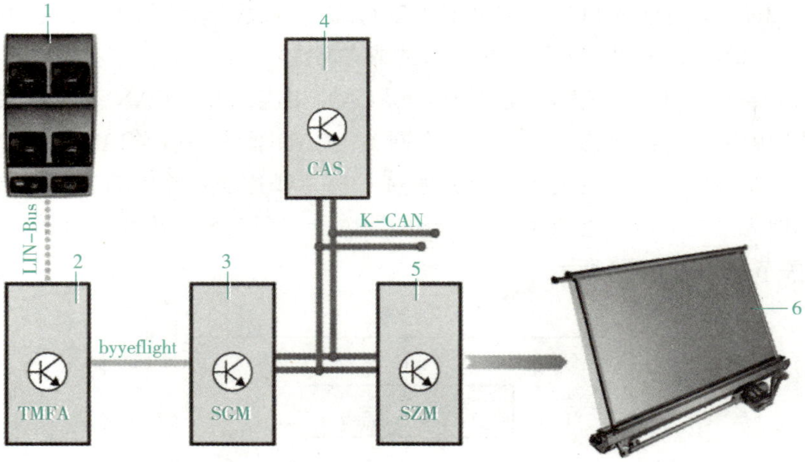

1—驾驶人员侧开关组；2—驾驶人员侧车门模块TMFA；3—安全和网关模块SGM；
4—便捷进入及启动系统CAS；5—中柱开关控制中心SZM；6—遮阳卷帘。

图6-12　BMW E60电动遮阳帘的从机控制单元

当驾驶人员按下卷帘开关时，请求信号通过LIN总线发送到驾驶人员侧模块，驾驶人员侧模块接收信号后将其发送到网关，网关通过CAN给SZM发送请求信号，正常情况SZM自身会要验证卷帘的开局位置状态，若符合条件，SZM会依据请求信号控制卷帘电机工作。

注意：byte flight（BMW安全总线系统）系统是由BMW与Motorola、Elmos、Infineon合作开发的，主要用于传输时间上要求特别紧迫的安全气囊系统数据。byte flight系统的数据传输速率为10 MB/s，可以满足对数据传输的实时性要求非常高的汽车安全气囊系统的要求，且可在强电磁干扰条件下可靠地传输数据。

主机控制单元的信息结构。LIN主控制单元控制总线导线上的每条信息都在发出时通过

LIN 总线主机控制单元发送一个信息标题，它由一个同步相位构成，接下来是标识符字节，可以传输 2、4 或 8 个字节的数据。标识符用于确定主机控制单元是否会将数据传输给从机控制单元；信息段包含发送到从机控制单元的信息；校验区可为数据传输提供良好的安全性。校验区由主机控制单元通过数据字节构成，位于信息结束部分。LIN 总线主机控制单元以循环形式传输当前信息。LIN 总线的信息结构如图 6-13 所示。

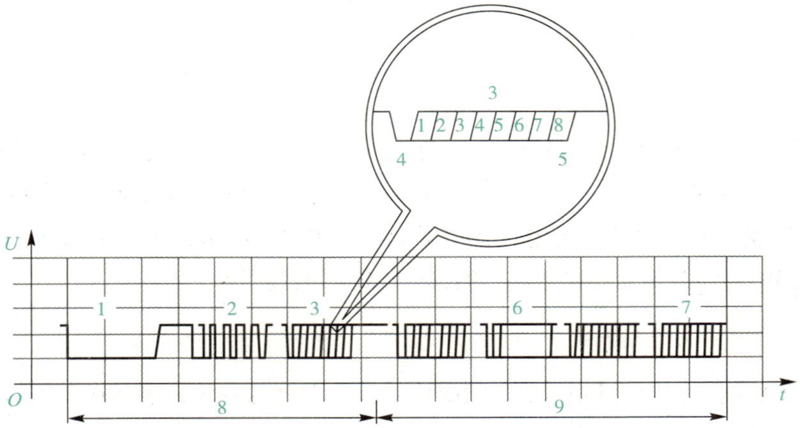

1—同步间隔；2—同步相位；3—标识符；4—起始；5—停止；
6—数据区域；7—校验区；8—信息标题；9—信息段

图 6-13　LIN 总线的信息结构

（2）LIN 总线的数据传输原理

LIN 总线传输数据线是单线，数据线最长可达 40 m。在主机节点内配置的 1 kΩ 电阻端接 12 V 供电，在从机节点内配置的 30 kΩ 电阻端接 12 V 供电。各节点通过电池正极端接电阻向总线供电，每个节点都可以通过内部发送器拉低总线电压。LIN 总线的数据传输原理如图 6-14 所示。

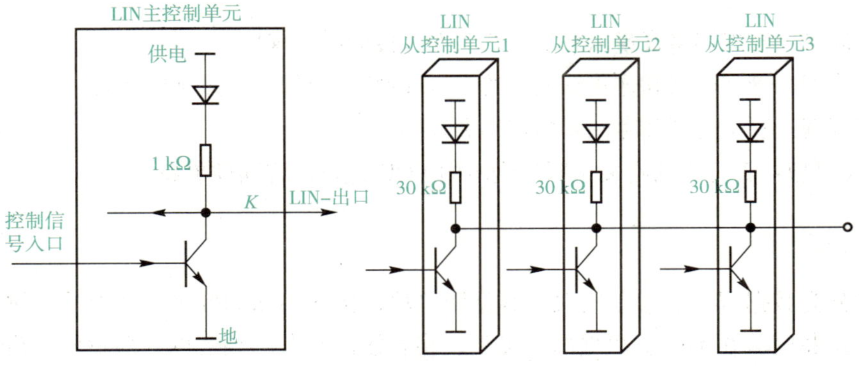

图 6-14　LIN 总线的数据传输原理

（3）LIN 总线的特点

①串行通信：线间干扰小，节省线束，传输距离长。

②单线传输：增强的 ISO 9141（ISO 15765-1），总线电压基于 VBAT。

③最高速率 20 kB/s：满足车身上大部分的应用需求，常用比特率为 9 600 kB/s、19 200 kB/s。

④单主多从结构：无须仲裁。

⑤基于通用 UART/SCI 的低成本接口硬件几乎所有 MCU 具备 LIN 总线的硬件基础。

⑥从机节点无须晶振或陶瓷振荡器就可以实现同步：大幅度降低成本。

⑦一条总线最多可连接 16 个节点：由总线电气特性决定。

⑧支持诊断功能：支持 UDS 服务。

六、网关

1. 网关的定义

从一个网络向另一个网络发送信息，也需要经过一道“关口”，这道关口就是网关（gateway，GW）。例如，一套房子内部有三个房间、一个大门，房子可以比喻成电脑所在的局域网，三个房间可以比喻成局域网中的三台电脑，房子的大门可以比喻成网关。从房子内的一个房间进入另一个房间的时候并不需要经过房子的大门，即不通过网关。

2. 网关的功能

网关的主要功能是在网络和 ECU 之间提供安全、无缝的通信，包括在车辆的许多内部网络与外界的外部网络之间建立桥梁。

①协议转换：在不兼容网络之间转换数据和控制信息，以实现它们之间的通信。

②数据路由：到达目的地的路径上的数据路由。它可能需要协议转换到不同网络上。

③诊断路由：外部诊断设备和 ECU 之间的诊断消息路由，可能涉及诊断协议（如 DoIP 和 UDS）之间的转换。

④防火墙：根据规则过滤入站和出站网络流量，不允许未经授权的来源进行数据传输。高级防火墙可能包括上下文感知过滤。

⑤消息镜像：从接收的接口捕获数据，通过另一个接口传输以进行诊断或数据记录（存储）。

⑥入侵监测：监视网络流量以发现可能表明入侵的异常现象。

⑦网络管理：管理网络和连接到网络的 ECU 的状态与配置，并支持诊断。

⑧秘钥管理：安全处理和存储网络密钥和证书。

⑨ OTA 管理：管理可从网关访问车辆内的 ECU 进行远程固件更新。

3. 网关的分类

网关又分为数据网关和诊断网关。数据网关使连接在不同的数据总线上的控制单元能够交换数据；诊断网关在不改变数据的情况下，将新能源汽车的动力网、舒适网、启动网、信息娱乐系统等总线的诊断信息传递到 K 线。

A 总线与 B 总线属于两个不同的网络，A 总线上各个节点可以直接通信，但 A 总线上的节点无法直接与 B 总线的任何节点通信，即使它们之间有连接线路。跨总线无法通信如图 6-15 所示。

A 总线与 B 总线属于两个不同的网络，借助网关 G 作为网间连接器，以完成协议转换，从而实现跨总线之间的信号共享。节点 G 既属于 A 总线的节点，又属于 B 总线的节点。借助网关通信如图 6-16 所示。

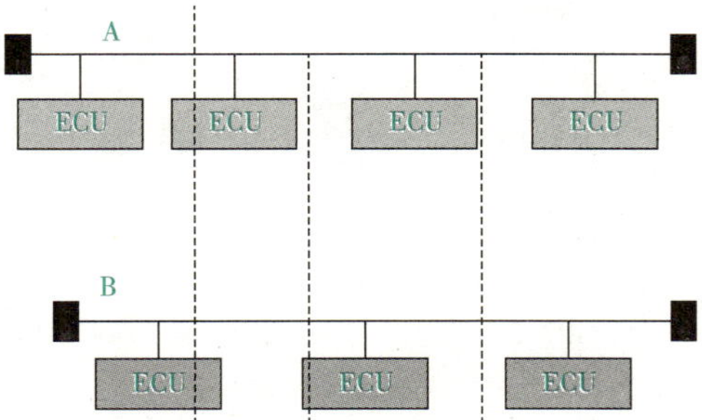

图 6-15 跨总线无法通信

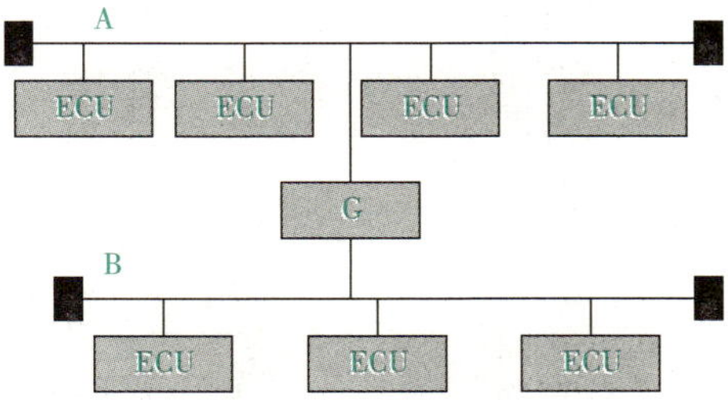

图 6-16 借助网关通信

4. 网关连接的网络

网关控制模块相关部件。

①动力网：动力网包含的控制模块有 MCU、换挡控制模块、仪表板控制模块、整车控制模块 VCU、充电控制模块、逆变控制模块、诊断座 DLC、BCM 等。传输速率为 250 kB/s，其终端电阻（120 Ω）分别在网关和电池管理器模块中。

② ESC 网：ESC 网包含的控制模块有电子手刹 EPB、防抱制动系统 ABS、齿轮式转向助力 R-EPB、方向盘转角传感器、诊断座 DLC 等。传输速率为 500 kB/s，其终端电阻分别在网关和 ABS 模块中。

③舒适网：舒适网包含的控制模块有组合开关、空调面板、多媒体、安全气囊 SRS、多功能屏、玻璃升降开关、倒车雷达、外部胎压监测、空调控制器、诊断座 DLC、BCM 等。传输速率为 125 kB/s，其终端电阻分别在网关和 BCM 中。

④电池子网：电池子网包含的控制模块有电池管理器、11 个电池信息采集器。传输速率为 125 kB/s，其终端电阻分别在电池管理器和 11 个采集器模块中。

⑤充电网：充电网包含的控制模块有电池管理器、直流充电口等。传输速率为 125 kB/s，其终端电阻分别在电池管理器模块中。

⑥启动网：启动网包含的控制模块有 BCM、智能钥匙 I-KEY、转向轴锁 ECL 等。传输速率为 125 kB/s，其终端电阻分别在车身电脑 BMC 和智能钥匙 I-KEY 模块中。

⑦空调子网：空调子网包含的控制模块有空调控制器、压缩机、空调加热模块 PTC。传输速率为 125 kB/s，其终端电阻分别在网关和压缩机模块中。

⑧ ECM 网：ECM 网终端电阻在发动机控制模块中。

网关控制模块插接件与端子。比亚迪·秦的网关控制模块相关部件的线束插接件为 G07。网关控制模块的插接件如图 6-17 所示，G07 针脚功能见表 6-3 所列。

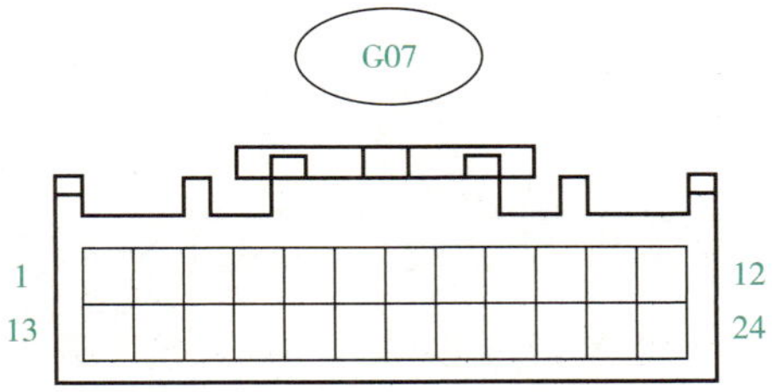

图 6-17 网关控制模块的插接件

表 6-3 G07 针脚功能

针脚	端子描述	针脚	端子描述
G07-16	蓄电池正极	G07-12	IG1 供电
G07-11	信号地	G07-15	信号地
G07-23	信号地	G07-1	启动网 CAN1-H
G07-2	启动网 CAN1-L	G07-3	ECM 网 CAN2-H
G07-4	ECM 网 CAN2-L	G07-7	舒适网 CAN3-H
G07-8	舒适网 CAN3-L	G07-9	动力网 CAN4-H
G07-10	动力网 CAN4-L	G07-13	ESC 网 CANO-H
G07-14	ESC 网 CANO-L	G07-24	双路电源

5. 网关的工作原理

用火车站转换旅客的过程来说明网关的工作原理最为合适。在某个车站，站台 1 到达一列动车组（驱动 CAN 总线，数据传输速率为 500 kB/s）车上有数百名旅客（数据），在站台 2 已经有一列普快列车（BCM 信息在 CAN 总线，数据传输速率为 100 kB/s）在等待。有一些旅客要从动车组换到普快列车上，有一些乘客要换乘到特快列车继续旅行，当然也有很多旅客是从普快列车下来到候车厅去等待相应的车次，这相当于网关信息的缓冲作用。

火车站的换乘功能，即通过速度不同的交通工具使乘客到达各自目的地的功能，与驱动网络和舒适网络两种网络系统的网关功能是相同的，网关的主要任务是使两个数据传输速率不同的系统之间能正常进行信息交换。

知识扩展 车联网

本知识可通过识别二维码获取学习资料。

扫一扫 学一学

故障分析及维修方案 新能源汽车驱动电机通信故障的原因

吉利帝豪 EV300 驱动系统主要由电机（旋转变压器）、电机控制器（PEU）等组成，其故障主要以电器方面为主。打开车辆引擎盖，使用万用表调至电压挡，测量车辆蓄电池电量，实测值为 12.3 V，正常。将诊断仪连接车辆诊断接口读取车辆故障信息，结果为 U34A882 驱动电机控制器报文循环计数错误；PEU 通信丢失；VCU 节点存在无效信号。

对本任务的故障现象，接受任务的胡师傅首先按下点火开关，系统故障灯点亮，“READY”指示灯不亮。胡师傅说：“因驱动电机控制器动力 CAN–LIN 断路导致的车辆高压无法正常上电通常是由三种因素导致：一是 CAN 低断路 / 对电源短路 / 对地短路故障，二是 CAN 高与 CAN 低两者短路，三是 CAN 高与 CAN 低两者错路。”胡师傅判断控制模块本身或 CAN–LIN 故障，重新连接或更换控制模块后即可恢复正常。

根据胡师傅的分析，填写驱动电机控制器动力 CAN–LIN 系统检修相关信息，告知售后服务经理，得到确认后检修，提交一份分析报告并归档。故障报告检测分析表及实训总结与评价表见活页手册。

任务实施 新能源汽车驱动电机控制器通信故障的检修步骤

一、实施环境

安全防护：布置车辆安全防护与隔离（车辆挡块、警示隔离带、高压危险警示牌）。

工具设备：万用表、绝缘检测仪、故障诊断仪。

实训车辆：吉利帝豪 EV300。

辅助资料：汽车原厂维修手册、原厂电路图。

二、实施步骤

1. 读取故障码

使用故障诊断仪读取故障码（DTC），可能存在以下故障。

DTC U34AB82 DC/DC：电机控制器报文循环计数错误。

DTC P104404：车速 CAN 信号错误。

DTC P102E02：电机转速信号错误。

DTC P104E63 VCU：检测高压互锁超时。

2. 故障检测

①根据 DTC 提示进行故障检测，吉利帝豪 EV300 驱动电机控制器动力系统参考的电路图如图 6–18 所示。

②先断开低压蓄电池的负极，检查电机控制器的低压插头针脚退针和插头松动，其结果为正常。低压插头针脚如图 6–19 所示。

③按照故障代码提示，测量驱动电机控制器常时电源端是否供电正常，使用兆欧表测量 EP11–26 针脚电压值，实测值为 12.96 V，正常值为 11 ～ 14 V，供电正常。EP11/26 针脚电压值如图 6–20 所示。

④按照故障代码提示，测量驱动电机控制器 EP11–21 对地电压，使用背插的方法测量

EP11 电压值，实测值为 2.5 V，正常值为 2.5 ～ 1.5 V，正常。

⑤按照故障代码提示，判断驱动电机控制器自身不存在故障，继续使用背插的方法检测 EOP11/21 针脚对地电压值，需要拔下 EP11 线束，实测值为 0 V，正常值为 1.5 ～ 2.5 V，异常，可以得出驱动电机控制器动力系统 CAN−LIN 存在故障。

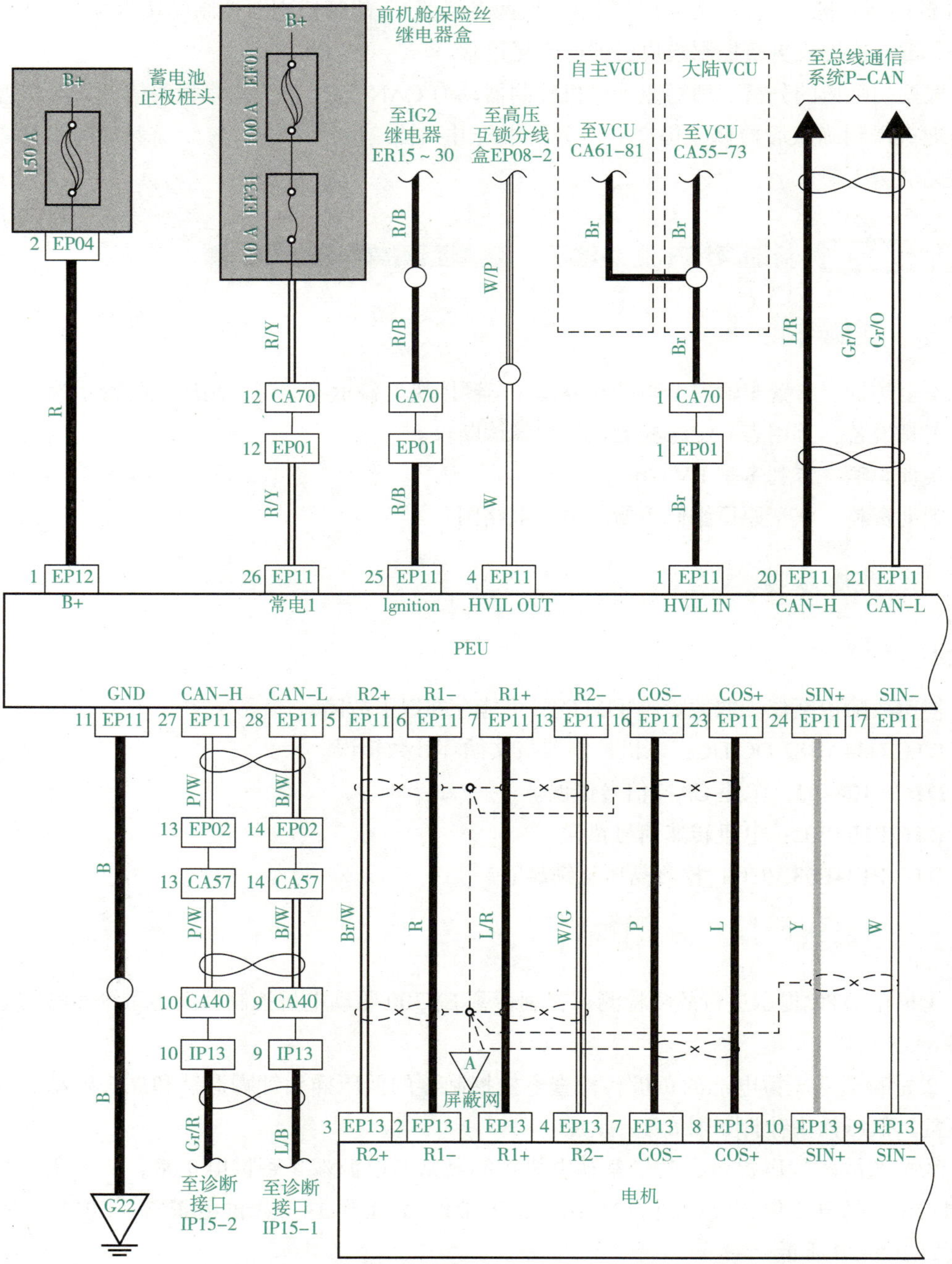

图 6-18　吉利帝豪 EV300 驱动电机控制器动力系统参考的电路图

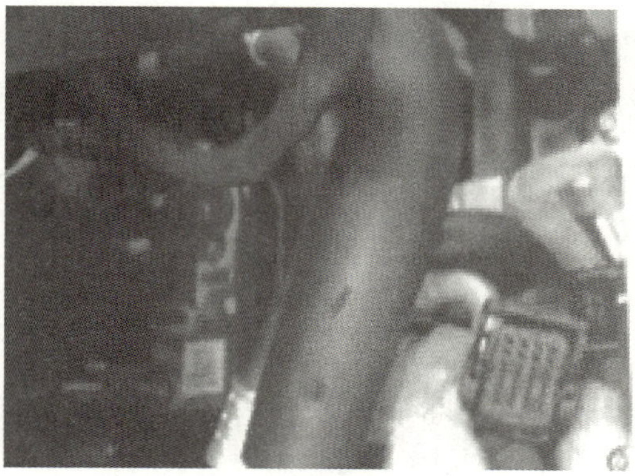

图 6-19　低压插头针脚

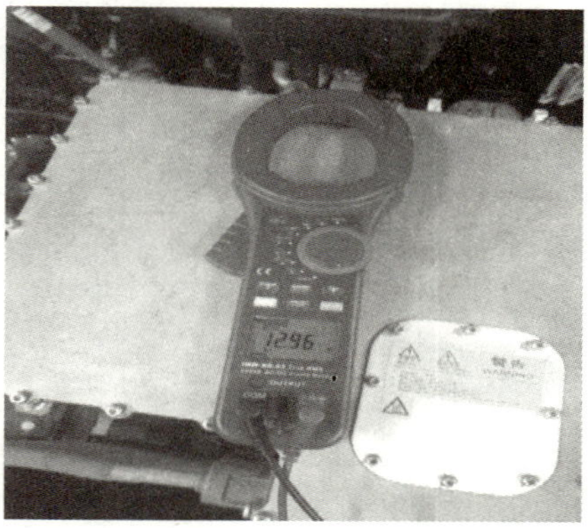

图 6-20　EP11/26 针脚电压值

⑥测量驱动电机控制器动力 CAN-LIN（EP11-21）至下端中转接头 EP02/2 对地电压值，拔下 EP02 接头，实测值为 0 V，正常值为 1.5 ～ 2.5 V，出现异常。

⑦检测驱动电机控制器动力 CAN-LIN 至 EP02/2 针脚电阻值，实测值为∞，正常值为小于 1 Ω，出现异常。

3. 确定故障点

根据检测结果确定故障点为驱动电机控制器动力 CAN-LIN（EP11-21）针脚至 EP02/2 针脚之间线路断路。

4. 排除故障点

更换 EP11-21 针脚至 EP02/2 针脚之间的低压线束。

任务二　新能源汽车多媒体交互（MMI）系统不工作故障检修

思政导学　　**华为的民族责任**

对比几十年前还落后于世界两代的通信水平，光纤改变了中国。“中国光纤之父”赵梓森院士用中国科学院上海光学精密机械研究所提供的激光器作为光源，用自己设计的通信系统，成功传输了电视信号。为我国赶超世界先进水平打下了基础，得益于赵梓森院士创造的中国式光纤之路，中国已成为世界光纤通信技术强国之一。

《车载信息交互系统信息安全技术要求及试验方法》（GB/T 40856—2021）为推荐性国家标准。该标准适用于指导整车厂、零部件供应商、软件供应商等企业，开展车载信息交互系统信息安全技术的设计开发、验证与生产等工作。

拓展阅读 《车载信息交互系统信息安全技术要求及试验方法》标准

汽车的电动化是出于环保节能的考虑，而智能化才是汽车真正的终极目标。在智能时代的浪潮下，《车载信息交互系统信息安全技术要求及试验方法》标准为车载信息交互系统安全能力的提升提供了参考。

故障现象

售后服务经理接到客户一辆奥迪 A6 L 3.0 轻型混动轿车，充好电后只要关闭点火开关一段时间，多媒体交互（MMI）系统再打开时就无法工作。请思考，如何解决这一问题？

知识链接 光学总线系统

一、新能源汽车信号的光学传输的定义

光学传输与传统的电传输不同，光学传输是利用光来传输信号的，两者的区别如图 6-21 所示。光学传输信号时，数字信号借助发光二极管转换成光信号，光信号通过光导纤维（光缆）传输到光电二极管，光电二极管再把光转换成电传送给接收装置；电传输信号时，信号源传输到调制解调器，将电传送给接收装置。

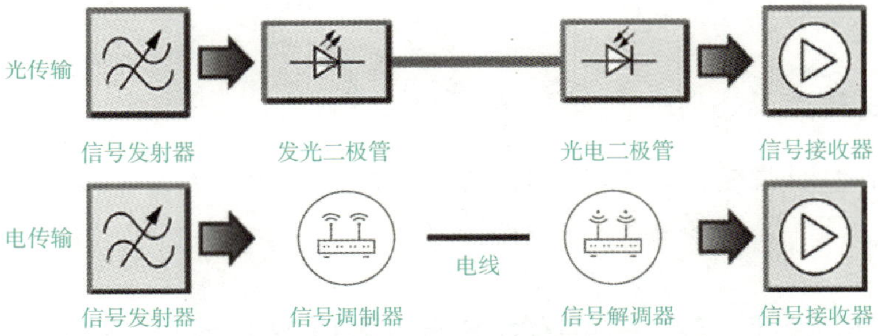

图 6-21 光学传输与传统的电传输的区别

在光学总线中，相关部件之间的数据交换是以数字方式进行的。光学信号通过光导纤维（光缆）传输如图 6-22 所示。通过光学信号进行数据传输有导线少、重量轻的优点，传输速度更快。与无线电波相比，光的波长更短，它不会产生电磁干扰，同时对电磁干扰也不敏感，因此通过光学信号传输数据的抗干扰能力也更强。

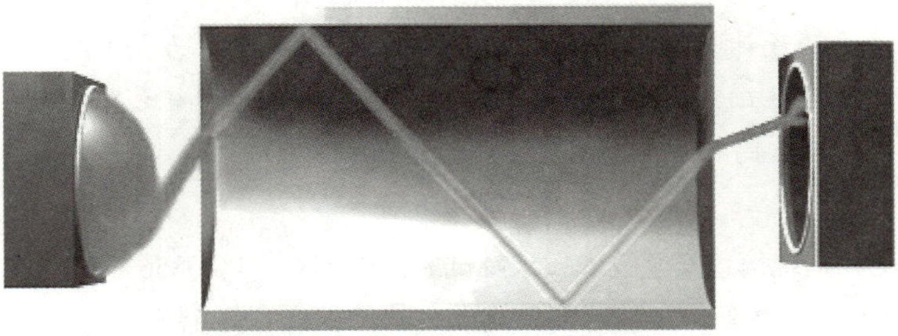
图 6-22 光学信号通过光导纤维（光缆）传输

二、新能源汽车光学传输系统的结构

1. 光学传输控制单元的内部结构

在光学总线中，每一个总线用户（收音机、CD 唱机、视频导航仪等）都有一个光学传输控制单元，用于实现光学传输的信号调制、解调和控制。

光学传输控制单元由内部电源系统、收发单元——光导发射器（FOT）、光波收发器、标准微控制器（CPU）、专用部件等组成（见图 6-23）。

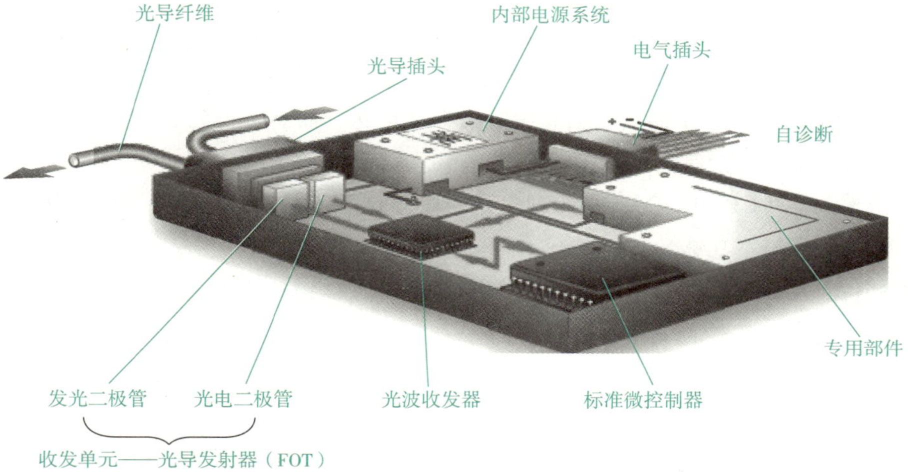

图 6-23　光学传输控制单元内部结构

内部电源系统。把通过电气插头供给控制单元的电源分配给各个部件。这一方式可以临时断开供给控制单元中个别部件的电源，从而减小闭路电流。

收发单元——光导发射器（FOT）。光导发射器（FOT）由一个光电二极管和一个发光二极管组成，光信号被光电二极管接收后，将光信号转换成电信号输送到光波收发器，光波收发器把接收的电信号传输到发光二极管，发光二极管再将电信号再次转换成光信号输送给下一个控制级。收发单元——光导发射器（FOT）如图 6-24 所示。

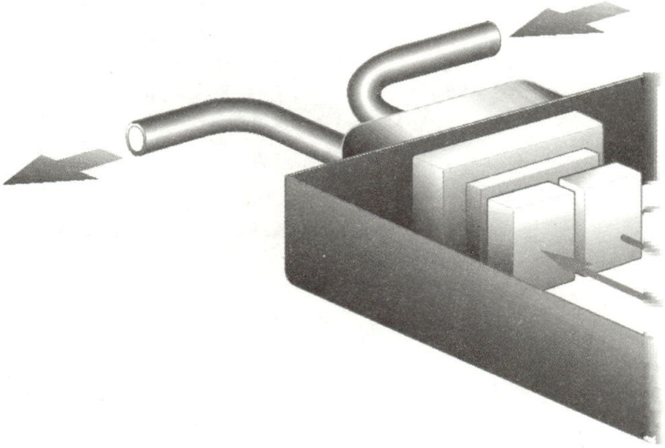

图 6-24　收发单元——光导发射器（FOT）

光学传输中使用的光波波长为 650 nm，是可见红光。数据经光波调制后传送，调制后的光经由光导纤维传到下一个控制单元，如图 6-25 所示。

图 6-25　波长 650 nm 的可见红光

光波收发器。光波收发器由发射器和接收器两个部件组成。发射器将要发送的信息作为电信号传至光导发射器；接收器接收来自光导发射器的电信号并将所需的数据传至控制单元内的 CPU。其他控制单元不需要的信息由收发器来传送，而不是将数据传到 CPU 上，这些信息原封不动发至下一个控制单元。

标准微控制器（CPU）。CPU 是控制单元的核心元件，它的内部有一个微处理器，用于操纵控制单元的所有基本功能。

专用部件。专用部件用于控制某些专用功能，如 CD 播放机的选曲和收音机调谐器的控制（选择广播电台频率）等。

2. 光电二极管

光电二极管是利用光电效应原理将光波转换成电信号的设备。光电二极管内有一个 PN 结，入射光可以照射到这个 PN 结上。在 P 型层上有一个正极触点（滑环），N 型层与金属底板（负极）相连。光电二极管的结构示意图如图 6-26 所示。

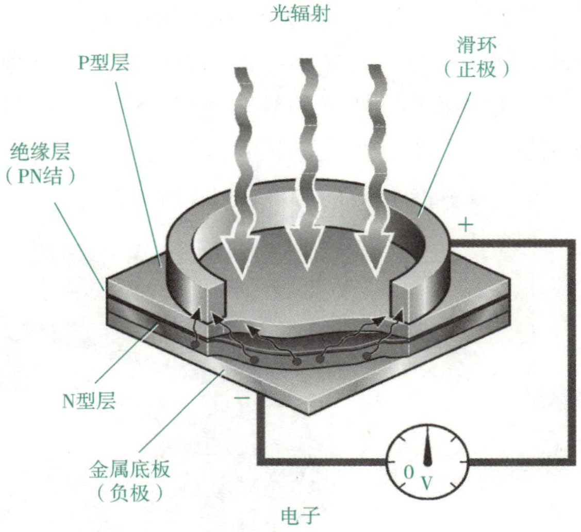

图 6-26　光电二极管的结构示意图

如果入射光或红外线照射到 PN 结上，PN 结内就会产生自由电子和空穴，从而形成穿越 PN 结的电流。照射到光敏二极管上的入射光越强，流过光电二极管的电流就越大。这个现象称为光电效应。光电效应原理如图 6-27 所示。

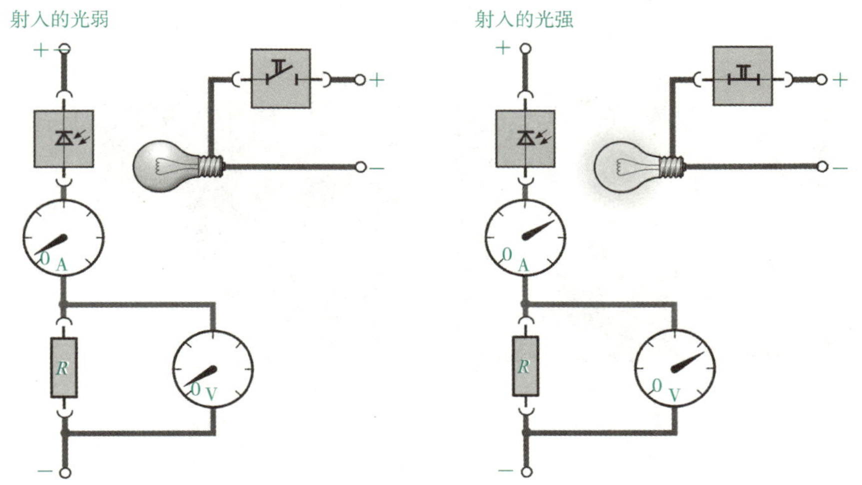

图 6-27　光电效应原理

在实际应用中，光电二极管一般与一个电阻串联，入射光比较微弱，则流过光电二极管和固定电阻 R 的电流就会减小，固定电阻 R 上的电压降也会减小，光电二极管的 P 区呈现低电平状态。反之，入射光比较强，流过光电二极管和电阻 R 的电流就会增大，固定电阻 R 上的电压降也会增大，光电二极管的 P 区呈现高电平状态，利用光电效应原理，就可以将照射到光电二极管的光波信号转换成电信号了。

3. 光导纤维

光导纤维的种类。常用光导纤维（光缆）有塑料光缆和玻璃纤维光缆两种。汽车一般用塑料光缆。

光导纤维的作用。作为光波的传输介质，光导纤维（光缆）的作用是将在某一控制单元发射器内产生的光波传送到另一控制单元的接收器。光导纤维如图 6-28 所示。

光导纤维的结构。光导纤维的结构如图 6-29 所示。纤芯是光导纤维的核心部分，是光波的传输介质，也可以称为光波导线。纤芯一般用有机玻璃或塑料制成，纤芯内的光波根据全反射原理几乎无损失地传输。反射包层是由氟聚合物制成的，它包在纤芯周围，对全反射起关键作用。黑色包层是由尼龙制成的，用来防止外部光源照射产生干扰。彩色包层起到识别、保护及隔热作用。

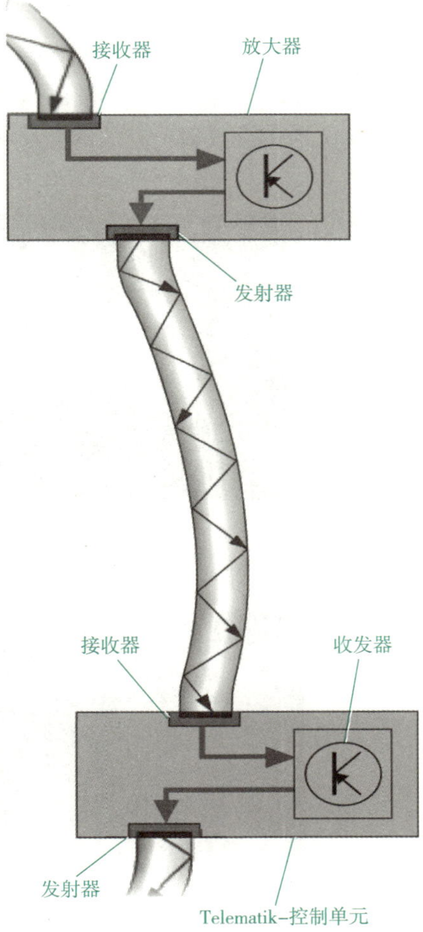

图 6-28　光导纤维

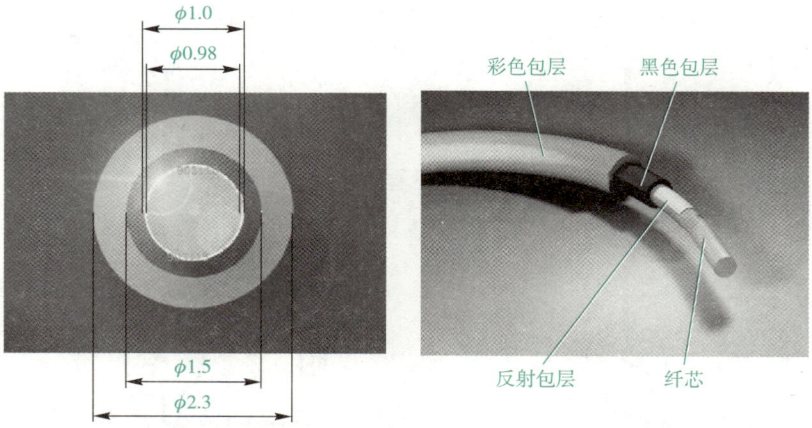

图 6-29　光导纤维的结构

光波在光导纤维中的传输。在直的光导纤维中，光波是按全反射原理在纤芯表面以 Z 形曲线传输（见图 6-30）；在弯曲的光导纤维中，光波通过全反射在纤芯的反射包层界面上反射，可以实现光波的正常传输，但光导纤维的曲率不宜过大（见图 6-31）；全反射是在一束光波以小角度照射到折射率高的材料与折射率低的材料之间界面中，光束就会被完全反射，这种现象称为光波的全反射。光波的全反射如图 6-32 所示。

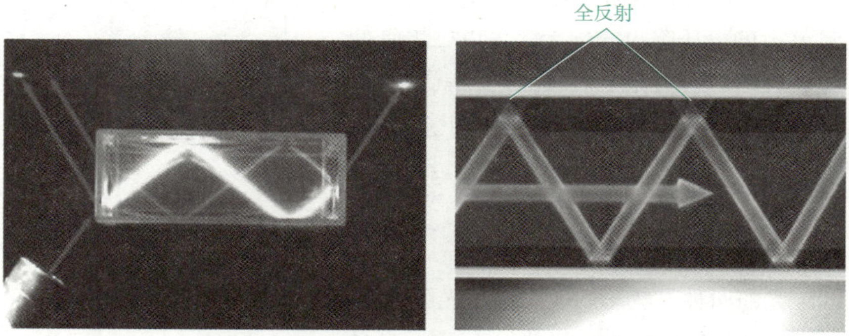

图 6-30　光波在直的光导纤维中的 Z 形曲线传输

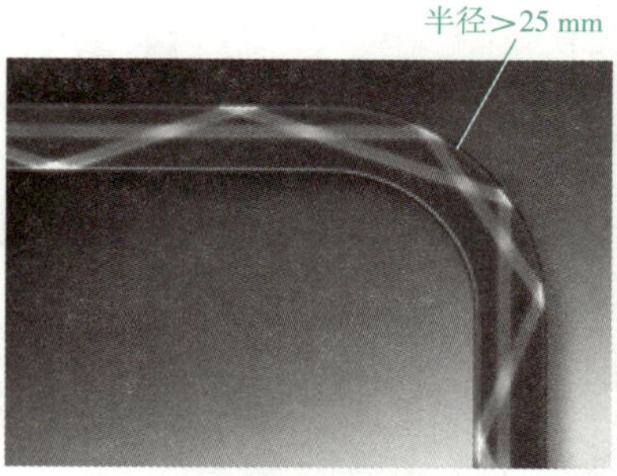

图 6-31　光波在弯曲的光导纤维中的传输

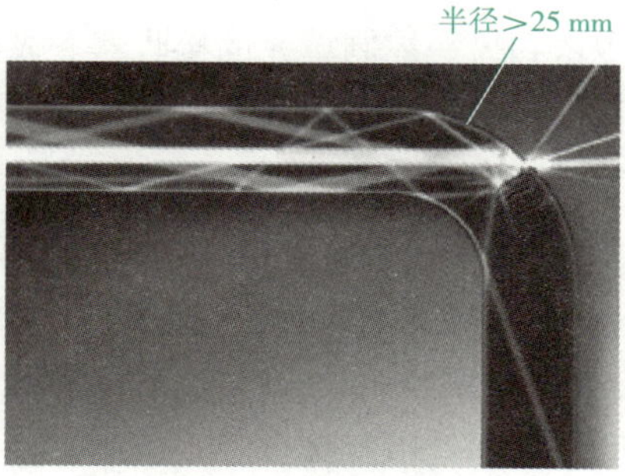

图 6-32　光波的全反射

光导纤维中的纤芯是折射率高的材料，反射包层是折射率低的材料，所以全反射发生在纤芯的内部。光波能否发生全反射，取决于从内部照射到界面的光波角度，如果该角度过陡，那么光波就会离开纤芯，从而造成较大损失。

专用插头。为了能将光导纤维连接到控制单元上，在光学传输系统中使用了一种专用插头。插头本体上有一个信号方向箭头，表示光波传输方向（通向接收器）。光学传输系统的专用插头如图 6-33 所示。

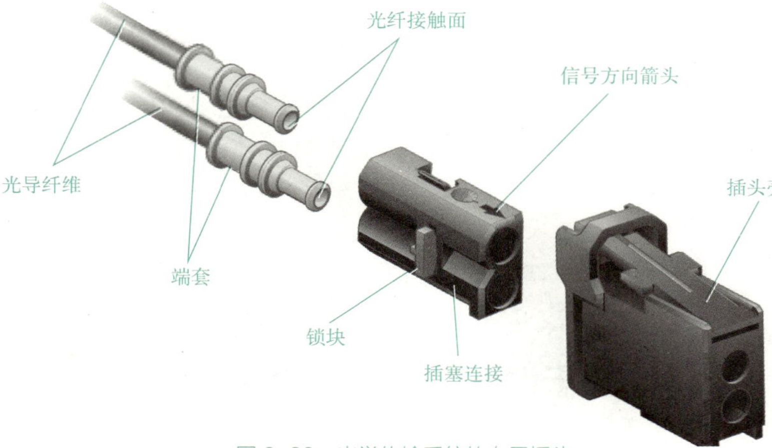

图 6-33 光学传输系统的专用插头

光波通过纤芯的端面传送至控制单元的发射器 / 接收器。因此在生产光导纤维时，使用激光焊接的塑料端套或黄铜端套，将光导纤维固定在插头壳体内。

光纤端面。为了能使光波传输过程中的损失尽可能小，光导纤维的端面应光滑、垂直、洁净，因此要使用专用的切割工具。切割面上的污垢和剐痕会产生很高的损耗（衰减）。光纤端面如图 6-34 所示。

光信号的发送过程。设备 1 光信号被光电二极管接收后，将光信号转换成电信号输送到收发机，收发机把接收的电信号传输到发光二极管，发光二极管再将电信号再次转换成光信号通过光纤传输给设备 2 光电二极管重复设备 1 的工作输出。光信号的发送过程如图 6-35 所示。

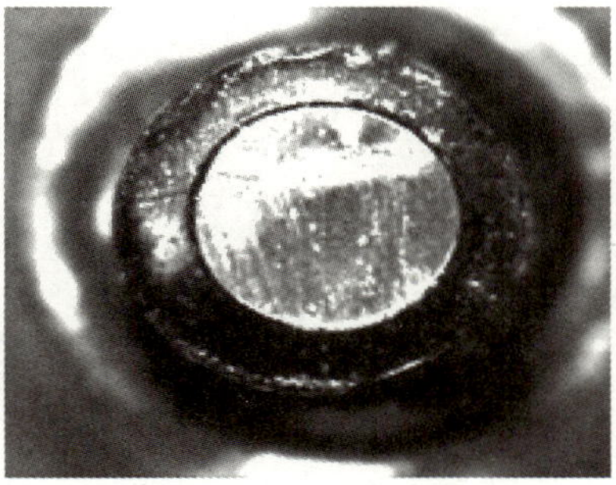

图 6-34 光纤端面

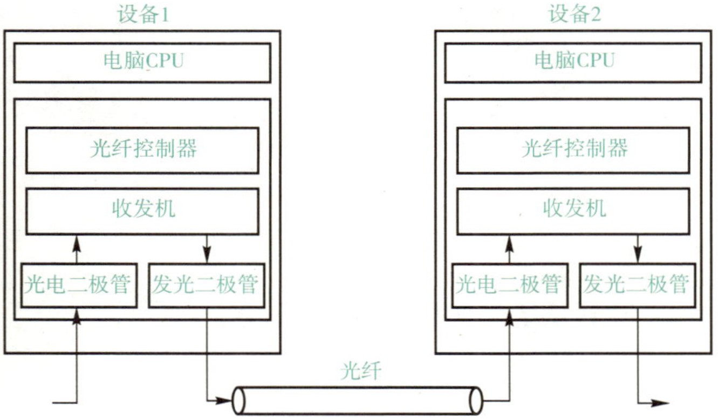

图 6-35 光信号的发送过程

三、MOST 总线系统

MOST 总线主要应用于多媒体数据传输的网络系统。

1. MOST 的定义

MOST 是 Media Oriented Systems Transport（面向媒体的系统传输）的缩写，MOST 总线是一种用于多媒体数据传输的网络系统，在奔驰、宝马、奥迪、保时捷、路虎等高端车上应用相当广泛。

2. MOST 总线的应用

MOST 总线可连接汽车音响系统、视频导航系统、车载电视、高保真音频放大器、车载通讯系统、多碟 CD 播放器等模块，其数据传输速率最高可达 22.5 MB/s，而且没有电磁干扰。MOST 总线的应用如图 6-36 所示。

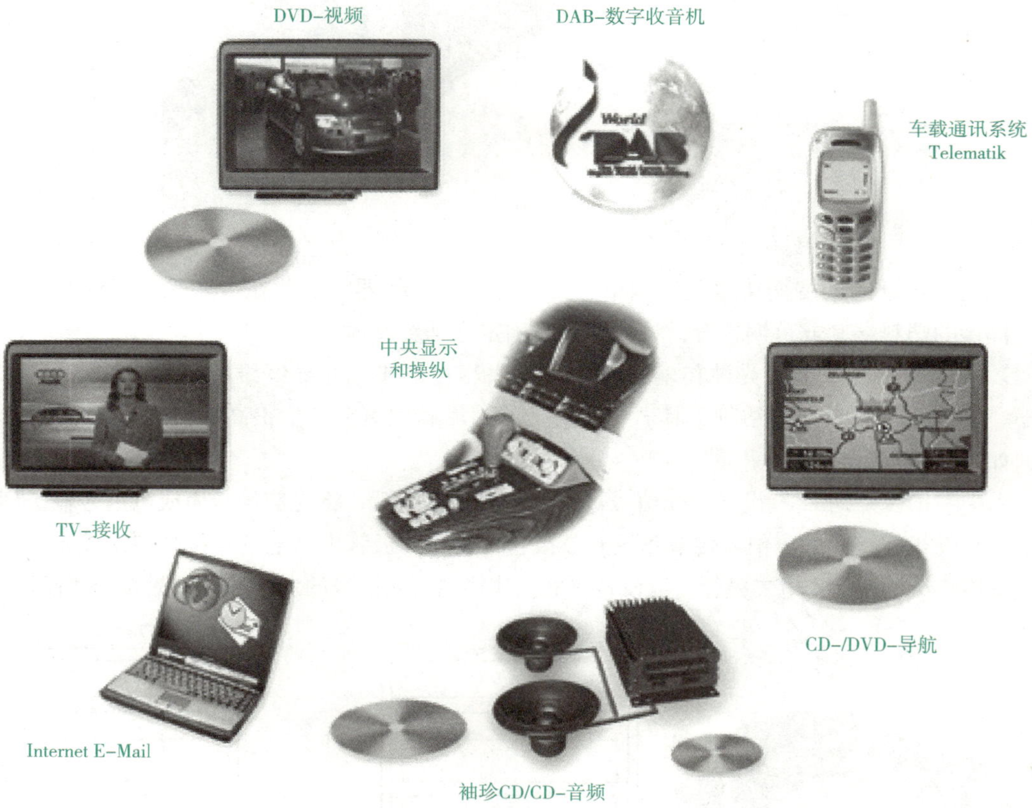

图 6-36　MOST 总线的应用

3. MOST 总线的组成与系统状态

（1）MOST 总线的环形拓扑结构

MOST 总线的显著特点是它的环形结构。控制单元通过一根光导纤维把数据传送至环形结构中的下一个控制单元，直到数据返回至发送控制单元，形成了一个闭合的环路。MOST 总线是借助数据总线的诊断接口和诊断 CAN 进行诊断的。MOST 总线的环形拓扑结构如图 6-37 所示。

在 MOST 总线中，每个终端设备（节点、控制单元）在一个具有环形结构的网络中通过光导纤维环相互连接。音频、视频数据信息在环形总线上循环，过程中由每个节点（控制单元）读取和转发。

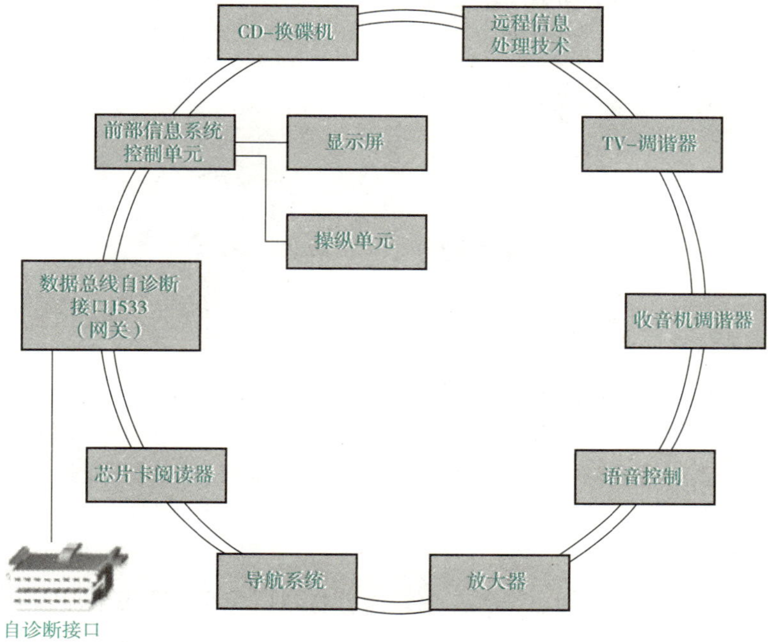

图 6-37 MOST 总线的环形拓扑结构

当一个节点要发送数据时，该节点生成发射就绪信息，并把它改成“占用”信息，被作为接收器地址的节点复制“占用”信息，并在环形总线中继续发送，如果数据重新到达发射器，发射器就把数据从环上删除并重新生成发射就绪信息。

一个控制单元拥有两根光导纤维，一根光导纤维用于发射器（T），另一根光导纤维用于接收器（R）。各个控制单元之间的连接是通过一个数据只沿一个方向传输的环形总线来实现的。也就是说，在 MOST 控制单元中进行的是纯粹的光导纤维连接。音频、视频数据信息在 MOST 环形总线上循环如图 6-38 所示。

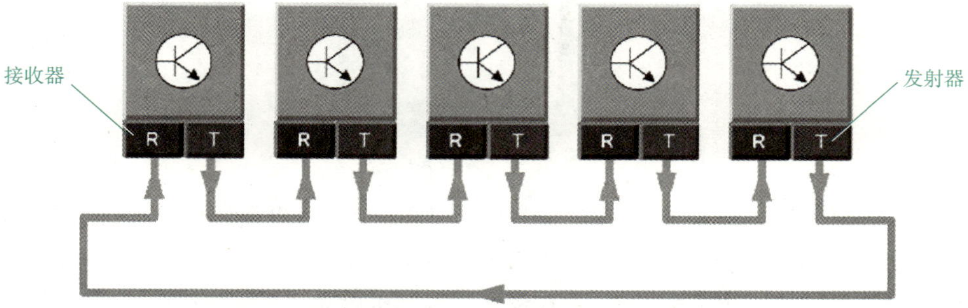

图 6-38 音频、视频数据信息在 MOST 环形总线上循环

（2）芯光导纤维插头的结构

芯光导纤维插头的结构如图 6-39 所示。光导纤维线脚 Pin1 始终用于输入，光导纤维线

脚 Pin2 始终用于转发，其上有箭头符号。

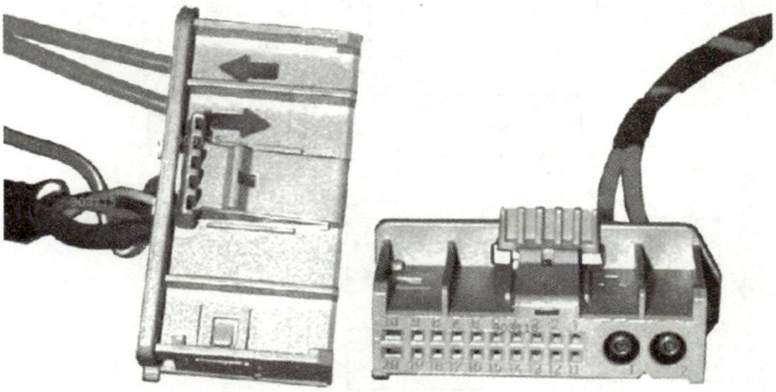

图 6-39　芯光导纤维插头的结构

（3）MOST 系统管理器

MOST 系统管理器与诊断管理器共同负责 MOST 总线内的系统管理。奥迪 A8 上，数据总线诊断接口 J533（网关）起诊断管理器的作用；前部信息系统控制单元 J533 执行系统管理器的功能。MOST 系统管理器有三大作用：一是控制系统状态，二是发送 MOST 总线信息，三是管理传输容量。

（4）MOST 总线系统状态

休眠模式。处于休眠模式时，MOST 总线内没有数据交换，静态电流降至最小值，系统处于待命状态，只能由系统管理器发出的光波启动脉冲来激活。休眠模式如图 6-40 所示。

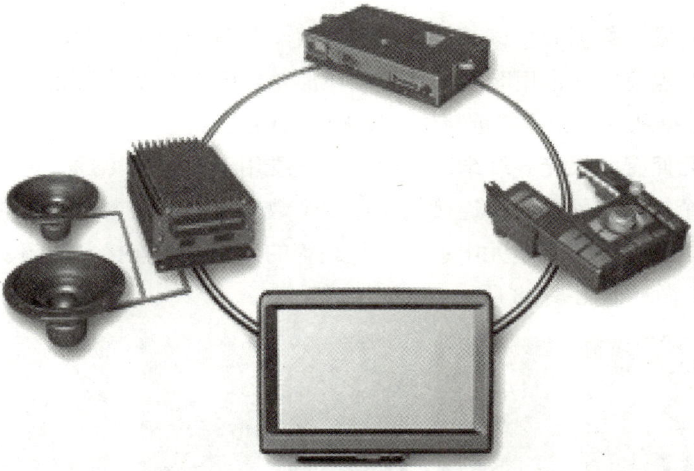

图 6-40　休眠模式

备用模式。MOST 总线系统处于备用模式时，无法为用户提供任何服务，给人的感觉就像系统已经关闭一样。但这时 MOST 总线系统仍在后台运行，所有的输出介质（如显示屏、收音机放大器等）都不工作或不发声。备用模式在发动机启动及系统持续运行时被激活。备用模式如图 6-41 所示。

通电工作模式。MOST 总线系统处于通电工作模式时，控制单元完全接通，MOST 总线上有数据交换，用户可使用影音娱乐、通信、导航等所有功能。通电工作模式如图 6-42 所示。

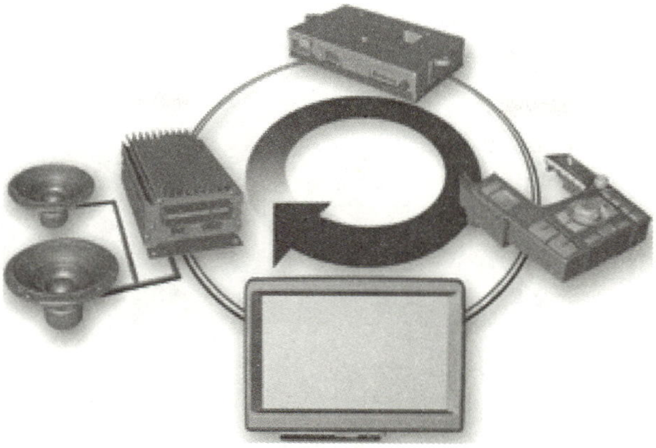

图 6-41　备用模式

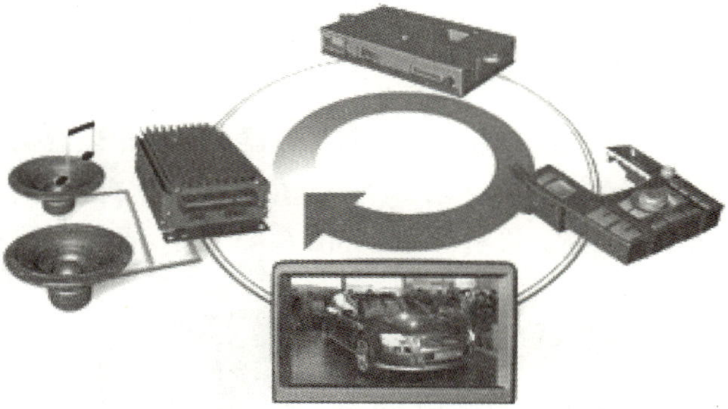

图 6-42　通电工作模式

4. MOST 传输协议

MOST 传输协议由分成帧的数据块组成，每一帧包含流数据、分组数据和控制数据，信息帧结构如图 6-43 所示。一个信息帧的大小为 64 字节，可分成起始区、分界区、数据区、两个校验字节、状态区和奇偶校验区。

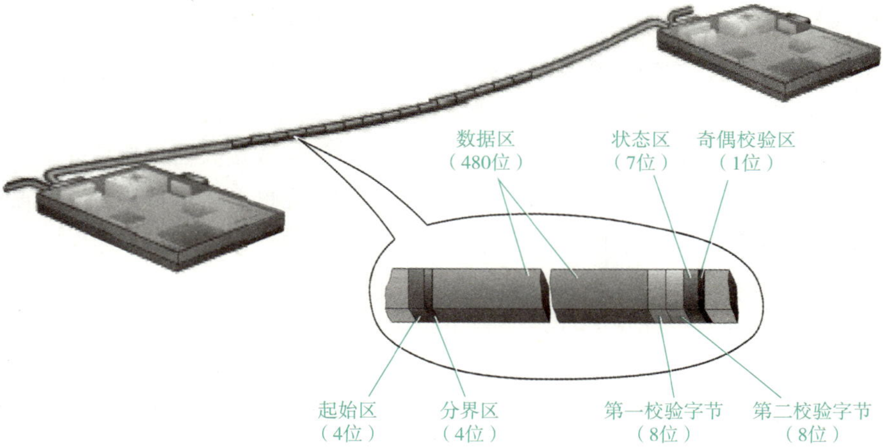

图 6-43　信息帧结构

数据区可分为同步数据和异步数据两种类型（见图 6-44）。声音和视频作为同步数据为 24 ～ 60 个字节，具有优先权进行传递；用于计算的信息及文字作为异步数据为 0 ～ 36 个字节，记录并发射到接收器上。

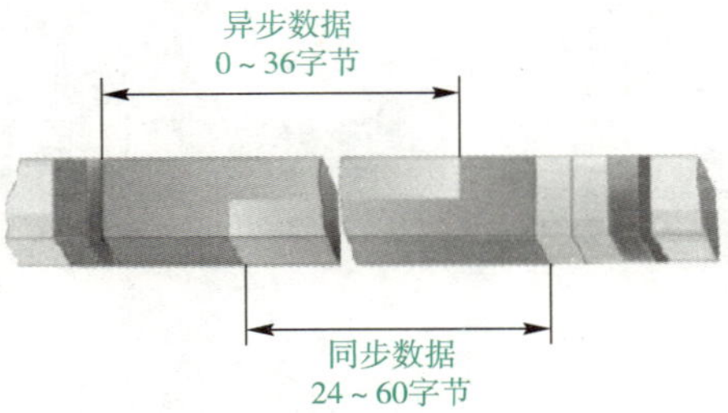

图 6-44　同步和异步数据

5. MOST 总线的诊断

（1）诊断管理器

除系统管理器外，MOST 总线还有一个诊断管理器。诊断管理器执行环路断开诊断，并将 MOST 总线上的控制单元诊断数据传给诊断控制单元。在奥迪 A8 汽车上，数据总线诊断接口 J533 就可以执行自诊断功能。诊断管理器如图 6-45 所示。

图 6-45　诊断管理器

（2）系统故障

如果在数据传输过程中，MOST 总线上的某一位置发生数据传输中断，就无法完成正常的数据传输任务。MOST 总线是环形结构，因此将这种数据传输中断称为环路断开，即总线断路。发生环路断开后，音频和视频播放会终止，通过多媒体操纵单元无法控制和调节影音娱乐系统。同时，诊断管理器的故障存储器中存有故障信息——光纤数据总线断路。光导纤维断路、发射器或接收器控制单元的供电电路故障和发射器或接收器控制单元本身损坏等均可能导致 MOST 总线系统出现环路断开，要想确定出现环路断开的具体位置，就必须进行环路断开诊断。环路断开诊断是诊断管理器执行元件诊断内容的一部分。

（3）环路断开诊断

诊断导线与询问脉冲。如果 MOST 总线上出现环路断开，MOST 总线将无法进行数据传输。为准确判断出发生环路断开的具体位置，需要使用诊断导线来进行环路断开诊断。具体方法是诊断导线通过中央导线连接器与 MOST 总线上的各个控制单元相连。利用诊断导线执行的故障诊断如图 6-46 所示。

应答的内容。环路断开诊断开始后，MOST 总线上的各个控制单元发送以下两种信息：一是控制单元电气方面是否正常——本控制单元电气功能是否正常（如电源供电是否正常），二是控制单元光学方面是否正常——本控制单元的光电二极管是否能够接收到环形总线上位于其前面的控制单元发出的光波信号。

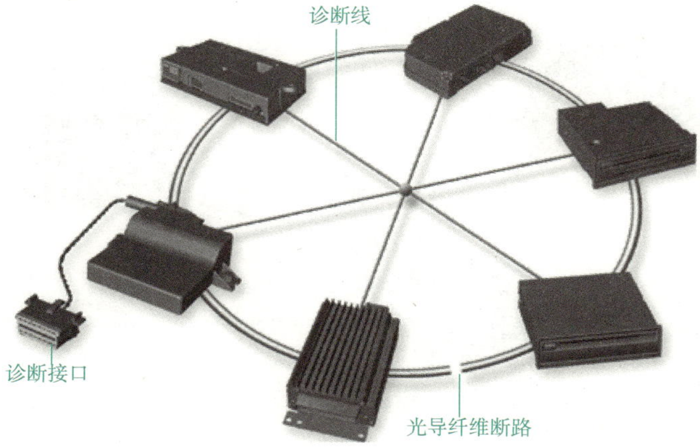

图 6-46　利用诊断导线执行的故障诊断

故障的确认。先测供电电源，然后测光纤插头，最后利用光学备用控制单元 VAS6186 替换出现故障的控制单元，再检查 MOST 总线是否恢复正常，若系统正常，则说明控制单元存在故障。VAS6186 替换时，需连接光导纤维，电源部分由点烟器供电。用光学备用控制单元 VAS6186 进行检测如图 6-47 所示。

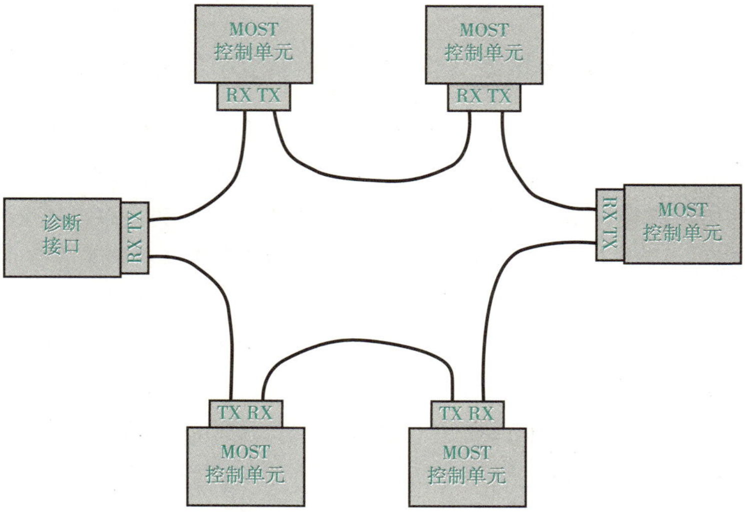

图 6-47　用光学备用控制单元 VAS6186 进行检测

（4）衰减增加时环形结构的故障诊断

环形结构的故障诊断只能检测数据传送的中断。诊断管理器的执行元件诊断还有一项功能，就是通过降低光功率来进行环形中断诊断，用于识别增大的信号衰减幅度。信号衰减幅度增大的诊断如图 6-48 所示。

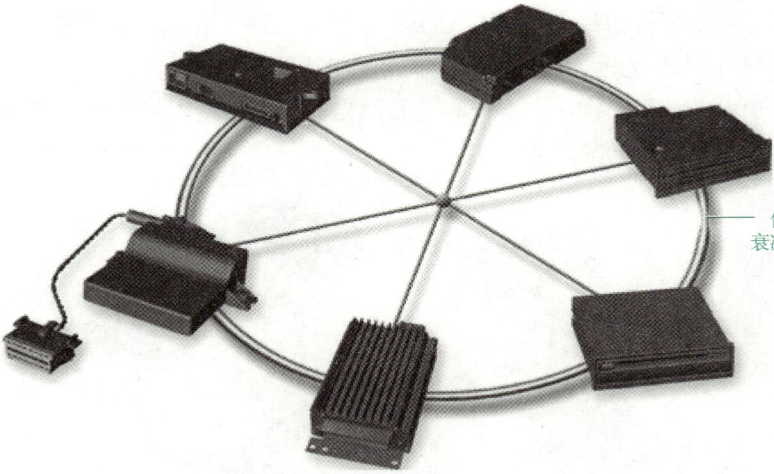

图 6-48 信号衰减幅度增大的诊断

知识扩展 多媒体交互（MMI）系统

本知识可通过识别二维码获取学习资料。

扫一扫 学一学

故障分析及维修方案 多媒体交互（MMI）系统不工作的原因

奥迪 A6 L 3.0 轻混动型轿车多媒体数据传输的网络系统主要是 MOST 总线的传输。打开 MMI 系统，可以正常工作，测量车辆静态放电电流为 56 mA，比正常数值偏大超过 20 mA。

对本任务的故障现象，接受任务的陈师傅首先按下点火开关，多媒体交互（MMI）系统不工作。陈师傅说："多媒体交互（MMI）系统不工作通常是由两种因素导致：一是环路中断，诊断导线本身存在线路的故障；二是 MOST 总线中的某一个控制单元内部存在与正极短路的故障。"陈师傅判断 J523 控制单元内部元件有对正极偶然短路故障，造成诊断导线对正极短路，更换 J523 控制单元，即可恢复正常。

根据陈师傅的分析，填写多媒体交互（MMI）系统检修相关信息，告知售后服务经理，得到确认后检修，提交一份分析报告并归档。故障报告检测分析表及实训总结与评价表见活页手册。

任务实施 新能源汽车多媒体交互（MMI）系统不工作故障检修

一、实施环境

安全防护：布置车辆安全防护与隔离（车辆挡块、警示隔离带、高压危险警示牌）。

工具设备：万用表、VAS6150（专用诊断仪）。

实训车辆：奥迪 A6 L 3.0 轻混动型轿车。

辅助资料：汽车原厂维修手册、原厂电路图。

二、实施步骤

1. 读取故障码

使用 VAS6150 专用诊断仪读取故障码（DTC），读取到 19-数据总线的诊断接口可能存在故障。网关安装列表故障显示如图 6-49 所示。

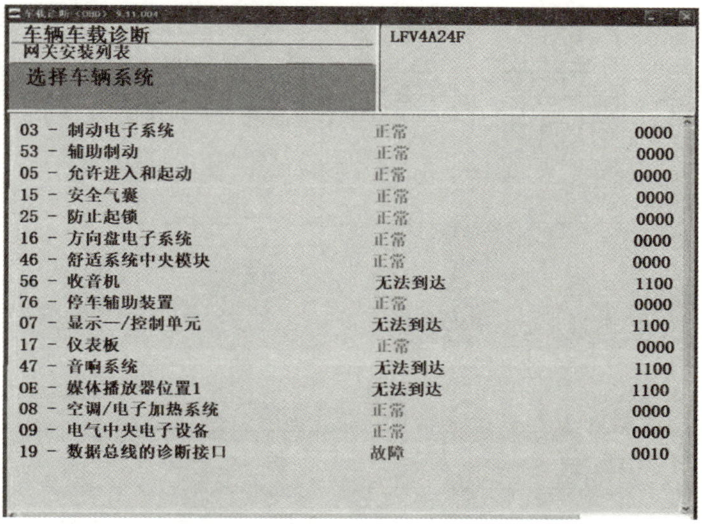

图 6-49 网关安装列表故障显示

对数据总线诊断接口 J533（网关）进行检测，发现光纤环路可能存在故障。光纤环路诊断故障显示如图 6-50 所示。

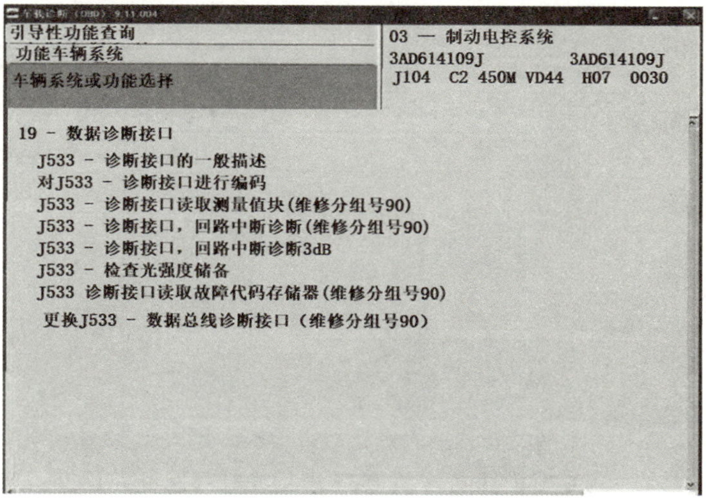

图 6-50 光纤环路诊断故障显示

2. 故障检测

①根据 VAS6150 的提示进行故障检测，包括在光纤环路系统中，前部信息显示和操作单元的控制单元 J523、数据总线诊断接口（网关）J533、电话的发射接收器 R36、带 CD 光盘驱动器的导航系统控制单元 J401、收音机 R、数字式声音处理系统控制单元 J525、CD 转换盒 R41 的线路检测及控制单元诊断时参考的电路图。信息娱乐系统数据总线电路图如图 6-51 所示。

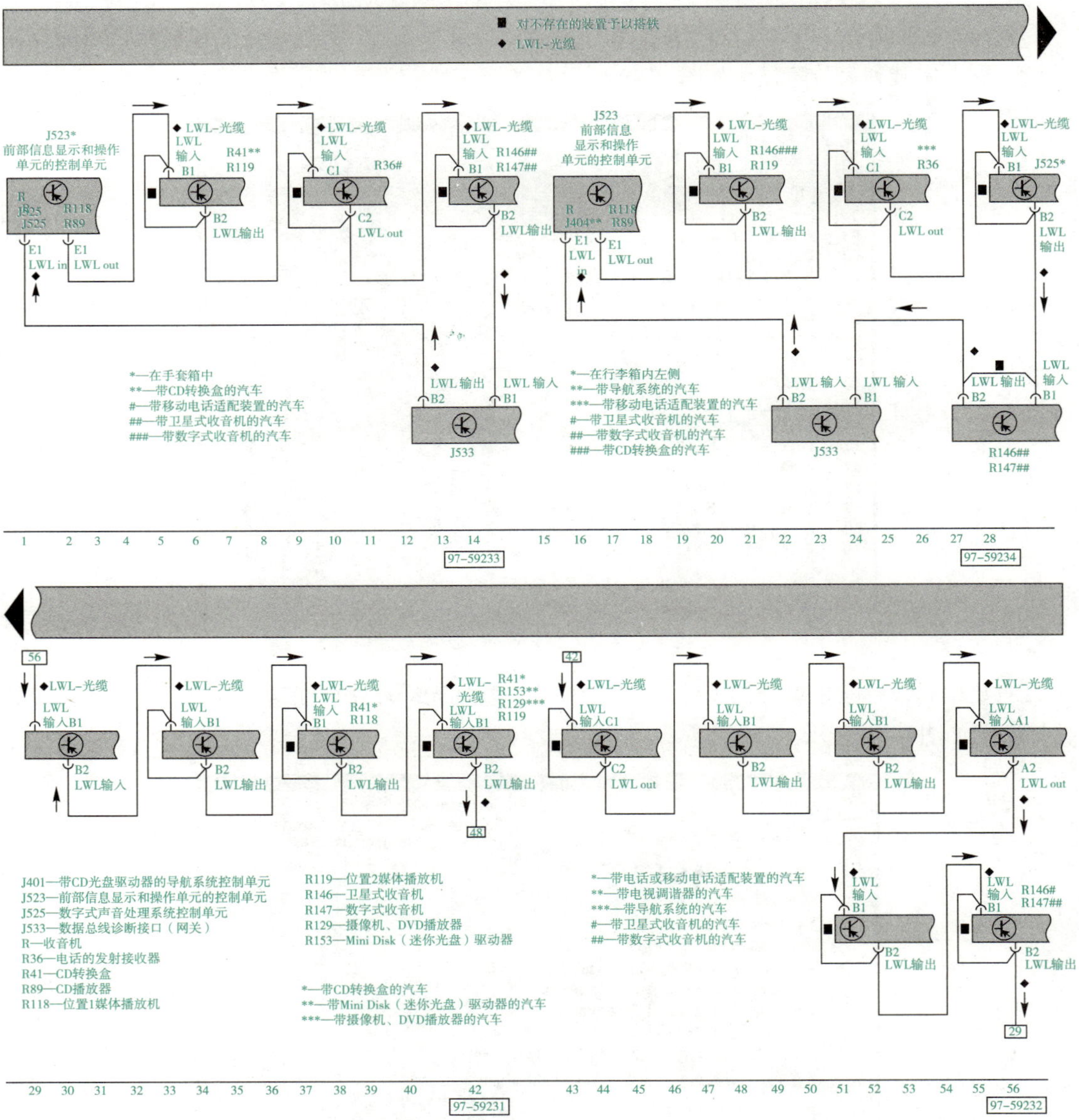

图 6-51 信息娱乐系统数据总线电路图

②连接 VAS6150 对该车网关安装列表进行故障诊断，网关 J533 中有光纤环路断路。

③利用 VAS6150 检测导航模块对网关 J533 进行光纤环路断路诊断，发现光纤环路故障诊断和光波衰减 3 dB 断环诊断均无法执行，说明故障在光纤系统。

④根据电路图分析可知，MOST 总线的某一个控制单元无法正常工作导致光波信号不能正常传输，造成了整个系统无法打开。使用 VAS6150 对该车进行光纤环路断开故障诊断和光波衰减 3 dB 断环诊断均无法执行，故 MOST 总线系统诊断导线上可能有故障。

⑤断开数字式声音处理系统控制单元 J525，使用万用表电压挡测量其电器插头上的环路中断诊断导线与接地线之间的电压为 13.5 V，电路中标准值 5 V，说明在环路中断诊断导线存在对正极短路的故障。

⑥断开前部信息显示和操作单元的控制单元 J523 时，发现环路中断诊断导线的电压降低到了 5 V，说明前部信息显示和操作单元的控制单元 J523 内部元件有对正极短路的故障，从而导致 MMI 系统、光纤环路和光波衰减 3 dB 等 MOST 总线系统环路中断诊断均无法正常工作。

3. 确定故障点

根据检测结果确定故障点为 J523 控制单元内部元件有对正极短路。

4. 排除故障点

更换前部信息显示和操作单元的控制单元 J523。

项目七

新能源汽车空调系统检修

本项目介绍新能源汽车空调系统的功能与结构、空调组成部件、空调系统的原理及故障诊断。本项目设置两个任务，分别为新能源汽车空调不制冷故障检修、新能源汽车空调不制热故障检修。

知识目标

①了解新能源汽车空调系统的功用与结构。
②熟悉新能源汽车空调组成部件。
③掌握新能源汽车空调操纵的结构和工作原理。

技能目标

①能够执行空调系统检修的操作规程，树立良好的安全文明操作意识。
②能分析空调的常见故障原因。
③能够描述空调系统的检查项目和技术要求。

任务一　新能源汽车空调不制冷故障检修

思政导学　　精品匠造精神

南京奥特佳冷机有限公司（以下简称奥特佳）以“专业专注专家”的精品匠造精神，持续为汽车行业奉献热管理业务的先进技术和产品。奥特佳是一家专注于汽车空调压缩机的专业厂商，具有国际竞争力的行业领军企业，在汽车空调压缩机领域内为国内龙头，世界排名前列！

《汽车空调用小排量涡旋压缩机》(GB/T 27942—2011)为推荐性国家标准。该标准规定了汽车空调用小排量涡旋压缩机(以下简称压缩机)的术语和定义、要求、试验方法、检验规则及标志、包装、运输与贮存，适用于以 R134a 为制冷剂的汽车空调用小排量涡旋压缩机，采用其他制冷剂的涡旋压机可参照执行。

拓展阅读　新能源汽车空调压缩机标准

奥特佳是目前全球领先和国内产销量领先的涡旋压缩机生产企业，是《汽车空调用小排量涡旋压缩机》(GB/T 27942—2011)国家标准的起草单位之一。

故障现象

售后服务经理接到客户一辆吉利帝豪 EV450 纯电动汽车，车主打开 A/C 后，空调一直没有冷风吹出，但开启暖风挡可以吹出暖风。请思考，如何解决这一问题?

知识链接　新能源汽车空调系统

空调是利用媒介物质对车内的空气进行调节，使之在温度、湿度、风速和清洁度上能满足人体舒适的需要，并预防或去除玻璃上的雾、霜和冰雪，保障车内人员的身体健康和行车安全的系统。

新能源汽车空调系统和传统燃油汽车空调系统工作原理相同，只是新能源汽车采用高压电动空调压缩机，由动力电池驱动。其暖风通常采用电加热方式，电加热方式有两种：一种是通过加热冷却液，再经过循环为暖水箱提供热量；另一种是直接加热经过蒸发箱的空气实现暖风。

汽车空调系统主要包括制冷系统、暖风系统、通风系统、空气净化系统和控制系统。

一、空调的功能

空调(Air Conditioning，A/C)指空气调节。A/C 是汽车现代化的标志之一，现代汽车空调的基本功能是在任何气候和行驶条件下，能改善驾驶人员的工作条件和提高乘坐人员的舒适性。由于汽车空调的调节对象是车内的人，故更偏重于人的舒适性的要求。衡量汽车空调质量的指标主要有温度、湿度、空气流速和空气清洁度。空调的功能如图 7–1 所示。

二、新能源汽车空调制冷系统的组成

新能源汽车空调系统与传统燃油汽车基本相同，主要由电动压缩机、冷凝器、蒸发器、鼓风机、膨胀阀、储液干燥器、集液器、高压管和低压管、空调压力开关、室外温度传感器等组成(见图 7–2)。不同之处在于新能源汽车空调系统用来工作的核心零部件——压缩机没有了传统燃油汽车上的动力来源，所以只能通过汽车自身的动力电池来驱动，需要在压缩机里加装驱动电机，驱动电机与压缩机和控制器组合使用。

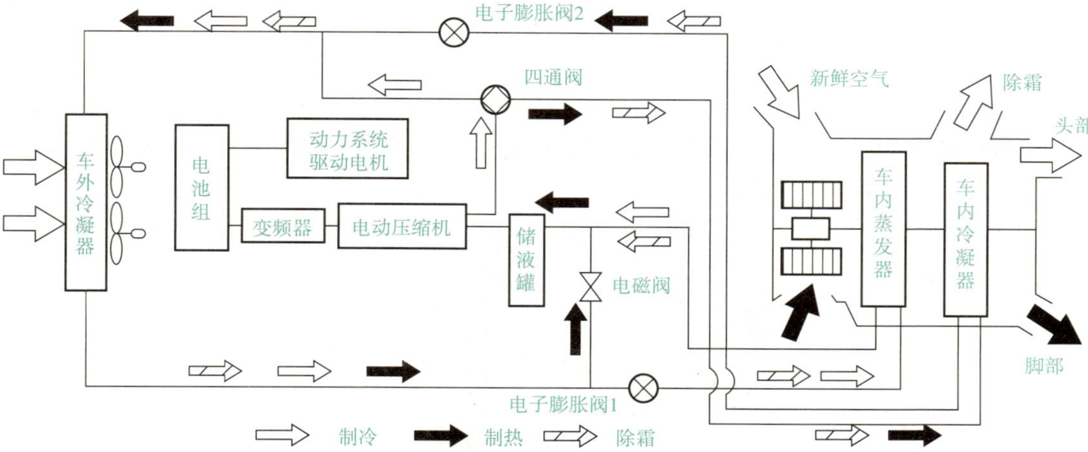

图 7-1　空调的功能

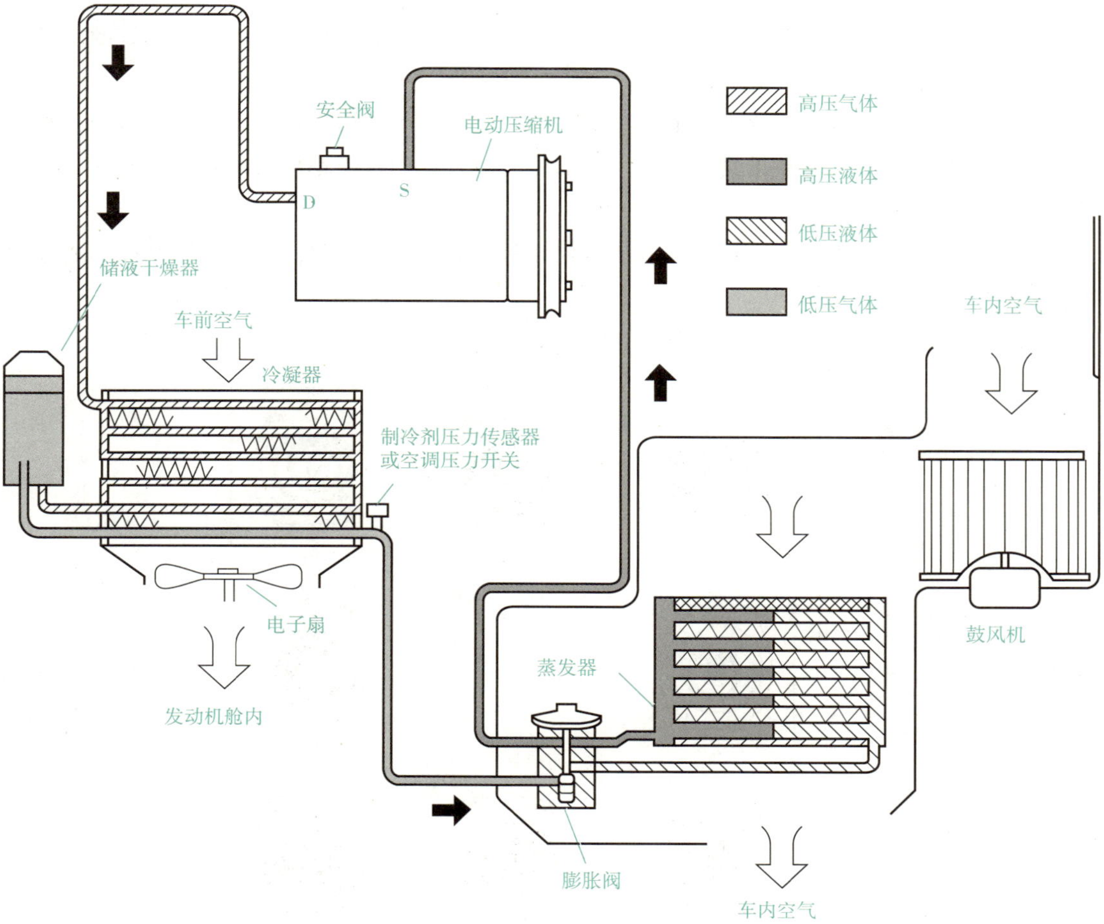

图 7-2　新能源汽车空调制冷系统的组成

1. 电动压缩机

（1）电动压缩机的作用

电动压缩机（见图 7-3）的作用主要是把低温、低压的气态制冷剂吸入压缩成高温、高压的液态制冷剂，以跟外界空气形成温差。

图 7-3　电动压缩机

（2）电动压缩机工作的三个过程

吸入过程：在固定蜗形管和可变蜗形管间产生的压缩室的容量随着可变蜗形管的旋转而增大，气态制冷剂从进风口吸入。

压缩过程：吸入步骤完成后，随着可变蜗形管继续转动，压缩室的容量逐渐减小，吸入的气态制冷剂逐渐压缩并被排到固定蜗形管的中心位置。当可变蜗形管旋转约两周后，制冷剂的压缩过程完成。

排放过程：气态制冷剂压缩完成而压力较高时，通过按压排放阀，使液态制冷剂通过固定蜗形管中心排放口排出。

电动压缩机工作的三个过程如图 7-4 所示。

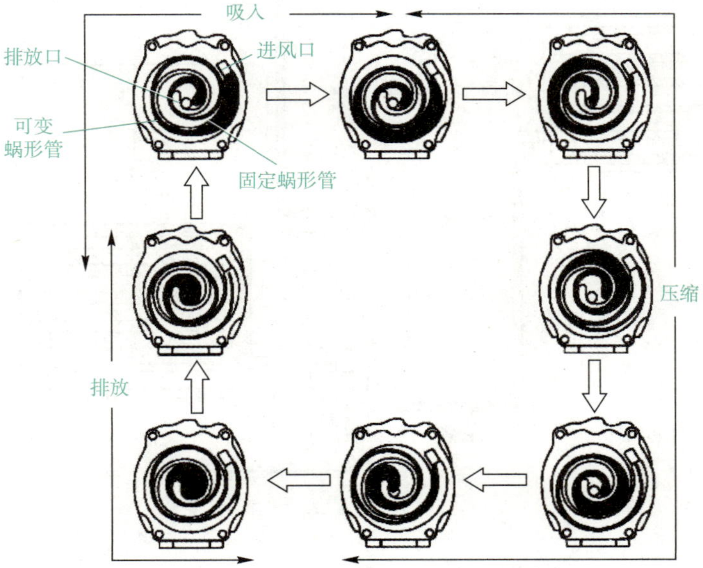

图 7-4　电动压缩机工作的三个过程

2. 冷凝器

汽车空调制冷系统中的冷凝器是一种由管子与散热片组合起来的热交换器。它是对电动压缩机排出的高温、高压制冷剂蒸汽进行冷却，使之凝结成高温、高压的液体的装置。制冷剂蒸汽放出的热量由周围空气带走，排到大气中。

（1）管片式冷凝器

管片式冷凝器（见图 7-5）结构比较简单，加工方便，但散热效果较差。管片式冷凝器一般用在大中型客车的制冷装置上。

（2）管带式冷凝器

管带式冷凝器（见图 7-6）的传热效率比管片式冷凝器高 15% ～ 20%，但它的制造工艺复杂，焊接难度大，且材料要求高。管带式冷凝器一般用在小型汽车的制冷装置上。

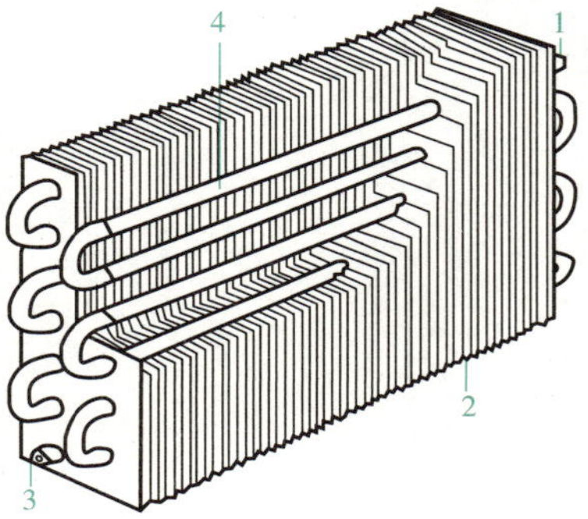

1—进口；2—散热片；3—出口；4—制冷剂散热管。

图 7-5　管片式冷凝器

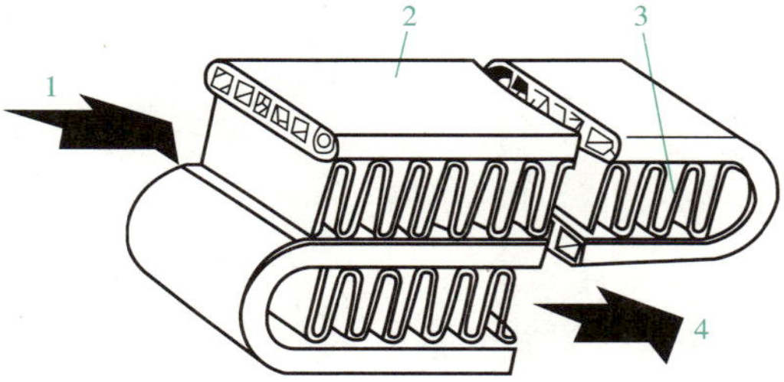

1—气态制冷剂；2—异型扁管；3—波纹散热片；4—液态制冷剂。

图 7-6　管带式冷凝器

（3）平流式冷凝器

平流式冷凝器（见图 7-7）具有制冷剂侧的压力小、传热系数高、质量小、结构紧凑和制冷剂充注量少等特点。平流式冷凝器适合与采用 R134a 为制冷剂的制冷系统配套使用。

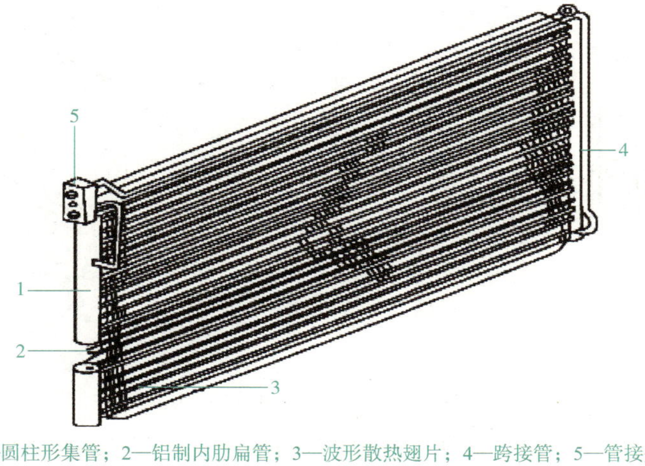

1—圆柱形集管；2—铝制内肋扁管；3—波形散热翅片；4—跨接管；5—管接头。

图 7-7　平流式冷凝器

3. 蒸发器

蒸发器是汽车空调制冷系统中的另一个热交换器，其作用与冷凝器相反，是将经过节流降压后的液态制冷剂沸腾汽化，吸收蒸发器表面周围空气的热量使之降温的装置。风机再将冷风吹到车室内，最终达到降温的目的。

（1）管片式蒸发器

管片式蒸发器（见图 7-8）由铜质或铝质圆管套上铝翅片组成，经胀管工艺使铝翅片与圆管紧密相接触。管片式蒸发器结构较简单、加工方便，但其换热效率较差。

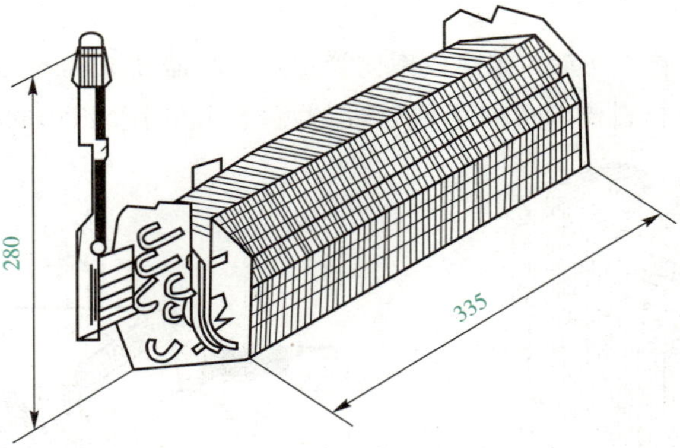

图 7-8　管片式蒸发器

（2）管带式蒸发器

管带式蒸发器（见图 7-9）由多孔扁管与蛇形散热铝带焊接而成，工艺比管片式蒸发器复杂，需采用双面复合铝材（表面覆一层 0.02 ～ 0.09 mm 厚的焊药）。这种蒸发器换热效率比管片式蒸发器高 10%左右。

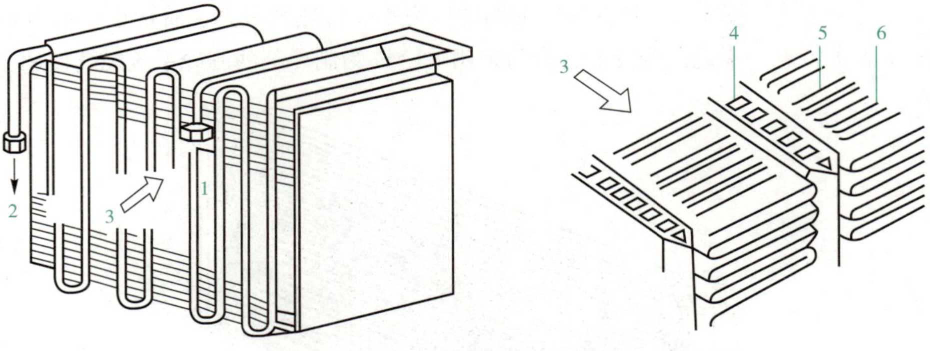

1—进口；2—出口；3—空气；4—管子；5—翅片；6—散热口。

图 7-9　管带式蒸发器

（3）层叠式蒸发器

层叠式蒸发器（见图 7-10）由两片冲成复杂形状的铝板叠在一起组成制冷剂通道，每两片通道之间夹有蛇形散热铝带。这种蒸发器也需要双面复合铝材，且焊接要求高，加工难度最大，但其换热效率最高，结构最紧凑。采用新型制冷剂 R134a 的汽车空调多采用这种层叠式蒸发器。

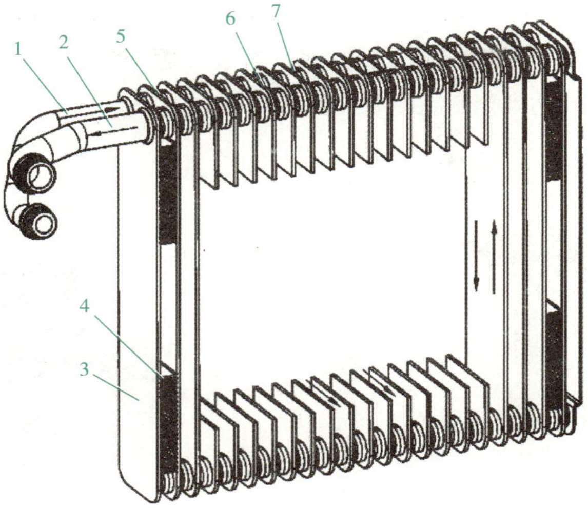

1—进液管；2—出气管；3—边板；4—翅片；5—叠片；6—后排换热流道；7—前排换热流道。

图 7-10　层叠式蒸发器

4. 鼓风机

在鼓风机的作用下，将车内或者车外的空气从进风口吸入后过滤进入鼓风机，并在离心力的作用下，进入空调箱内，空气与空调箱内的蒸发箱进行冷交换变成低温空气。鼓风机实物图如图 7-11 所示。

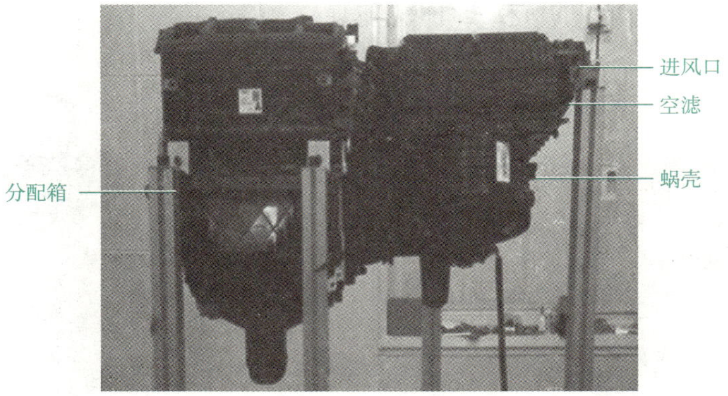

图 7-11　鼓风机实物图

5. 膨胀阀

膨胀阀安装在蒸发器入口管路上，用以调整和控制制冷剂进入蒸发器的流量，保证制冷剂在蒸发器内完全蒸发。

（1）内平衡式膨胀阀

内平衡式膨胀阀（见图 7-12）的感温包内充注制冷剂，放置在蒸发器出口管道上，感温包和膜片上部通过毛细管相连，感受蒸发器出口处的制冷剂温度；膜片下面感受到的是蒸发器入口压力。如果空调负荷增加，液压制冷剂在蒸发器提前蒸发完毕，则蒸发器出口制冷剂温度将升高，膜片上压力增大，推动阀杆使膨胀阀开度增大，进入到蒸发器中的制冷剂流量增加，制冷量增大；如果空调负荷减小，则蒸发器出口制冷剂温度减小，以同样的作用原理使膨胀阀开度减小，从而达到控制制冷剂流量的效果。

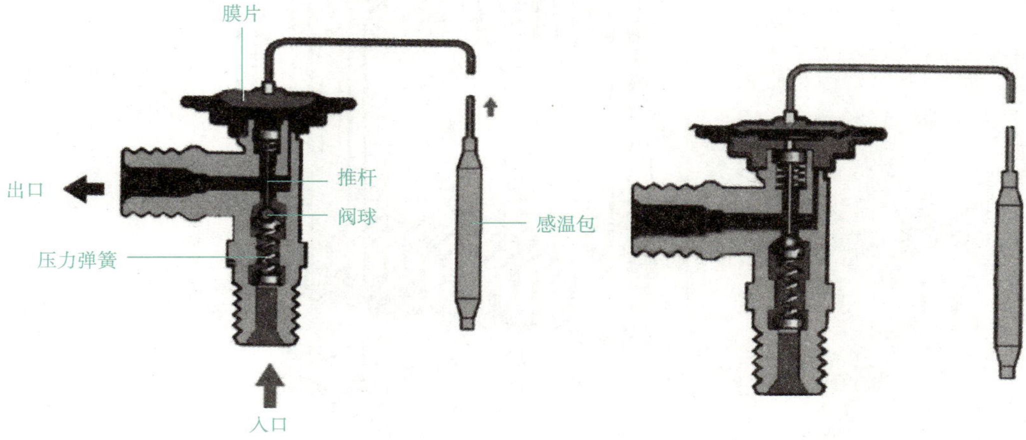

（a）热负荷大，制冷剂流量大　　（b）热负荷小，制冷剂流量小

图 7-12　内平衡式膨胀阀

（2）外平衡式膨胀阀

外平衡式膨胀阀（见图 7-13）与内平衡式膨胀阀的不同之处在于，其感受的是蒸发器出口压力，而不是蒸发器的入口压力。一般蒸发器内制冷剂的压力降较大时，选用外平衡膨胀阀能充分而有效地利用蒸发器的所有表面积，以提高换热效率。

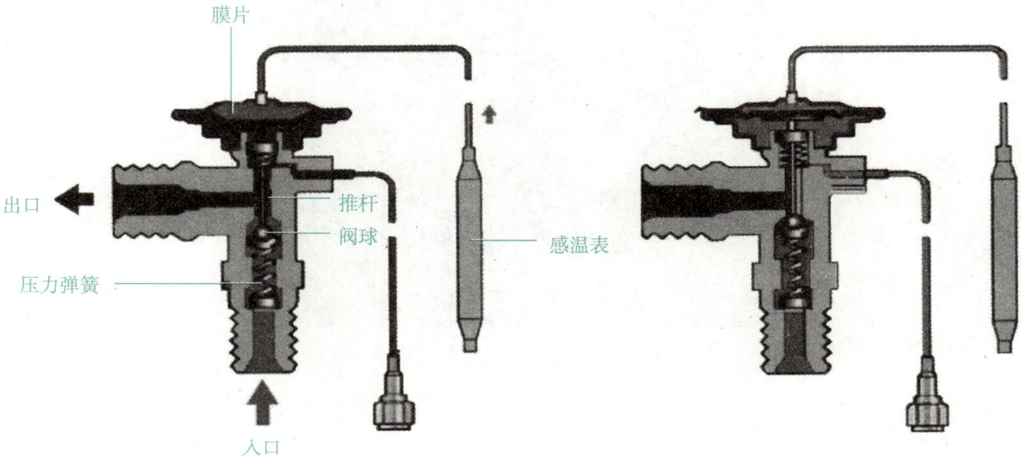

（a）热负荷大，制冷剂流量大　　（b）热负荷小，制冷剂流量小

图 7-13　外平衡式膨胀阀

（3）电子膨胀阀

电子膨胀阀（见图 7-14）是一种可按预设程序调节进入制冷装置的制冷剂流量的节流元件。电子膨胀阀主要由四部分组成：转子、定子、阀针和阀体。转子相当于同步电动机的转子，其连接阀杆控制阀孔开度大小。定子相当于同步电子的定子，其将电能转为磁场驱动转

子转动。阀针受转子驱动，端部呈锥形，上下移动进行流量调节。电子膨胀阀的控制系统主要由组成电子膨胀阀阀体、控制器、压力传感器、温度传感器组成。

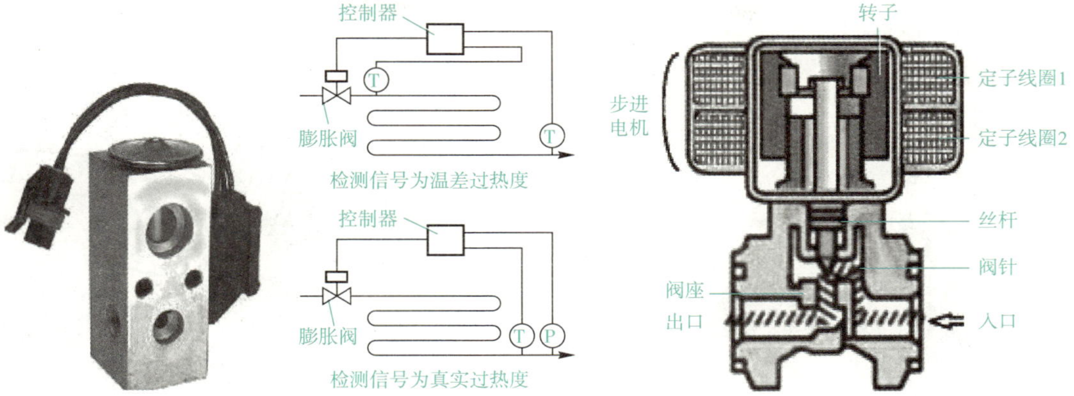

图 7-14 电子膨胀阀

6. 储液干燥器

储液干燥器（见图 7-15）串联在冷凝器与膨胀阀之间的管路上，使从冷凝器中出来的高压制冷剂液体经过滤、干燥后流向膨胀阀。在制冷系统中，它起到储液、干燥和过滤液态制冷剂的作用。

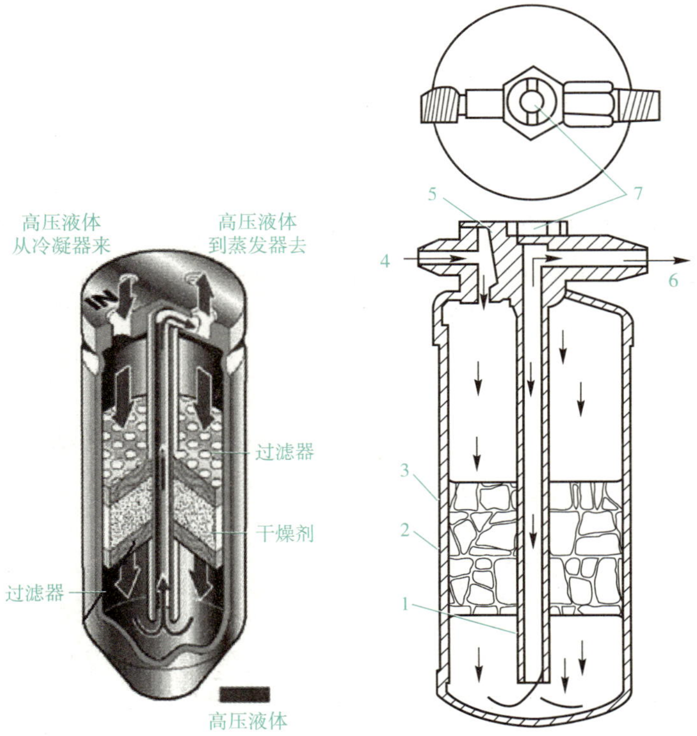

1—引出管；2—干燥剂；3—过滤器；4—进口；5—易熔塞；6—出口；7- 视液镜（观察窗口）。

图 7-15 储液干燥器

7. 集液器

集液器也称为积累器、气液分离器（见图 7-16），其和储液干燥器类似，但装在系统的低压侧。装有集液器的空调系统通常都用孔管。集液器的主要功能是防止液态制冷剂液击压缩机，也用于储存过多的液态制冷剂，内含干燥剂也起储液干燥器的作用。

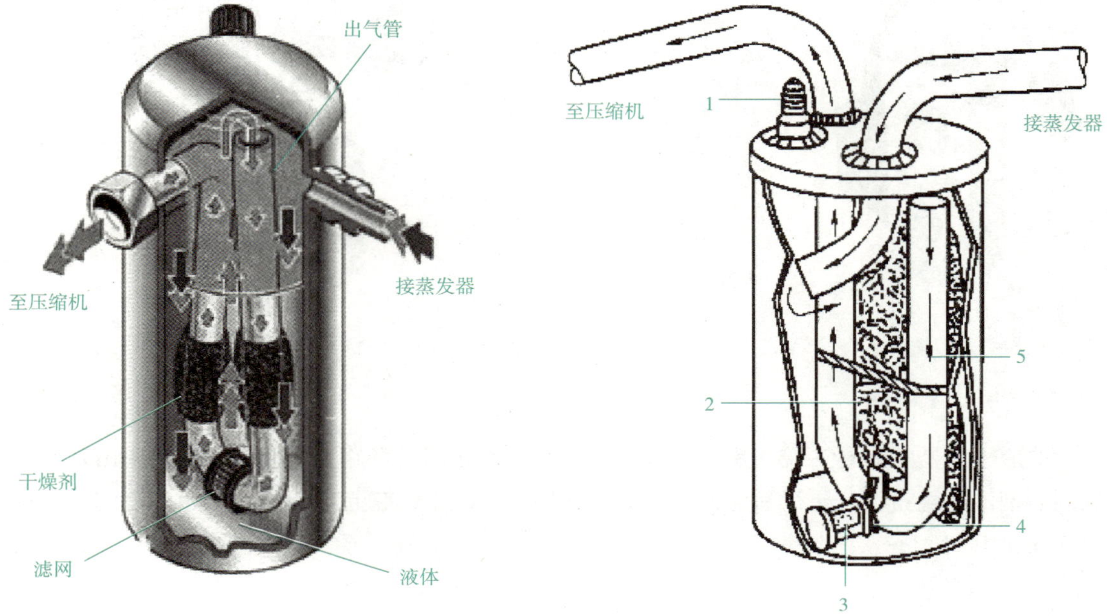

1—测试孔口；2—干燥剂；3—滤网；4—泄油孔；5—出气管。

图 7-16　集液器

8. 高压管和低压管

车辆采用空调高压管与低压管（空调硬管或软管）将空调制冷系统连接成一个密闭的系统，制冷剂与润滑油在这个密闭的系统里流动，完成制冷剂的工作循环过程。空调硬管由铝管和相应接头组成，空调软管由橡胶软管和相应接头组成。

9. 空调压力开关

空调压力开关属于三态压力开关，根据空调制冷循环制冷剂压力值，打开或关闭空调压力开关，传送空调系统压力信号，实现空调系统的压力保护。

10. 室外温度传感器

室外温度传感器影响车内空气温度的自动控制，室外温度传感器是对温度敏感的热敏元件，其电阻和温度成反比例关系。空调控制模块根据电阻值信息设置内外循环电机、冷暖温度风向电机、鼓风机调速模块等来达到控制空调温度的目的。

室外温度传感器位于车辆前保险杠下面的前格栅区域，空调控制模块使用室外温度传感器来获知周围空气温度信息，并在仪表上显示外部温度。

三、新能源汽车电动制冷系统的原理

1. 新能源汽车电动制冷系统循环的四个过程

汽车空调系统各个部件之间采用高压橡胶软管和铝管连接成一个密闭的系统。制冷系统工作时，制冷剂会以不同的状态在这个空间里循环流动，而这样的循环又分为了以下四个过程。

（1）压缩过程

压缩机吸入蒸发器出口处低温、低压的制冷剂气体，把它压缩成高温、高压的气体排出。

（2）散热过程

高温、高压的过热制冷剂气体进入冷凝器，由于压力和温度的降低，制冷剂气体冷凝成液体，并排出大量的热量。

（3）节流过程

温度和压力较高的制冷剂液体通过膨胀装置后体积变大，压力和温度急剧下降，以雾状（细小液滴）排出膨胀装置。

（4）吸热过程

雾状制冷剂液体进入蒸发器，因此时制冷剂沸点远低于蒸发器内温度，故制冷剂液体蒸发成气体。在蒸发过程中大量吸收周围的热量，而后低温、低压的制冷剂蒸气又进入压缩机。

上述过程周而复始的进行，达到降低蒸发器周围空气温度的目的。

2. 新能源汽车电动制冷系统的工作原理

整车上 ON 挡后，VCU 接收高压电池包信息，当电池包 SOC 值大于 10% 时，VCU 向空调控制面板发送高压信号；当驾驶人员按下 A/C 开关时，空调控制面板采集空调 A/C 开关信号、空调压力开关信号、蒸发器温度信号、环境温度信号，经过运算处理形成控制信号通过 CAN 向电动压缩机发送控制信号；压缩机根据控制信号去调节转速，VCU 根据控制信号以 PWM 信号方式传输给鼓风机控制器，鼓风机控制器再输出 0 ～ 12 V 的变化电压来调整鼓风机的转速。空调控制原理如图 7-17 所示。

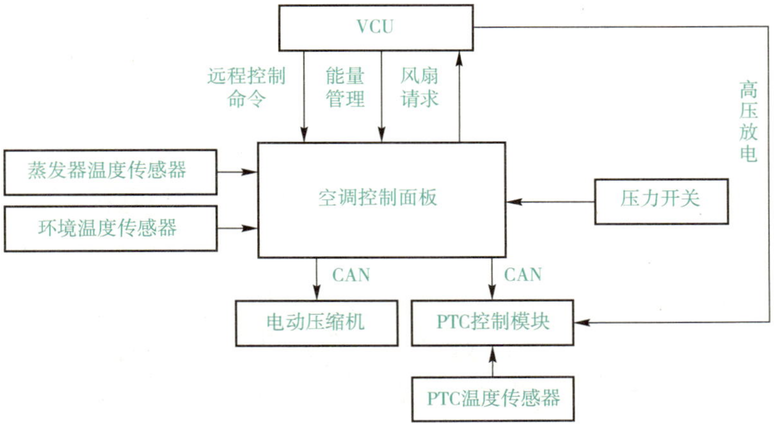

图 7-17　空调控制原理

知识扩展 中国制冷剂发展现状与未来发展趋势

本知识可通过识别二维码获取学习。

扫一扫　学一学

故障分析及维修方案 新能源汽车空调不制冷故障的原因

新能源汽车空调的制冷系统发生故障时，会导致车内温度无法调节。造成空调不制冷的原因可能是压缩机控制系统出现故障。

对本任务的故障现象，维修技师接到该任务后，就车检查，汽车上电 READY 挡，验证故障现象，鼓风机风速调至 3 挡，模式为风吹向面部。打开空调 A/C 开关，AUTO 模式，出风口未感觉有冷风；开启 PTC 加热模式，出风口有暖风，确定空调制冷系统存在故障。维修技师说："空调不制冷通常是由两种原因导致：一是制冷条件不满足，压缩机不开机；二是压缩机控制系统出现故障。"判断压缩机控制系统需要维修。

根据维修技师的分析，填写新能源汽车空调不制冷检修相关信息，告知售后服务经理，得到确认后检修，提交一份分析报告并归档。故障报告检测分析表及实训总结与评价表见活页手册。

任务实施 新能源汽车空调不制冷故障的检修步骤

一、实施环境

安全防护：布置车辆安全防护与隔离（车辆挡块、警示隔离带、高压危险警示牌）。

工具设备：万用表、绝缘检测仪、故障诊断仪、示波器、空调压力表、电子红外温度枪，试灯。

实训车辆：吉利帝豪 EV450。

辅助资料：汽车原厂维修手册、原厂电路图。

二、实施步骤

1. 读取故障码

使用故障诊断仪读取故障码（DTC），空调制冷系统存在以下错误。

DTC U016B87：空调系统与空调压缩机模块（ACCM）通信丢失。空调系统故障码如图 7-18 所示。

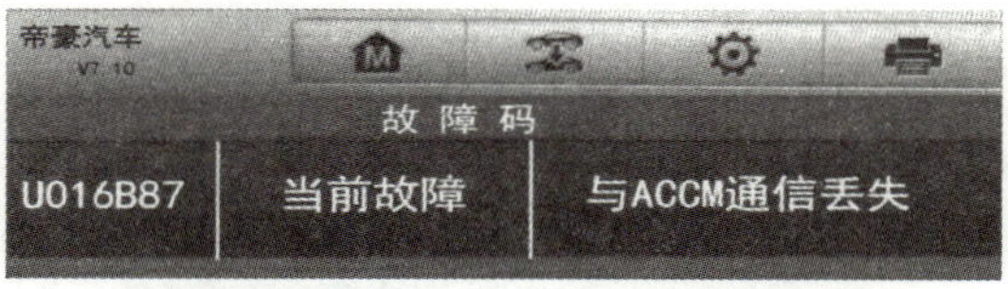

图 7-18　空调系统故障码

2. 故障检测

①根据专检得知故障码表示压缩机无法通信，压缩机通过 LIN 总线和空调控制模块通信。车辆加热和制冷指令都通过同一根 LIN 总线传递。因开启 PTC 加热模式，汽车暖风一切正常，故判定 LIN 线路工作正常。电动压缩机低压控制电路图如图 7-19 所示。

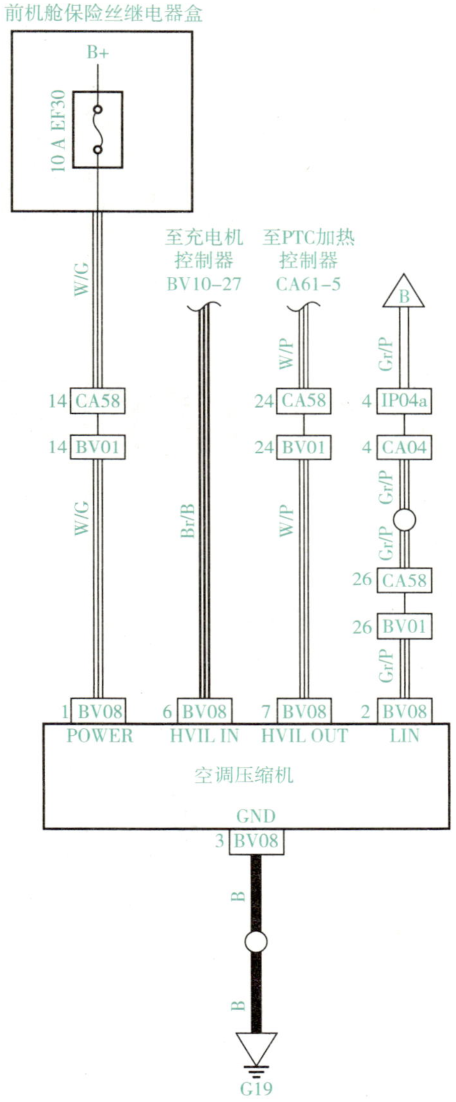

图 7-19　电动压缩机低压控制电路图

②检查空调控制模块电源输入搭铁。将空调模块插头拔下，万用表测试空调低压控制插头 BV07。先用试灯的一端接触 BV07 的 1 端子和另一端搭铁，正常情况应点亮试灯；再用试灯的一端连接蓄电源"+"极，另一端连接 BV07，正常情况应点亮试灯。检查结果：压缩机控制模块的电源和搭铁正常。

③检测空调控制模块通信，当维修机师将 A/C 开启时，用示波器测试 A/C 开启时 LIN 总

线波形，测量 LIN 总线波形均匀有波动，电压为 1 ～ 12.5 V，平均为 10.8 V，波形通信正常。空调控制模块通信波形图如图 7-20 所示。

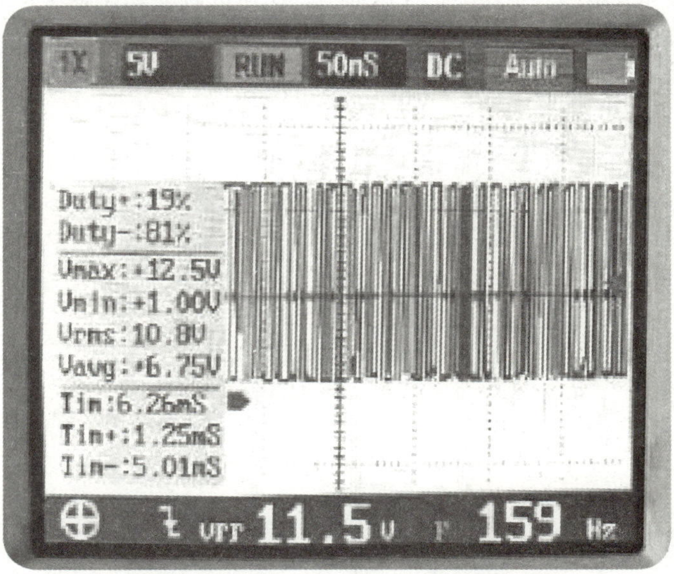

图 7-20　空调控制模块通信波形图

3. 确定故障点

根据检测结果确定故障点为压缩机控制模块。

4. 排除故障点

更换压缩机总成。按规范步骤进行整车下电操作。

①用制冷剂加注一体机进行制冷剂和冷冻油回收作业。

②拔下高压插件插头，并取下固定卡扣。高压插件插头位于高压电控总成后方。

③举升车辆，拔下低压插件插头。

④松开压缩机进气管螺母并迅速将进气管口密封，防止空气进入进气管。

⑤松开压缩机排气管螺母并迅速将排气管口密封，防止空气进入排气管。

⑥松开三个压缩机固定螺栓，取下压缩机。更换新的压缩机后按规定力矩拧紧压缩机固定螺栓。

⑦迅速取下新压缩机上进气口密封塞和进气管口密封罩，安装进气管螺母并按规定力矩拧紧。

⑧迅速取下新压缩机上排气口密封塞和排气管口密封罩，安装排气管螺母并按规定力矩拧紧。

⑨插上低压线束插头降下车辆，插上高压线束插头并安装固定卡扣，完成更换。

维修技师更换压缩机总成后，完成系统制冷准备工作，制冷条件满足后，试车检测。维修技师用温度计检测车内出风口温度，符合正常值，故障排除，任务完成。

任务二 新能源汽车空调不制热故障检修

思政导学 持之以恒，专注技能

浙江三花智能控制股份有限公司（以下简称三花智控）创始人提出“管理之花，科技之花，人才之花”的内涵，将人才和创新定义为最根本、最核心的发展要素。三花智控始终坚持专注于以热泵变频控制与热管理系统设计技术为核心，重视技术的创新和迭代，“三花”牌智控元器件已成为世界知名品牌。

《制冷系统及热泵 安全与环境要求》（GB/T 9237—2017）为推荐性国家标准。该标准规定了与制冷系统及热泵有关的人身和财产安全要求以及环境保护要求，建立了制冷系统的操作、维护、检修以及制冷剂回收的程序。该标准规定了制冷系统及热泵的分类、选择原则和制冷剂充注量限值。

拓展阅读 《制冷系统及热泵安全与环境要求》标准

浙江三花智能控制股份有限公司积极主持或参与起草多项推荐性国家标准、强制性国家标准和推荐性汽车行业标准，包括《制冷系统及热泵安全与环境要求》《汽车空调用液气分离器》等，体现公司在空调制冷零部件及汽车热交换零部件行业的显著地位。

故障现象

售后服务经理接到客户一辆比亚迪 EV300，客户反映暖风不热，制冷正常。请思考，如何解决这一问题？

知识链接 新能源汽车空调暖风系统

一、空调暖风系统的功能

空调暖风系统是一个将冷空气送入热交换器，吸收某种热源的热量，提高空气的温度，并将热空气送入车内的系统。空调暖风系统的主要功能是与蒸发器一起共同将空气调节到适宜温度，在寒冷的冬季向车内供暖，提高车内空气的温度。车窗结霜会影响驾驶人员和乘坐人员的视线，不利于行车安全，这时可通过空调暖风系统吹出的热风除霜。

二、空调暖风系统的组成

空调暖风系统由电子开关模块、空气净化风扇（鼓风机）、制热系统（热交换器）、温度传感器、出风风道、出风口等组成，电子开关模块包括 MOSFET、光电合器等部件。空调暖风结构示意图如图 7-21 所示。

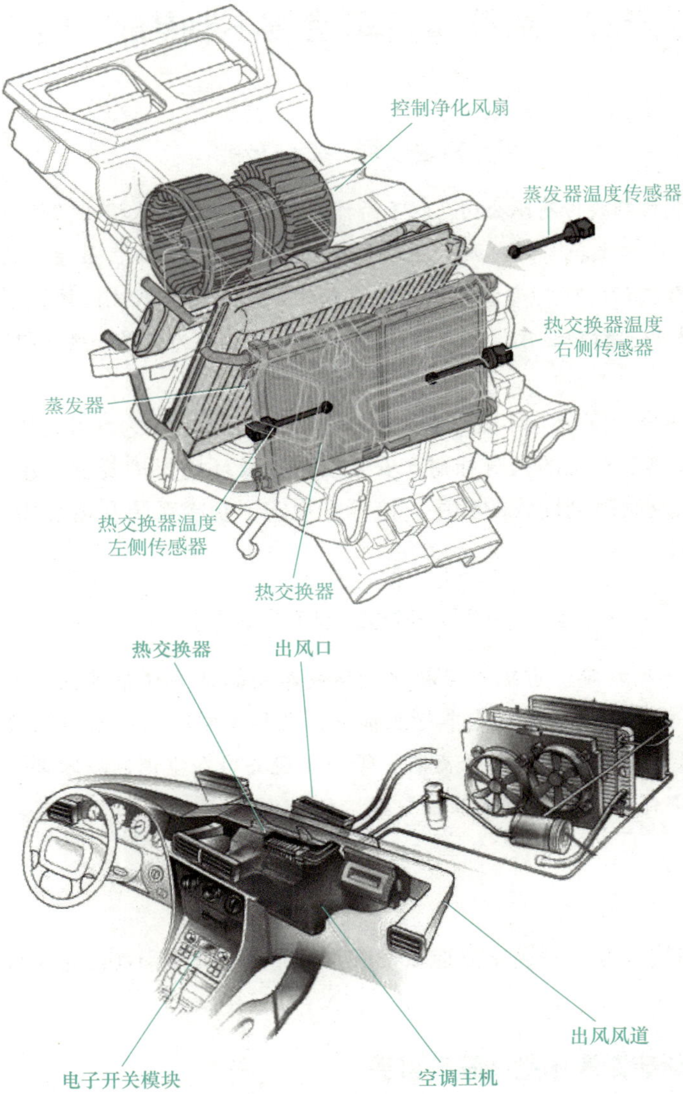

图 7-21　空调暖风结构示意图

1. 电子开关模块

通过操作空调控制面板（见图 7-22）上的各功能按键，可以实现不同的功能，如风向、风速、温度调节等。

2. 空气净化风扇（鼓风机）

鼓风机（见图 7-23）的作用是把冷气或者热气吹到车内。简单来说，鼓风机就是送风的装置。

图 7-22　空调控制面板

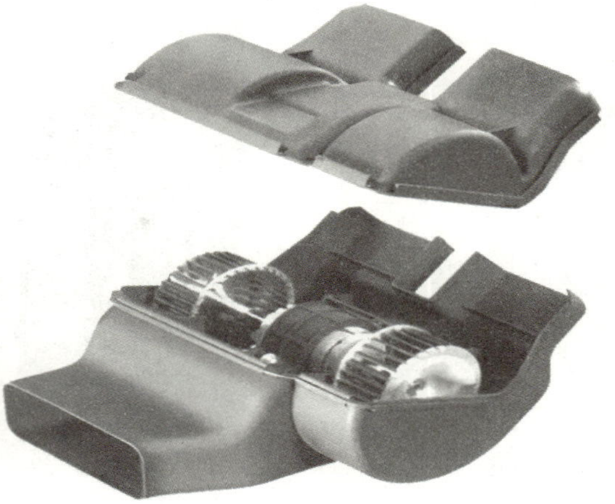

图 7-23　鼓风机

3. 制热系统（热交换器）

目前，新能源汽车空调制热系统主要有两种类型：PTC 制热和热泵制热。不同类型的制热系统的工作原理有很大区别。

（1）空气 PTC 加热器

空气 PTC 加热器的发热原理比较简单，与电阻丝暖风系统类似，都是靠电流通过电阻生热，唯一的区别是电阻的材质。电阻丝是用普通的高阻值的金属丝，而新能源汽车上用的 PTC 是一种半导体热敏电阻，它的特性是随着温度的升高阻值也会升高。这个特性决定了恒电压情况下，空气 PTC 加热器在温度低时加热快，而温度上升后阻值变大，电流变小，PTC 消耗的能量变少，这样就能保持温度相对恒定，相比电阻丝加热更加省电。目前，空气 PTC 加热器已被新能源汽车（尤其是中低端车型）广泛采用。PTC 加热器如图 7-24 所示。

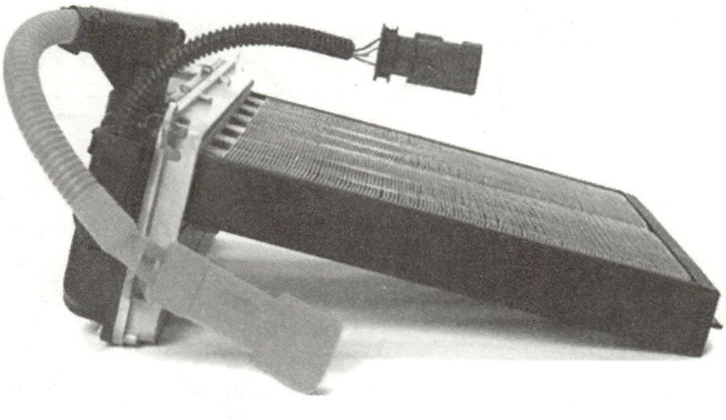

图 7-24　PTC 加热器

（2）防冻液 PTC 加热器

新能源汽车冷却液的作用：一方面，给汽车上容易发热的元件（如电机等）散热；另一方面，在温度较低的情况下提供热能供驾驶室采暖。为保证在温度较低的情况下，给车内提供足够的热源，常在冷却液循环系统上串联一个加热装置，加热冷却液，使冷却液的温度达到合适的温度给车内提供足够的热源。该加热装置即防冻液 PTC 加热器，如图 7-25 所示。

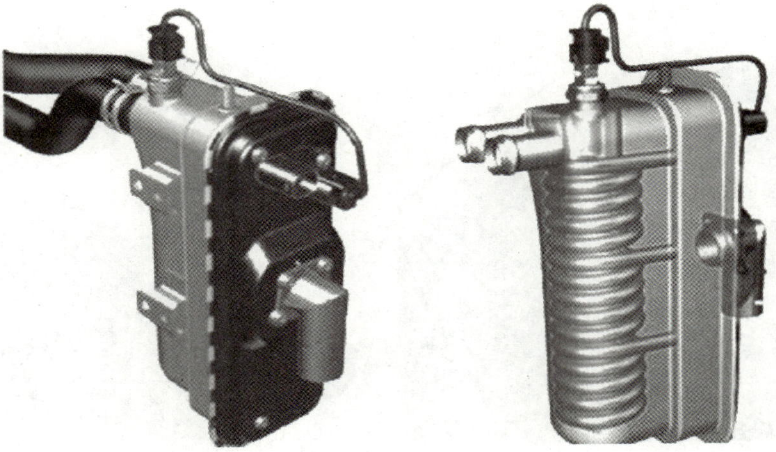

图 7-25　防冻液 PTC 加热器

（3）热泵系统

暖风加热的另一种实现方式就是通过热泵系统（见图 7-26）。空调系统的制冷 / 制热模式由四通换向阀转换，实线箭头表示制冷工况，虚线箭头表示制热工况。从原理上讲，该系统与普通的热泵空调并无区别，但是用于新能源汽车上，其专门开发了双工作腔滑片压缩机、直流无刷电动机和逆变器控制系统。不过，在热泵工况下，系统从融霜模式转为制热模式时，风道内换热器上的冷凝水将迅速蒸发，会在风窗玻璃上结霜，影响驾驶的安全性。

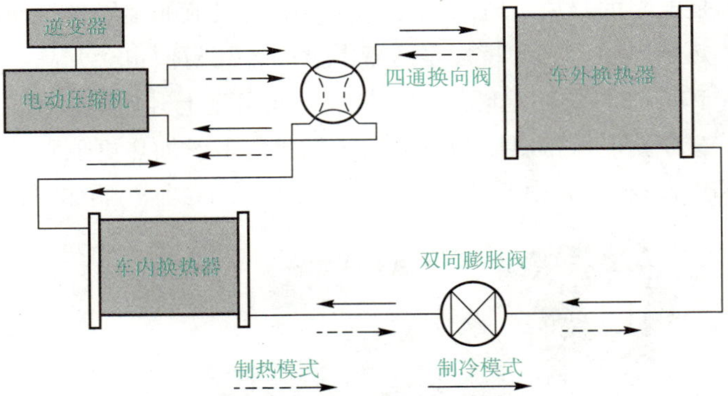

图 7-26　热泵系统示意图

三、新能源汽车空调暖风系统的工作原理

以空气 PTC 加热器空调为例，空调控制器接收空调面板的加热请求信号，并采集车内、车外温度、蒸发器温度、压力温度等信号，通过空调控制器计算，控制空气 PTC 加热器加热，以及循环控制电机、鼓风机、出风模式电机等执行器工作。空气 PTC 加热器的电源通过高压电控总成中的空调控制器控制，鼓风机电动机启动时，空调控制器根据空气混合风门开度控制电动水泵。

空调控制器与 VCU 通过 CAN 总线完成交互信息，当发生异常时可以及时发出警示信号并作出响应。目前新能源汽车空调采用的空气 PTC 加热器的控制原理基本相同（见图 7-27）。

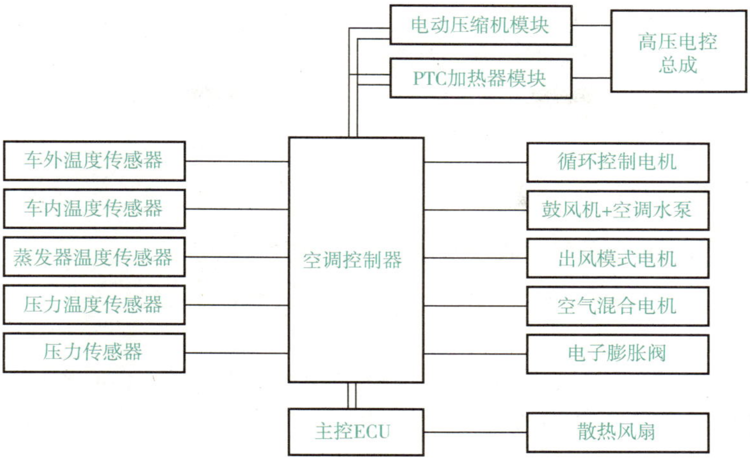

图 7-27　空气 PTC 加热器的控制原理

知识扩展　空调系统在热管理系统中的作用

本知识可通过识别二维码获取学习。

扫一扫　学一学

故障分析及维修方案　新能源汽车空调不制热故障的原因

新能源汽车空调不制热，就不能把车厢内温度控制到舒适的水平。造成新能源汽车空调不制热的原因可能是空调水泵故障、空气 PTC 加热器故障。

对本任务的故障现象，维修技师接到该任务后，就车检查，汽车上 ON 挡，验证故障现象，确定当开启暖风挡时，暖风不热。维修技师说："新能源汽车空调不制热通常是由四种因素导致：一是 PTC 加热器故障，二是保险丝故障，三是线路故障，四是空调水泵及其继电器故障。"

根据维修技师的分析，填写新能源汽车空调不制热检修相关信息，告知售后服务经理，得到确认后检修，提交一份分析报告并归档。故障报告检测分析表及实训总结与评价表见活页手册。

任务实施　新能源汽车空调不制热故障的检修步骤

一、实施环境

安全防护：布置车辆安全防护与隔离（车辆挡块、警示隔离带、高压危险警示牌）。

工具设备：万用表、绝缘检测仪、故障诊断仪、示波器、电子红外温度枪，试灯。

实训车辆：比亚迪 EV300。

辅助资料：汽车原厂维修手册，原厂电路图。

二、实施步骤

1. 读取故障码

使用故障诊断仪读取故障码，故障码为“冷却液温度过热”。

2. 故障检测

①维修技师试车发现暖风不热，压缩机制冷正常，因 PTC 和电动压缩机共用保险丝 F2/14，可不检测保险的阻值，直接排除 PTC 保险丝 F2/14 熔断的可能性。空调制热控制电路图如图 7-28 所示。

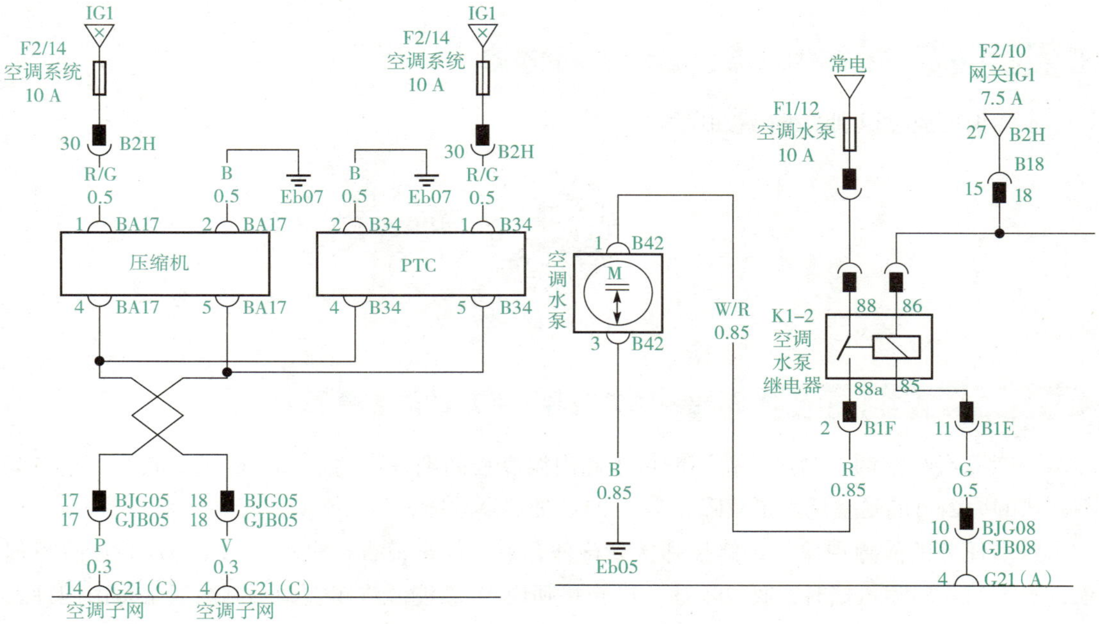

图 7-28　空调制热控制电路图

②用解码仪观察数据流，上 ON 挡电，刚开启暖风时维修技师发现 PTC 功率正常输出正常，但 20 s 后突然输出功率为 0，且数据流上的冷却液温度已达到 100 ℃，PTC 母线电压正常，低压电源电压正常，因此打开前机舱盖，准备检查水温传感器。维修技师用手触摸 PTC 和附近水管，发现温度很高，非常烫手，其余水管温度很凉，怀疑空调水泵故障，触摸空调水泵发现水泵无震感，判定为空调水泵不工作，不循环导致 PTC 冷却液温度过高，PTC 停止加热进入保护。

③检查 F1/12 空调水泵保险丝。拔下保险丝，用万用表阻值挡检测 F1/12 的阻值，正常情况下应该小于 1 Ω。维修技师检测其电阻结果正常。

④检查空调电动水泵继电器。打开机舱，找到前仓继电器盒，找到并拔下空调水泵继电

器，用万用表分别测量 88 和 88a、86 和 85 两端子的阻值。正常情况下应该是一个阻值无穷大，一个阻值很小；给 86 和 85 两端子通电，用万用表电阻挡检查 88 和 88a 的阻值，正常情况的阻值是很小。维修技师测量结果发现 88 和 88a 端子的阻值正常。

⑤拔下水泵接插件 B42，用万用表测量 B24-1 端子电压为常电压，B42-3 与搭铁阻值为 0 Ω。

3. 确定故障点

根据检测结果确定故障点为空调水泵。

4. 排除故障点

更换空调水泵后，经试车开暖风挡，打开鼓风机开关，用手触摸出风口，明显有暖风吹出，故障排除。

项目八

新能源汽车安全系统检修

本项目介绍新能源汽车电气系统的安全气囊、防抱死系统的作用和组成、结构原理及故障检测等。本项目设置两个任务，分别为新能源汽车安全气囊系统灯亮故障检修、新能源汽车防抱制动系统灯亮故障检修。

知识目标

①了解安全气囊、防抱制动系统的作用和组成。

②了解安全气囊、防抱制动系统的工作原理。

③学习用跨接线、故障诊断仪及万用表等工具，对安全气囊、防抱制动系统进行电路检测。

技能目标

①能正确找到安全气囊、防抱制动系统的组成部件。

②能正确进行安全气囊、防抱制动系统的读取与分析。

③能正确进行安全气囊、防抱制动系统的电路检测。

任务一　新能源汽车安全气囊系统灯亮故障检修

思政导学　　以创新拯救生命

宁波均胜汽车安全系统有限公司（以下简称均胜安全）作为全球安全气囊的领先者，以“创新拯救生命”为理念持续发展。均胜安全在这一领域的产品涵盖驾驶人员安全气囊、乘坐人员安全气囊、膝部安全气囊等，为驾乘人员及行人提供全方位的保护。均胜安全获中国新车评价规程（China-New Car Assessment Program, C-NCAP）“汽车安全驱动奖”。

《安全气囊气体发生器用点火具生产安全技术条件》(GB 28261—2012)标准适用于安全气囊气体发生器用点火具生产、贮存、运输和销毁，使用单位参照执行。

拓展阅读 《安全气囊气体发生器用点火具生产安全技术条件》标准

安全气囊正成为智能新能源汽车的标配或增配项。目前，新能源汽车《安全气囊气体发生器用点火具生产安全技术条件》标准建设已成为事故预防的主动安全技术的基本标准。

汽车安全系统主要分为两个方面：一是主动安全系统，如防抱制动系统；二是被动安全系统，如安全气囊系统。它们是利用安装在车辆上的传感器、通信、决策及执行等装置，监测驾驶人员、车辆及其行驶状况，并以警告或控制等方式辅助驾驶人员执行驾驶任务或主动避免、减轻碰撞危害。它们的功用：一是避免事故的发生；二是在被动发生安全事故时汽车对车内成员产生保护或对被撞车辆或行人产生保护。当这些系统传感器、执行器或者 ECU 在行车过程中出了问题，则系统无法工作，需要对其检修，以避免交通事故的发生或减轻由交通事故导致的车内乘员受伤程度。

故障现象

售后服务经理接到客户一辆行驶里程约 20 000 km 的迈腾 Magotan，该车安全气囊系统灯亮。请思考，如何解决这一问题?

知识链接

一、安全气囊系统的作用

安全气囊系统（Supplemental Restraint System，SRS）也称为辅助防护安全气囊系统。安全气囊系统为汽车的被动安全装置，当汽车遭到碰撞导致减速度急剧变化时，或者汽车遭受一定碰撞力量以后，安全气囊系统就会迅速发生某种类似微量炸药爆炸的化学反应，隐藏在车内的安全气囊就在驾驶人员、乘坐人员与车内结构之间迅速打开一个充满气体的袋子，防止汽车碰撞时车内人员和车内部件间发生直接接触，从而达到保护人员安全的目的。

二、安全气囊系统的组成

SRS 主要由传感器、SRS 指示灯、SRS ECU、安全气囊组件（气囊、气体发生器、点火器）等组成（见图 8-1）。

1. 传感器

SRS 常用的传感器按功能可分为碰撞传感器和安全传感器（防护传感器）两大类，见表 8-1 所列。碰撞传感器的作用是检测车辆发生碰撞时的减速度或惯性力，并将信号送到安全气囊系统的专用安全电子控制单元，通常安装在左、右轮拱上方，或者驾驶室内的前下部的左右两侧，或者前保险杠附近。碰撞传感器按结构不同可分为机械式碰撞传感器和电子式碰撞传感器。安全传感器的作用是防止前碰撞传感器短路而造成气囊误触发，其信号是供电子控制单元确定是否发生碰撞，通常安装在 SRS ECU 内部。

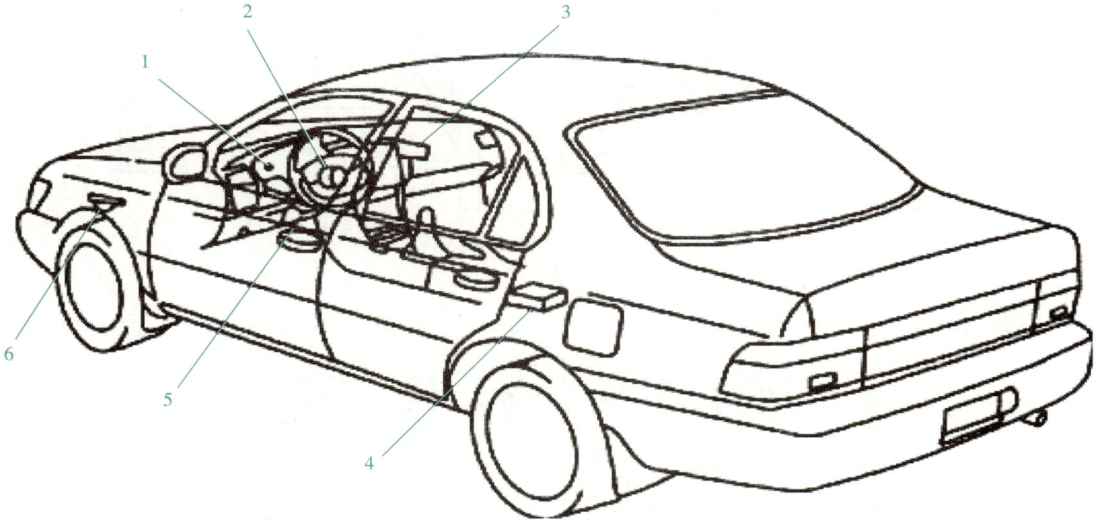

1—SRS 指示灯；2—螺旋线束；3—右前碰撞传感器；
4—SRS ECU；5—安全气囊组件；6—左前碰撞传感器。

图 8-1　SRS 的组成

表 8-1　SRS 常用的传感器

分类		作用
按功能分	碰撞传感器	负责检测碰撞的强度，判定气囊是否触发弹出，如车辆以 40 km/h 的车速撞击一辆静止停放的同样大小车辆，或者以不低于 22 km/h 的车速迎面撞击一个不可变形的固定障碍物时，碰撞传感器就会动作，接通接地回路
	安全传感器	在稍小的撞击强度下便会闭合，起保险作用，防止因碰撞传感器短路而造成的误触发

机械式碰撞传感器。机械式碰撞传感器基本上可简化为弹簧和质量块。当它承受一定时间及一定强度的加速度时，质量块由于惯性作用，闭合传感器信号电路，从而触发气囊爆炸。常见的有滚球式、滚柱式、偏心锤式和水银式。

滚球式碰撞传感器主要由滚球、磁铁、导槽、触点等组成，其结构及工作原理如图 8-2 所示。

滚柱式碰撞传感器由滚柱、曲面板和弹簧接点等组成，曲面板和弹簧接点各接一根引线。正常状态下，滚柱处于静止位置，为“断开”状态；当发生碰撞时，滚柱因惯性而越过曲面板，使曲面板与弹簧接点电路接通，为“闭合”状态，并传递撞击信号给 SRS ECU。滚柱式碰撞传感器的结构及工作原理如图 8-3 所示。

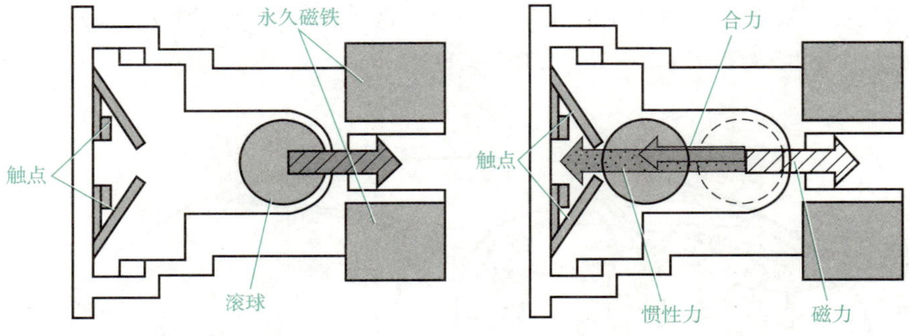

图 8-2　滚球式碰撞传感器的结构及工作原理

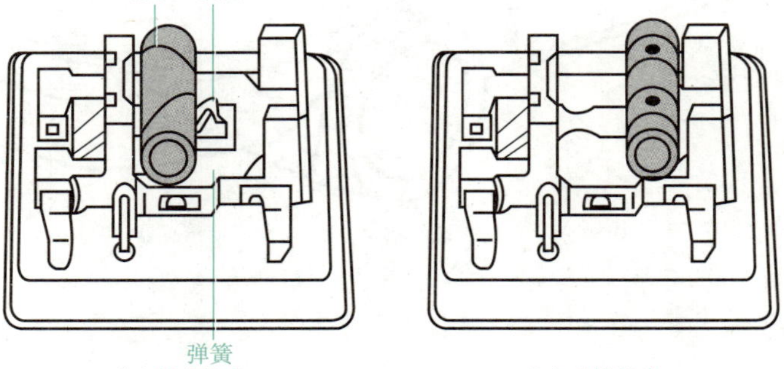

图 8-3　滚柱式碰撞传感器的结构及工作原理

偏心锤式碰撞传感器的结构主要有偏心锤、锤臂、转动触点臂、固定触点接线端子、壳体、转动触点、挡块、固定触点、传感器轴、复位弹簧。复位弹簧与传感器的一个接线端子连接，一端固定在底座上，另一端绕在传感器轴上。转动触点固定在传感器轴部分的复位弹簧上，并可随传感器轴一起转动。固定触点与复位弹簧绝缘固定在底座上，并与传感器的另一个引线端子连接。偏心锤式碰撞传感器的结构及工作原理如图 8-4 所示。当传感器处于静止状态时，传感器轴在复位弹簧的弹力作用下滚向挡块一侧，转动触点与固定触点处于断开状态。当汽车遭受碰撞时，传感器轴的惯性力大于复位弹簧的弹力，惯性力就会克服弹簧弹力使传感器轴向前滚动，将转动触点与固定触点接通，从而接通 SRS 中安全气囊的搭铁回路，完成触发。

水银式碰撞传感器。水银式碰撞传感器是利用水银导电性好的特性制成的，一般用作安全传感器。当汽车发生碰撞时，速度减小将使水银产生惯性力。惯性力在水银运动方向上的分力会将水银抛向传感器电极，使两个电极接通，从而接通安全气囊点火器电路的电源。水银式碰撞传感器的结构及工作原理如图 8-5 所示。

电子式碰撞传感器。电子式碰撞传感器主要可分为压电式、压阻式和电容式三类。压电式碰撞传感器是利用压电效应制成的传感器；压阻式碰撞传感器由在硅梁上制成的硅膜片电阻构成桥路，当硅梁变形时，桥路中电阻变化引起输出电压变化；电容式碰撞传感器由硅栅制成的电容极板组成，当硅栅变形时，电容变化引起输出电压变化。

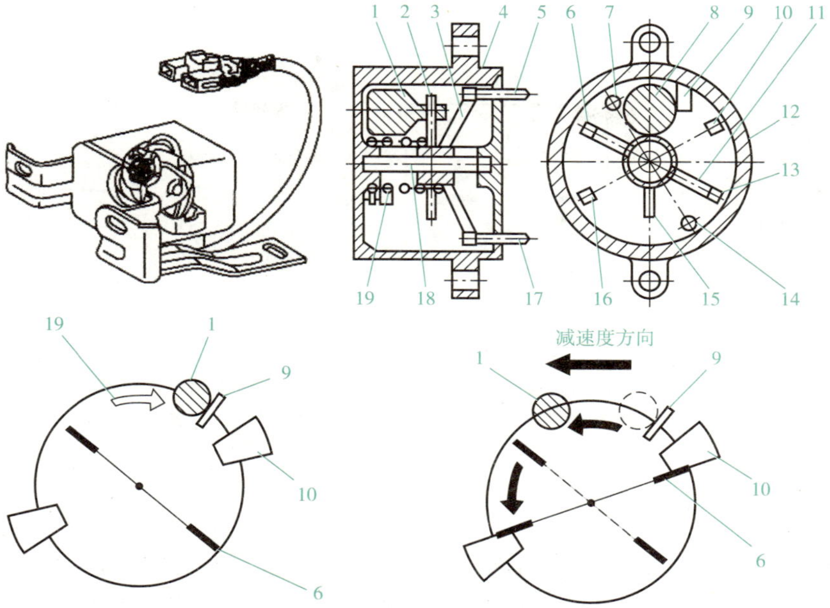

1、8—偏心锤；2、15—锤臂；3、11—转动触点臂；5、7、14、17—固定触点接线端子；4、12—壳体；6、13—转动触点；9—挡块；10、16—固定触点；18—传感器轴；19—复位弹簧。

图 8-4 偏心锤式碰撞传感器的结构及工作原理

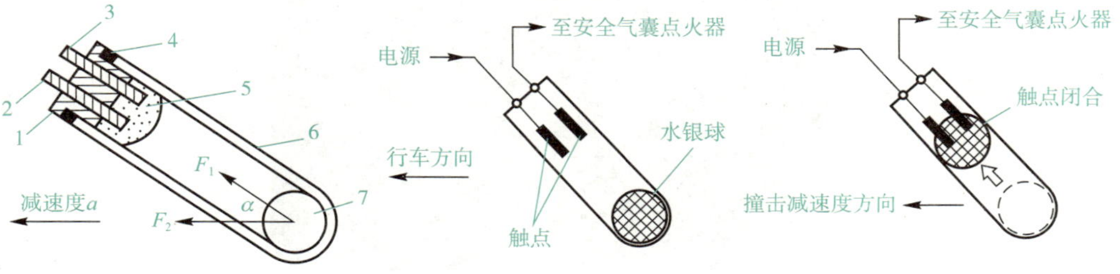

（a）水银开关式传感器 （b）传感器静止状态 （c）传感器碰撞状态

1—盖；2、3—电极；4—密封圈；5—水银球上止点；6—壳体；7—水银。

图 8-5 水银式碰撞传感器的结构及工作原理

德国博世公司研制生产的电阻应变计式碰撞传感器的结构及工作原理如图 8-6 所示，其主要由电子电路、电阻应变计、振动块、缓冲介质和壳体等组成。电子电路包括稳压与温度补偿电路 W、信号处理与放大电路 A。电阻应变计的应变电阻 R_1、R_2、R_3、R_4 制作在硅膜片上。当硅膜片产生变形时，应变电阻的阻值就会发生变化。为了提高传感器的检测精度，应变电阻一般都连接成桥式电路，并设计有稳压和温度补偿电路。当汽车遭受碰撞时，振动块振动，缓冲介质随之振动，应变计的应变电阻产生变形，应变电阻的阻值随之发生变化，经过信号处理与放大后，传感器 S 端输出的信号电压就会发生变化。SRS ECU 根据电压信号强弱便可判断碰撞的劣度（激烈程度）。如果电压超过设定值，SRS ECU 就会立即向点火器发出点火指令引爆点火剂，使充气剂受热分解产生气体给安全气囊充气。

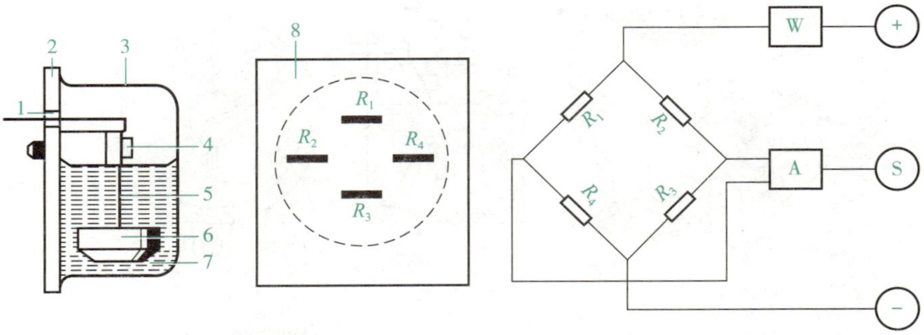

1—密封树脂；2—传感器底板；3—壳体；4—电子电路；5—电阻应变计；6—振动块；7—缓冲介质；8—硅膜片。

图 8-6 电阻应变计式碰撞传感器的结构及工作原理

2. SRS 指示灯

SRS 指示灯又称为 SRS 警告灯或 SRS 警示灯。SRS 指示灯安装在驾驶室仪表盘面膜的下面，并在面膜表面的相应位置制作有图形或“SRS”“Airbag”等字样表示。SRS 指示灯如图 8-7 所示。

图 8-7 SRS 指示灯

SRS 指示灯的功用是指示安全气囊系统功能是否处于正常状态。当点火开关接通“ON”或“ACC”位置后，如果 SRS 指示灯发亮或闪亮约 6 s（闪 6 下）后自动熄灭，表示安全气囊系统功能正常。如果 SRS 指示灯不亮、一直发亮或在汽车行驶途中突然发亮或闪亮，表示自诊断系统发现安全气囊系统有故障，应及时排除。自诊断系统在控制 SRS 指示灯发亮或闪亮的同时，还会将所发现的故障编成代码存储在存储器中。检查或排除安全气囊系统故障时，首先应用专用检测仪器或通过特定方式从诊断插座或通信接口调出故障代码（通常称为故障码），以便快速查寻与排除故障。

3. SRS ECU

安全气囊系统电路框图如图 8-8 所示，SRS ECU 是整个系统的核心部件，一般由单片机加其他电路组成，大多数安装在车身中部靠近变速挡杆的位置。其除了接收传感器信号、执行安全气囊点爆功能外，还包含诊断电路、诊断电路不控制气囊动作、仅监视气囊系统的故障并开启 SRS 故障指示灯等功能。

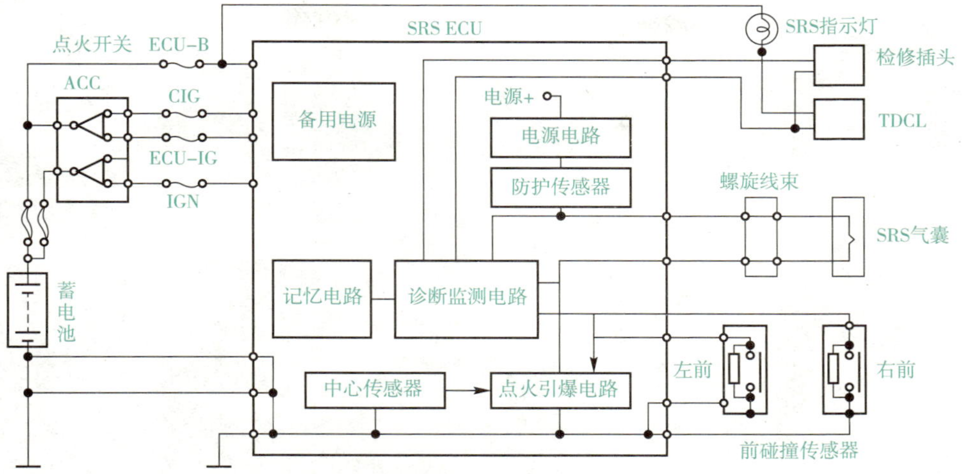

图 8-8　安全气囊系统电路框图

4. 安全气囊组件

安全气囊组件作为防护装置，安装在车辆方向盘、副驾前饰板下、座椅及顶棚侧边等位置。安全气囊组件实物图如图 8-9 所示。安全气囊组件主要由气体发生器、点火器、安全气囊、饰盖和底板组成。

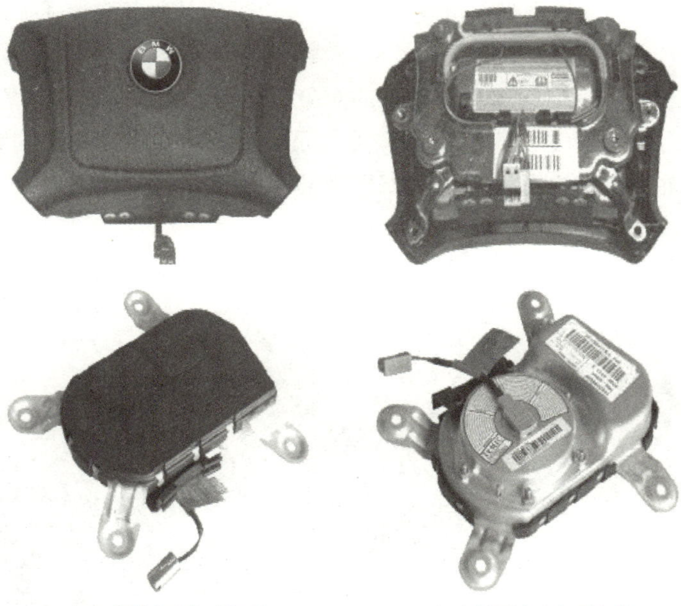

（a）主驾安全气囊组件　　（b）侧面安全气囊组件

图 8-9　安全气囊组件实物图

按碰撞类型分类。安全气囊按碰撞类型分为正面防护安全气囊、侧面防护安全气囊、顶部碰撞防护安全气囊，如图 8-10 所示。

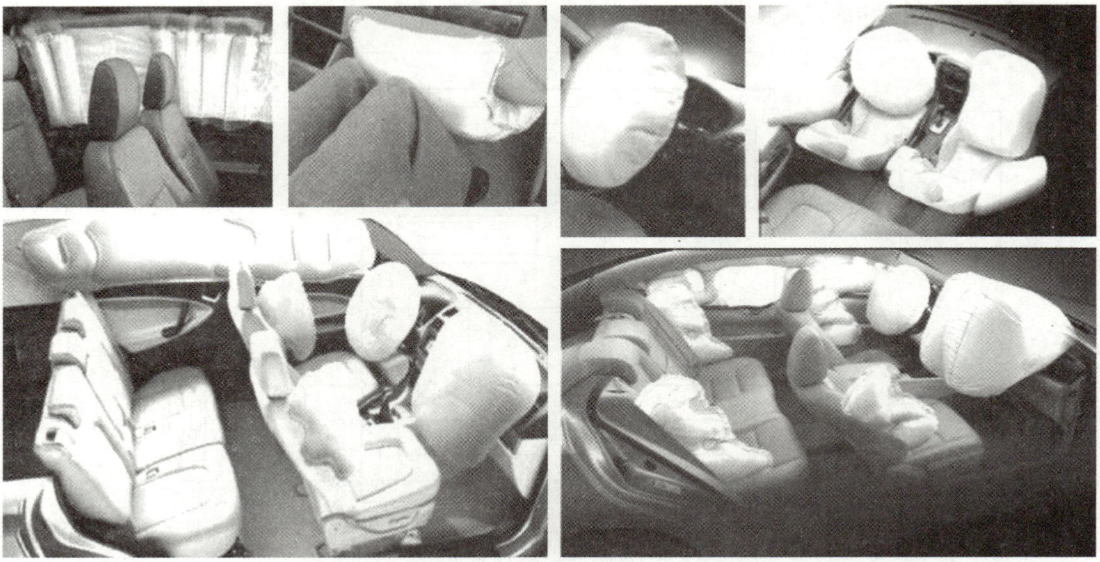

图 8-10　安全气囊

当汽车发生正面碰撞时，在人体惯性力的作用下，车内人员面部或胸部可能与方向盘、风窗玻璃、仪表板、前排座椅、车门、车门玻璃、车门立柱等物体发生二次碰撞，正面气囊保护驾驶人员、乘坐人员的面部和胸部，侧面气囊保护驾驶人员、乘坐人员的头部和腰部。

按气囊的数量分类。安全气囊按气囊的数量分为单气囊系统（只装在驾驶人员侧）、双气囊系统（驾驶人员侧和前排乘坐人员侧各有一个安全气囊）和多气囊系统（前排、后排、侧面均装有安全气囊）。

按保护对象分类。安全气囊按照防护的对象不同安装在了不同的位置。汽车安全气囊防护位置如图 8-11 所示。其主要用于保护驾乘人员的胸部、脸部、腿部、腰部、腹部、胸部外侧和手臂，防护冲击造成的伤害，同时保证驾乘人员一定的逃生能力。

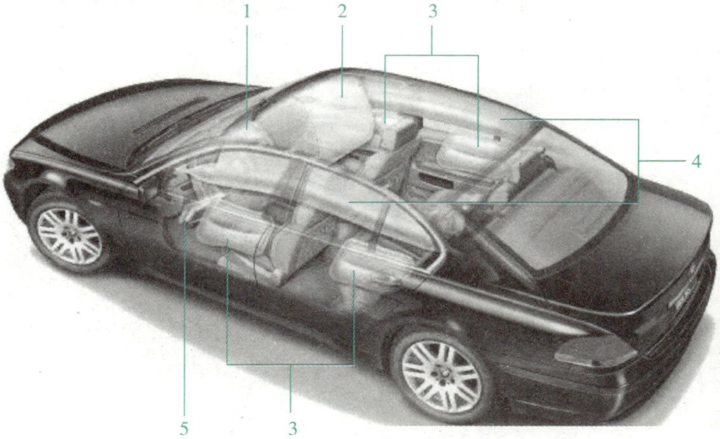

1—驾驶人员侧前部安全气囊；2—前乘坐人员侧前部安全气囊；3—侧面安全气囊；4—头部安全气囊；5—膝部安全气囊。

图 8-11　汽车安全气囊防护位置

三、安全气囊系统的工作原理及动作过程

1. 安全气囊系统的工作原理

当汽车遭受正面碰撞或侧面碰撞时，SRS 的工作原理完全相同。安全气囊系统的工作原理如图 8-12 所示。现以正面碰撞为例，说明 SRS 的工作原理。

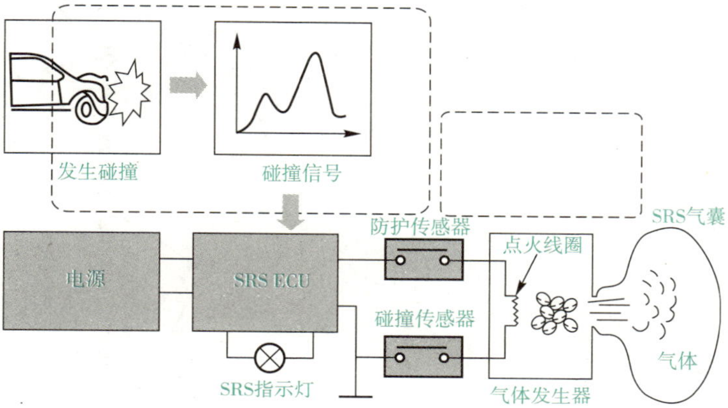

图 8-12 安全气囊系统的工作原理

如果汽车发生碰撞，安装在汽车前部和 SRS ECU 内部的碰撞传感器会检测到汽车突然减速的信号，并将内部和外部碰撞信号送入 SRS ECU 与存储器中的存储值进行比较，判断是否发生碰撞。当产生的信号超过存储值时，碰撞传感器和防护传感器触点闭合，传感器和 SRS ECU 就使电流流经安全气囊控制回路，从而使安全气囊在接收到 SRS ECU 发出的气囊点火指令后，使安全气囊组件中的点火器（电雷管）引起气体发生器爆炸，点火剂（引药）受热爆炸（电热丝通电发热引爆炸药）迅速产生大热量，使充气剂（叠氮化钠固体药片）受热分解并释放出大量氮气迅速充入安全气囊，安全气囊张开并鼓向驾驶人员或乘坐人员，使其面部和胸部压靠在充满气体的安全气囊上，在人体与车内构件之间铺垫一个气垫，将人体与汽车的坚硬部件之间硬碰撞变为软碰撞，通过安全气囊产生变形和排气节流来吸收人体碰撞产生的动能，从而达到减少伤害、保护驾乘人员生命安全的目的。

2. 安全气囊系统的动作过程

根据德国公司在轿车上的试验研究表明，当汽车在速度为 50 km/h 时与前面障碍相碰撞时，安全气囊的动作过程如图 8-13 所示。

①碰撞约 10 ms 时，SRS 达到引爆极限，点火器引爆点火剂并产生大量热量，使充气剂受热分解，驾驶人员尚未动作。

②碰撞约 40 ms 时，安全气囊安全充满，体积最大，驾驶人员向前移动，安全带斜系在驾驶人员身上并拉紧，部分冲击能量已被吸收。

③碰撞约 60 ms 时，驾驶人员头部及身体上部压向安全气囊，安全气囊在人体惯性力作用下产生变形和节流作用，从而吸收人体与安全气囊之间弹性碰撞产生的动能。

④碰撞约 110 ms 时，大部分气体已从安全气囊中逸出，驾驶人员身体上部回到座椅靠背上，汽车前方恢复视野。

⑤碰撞约 120 ms 时，碰撞危害解除，车速降低直至为零。

（a）碰撞约10 ms时

（b）碰撞约40 ms时

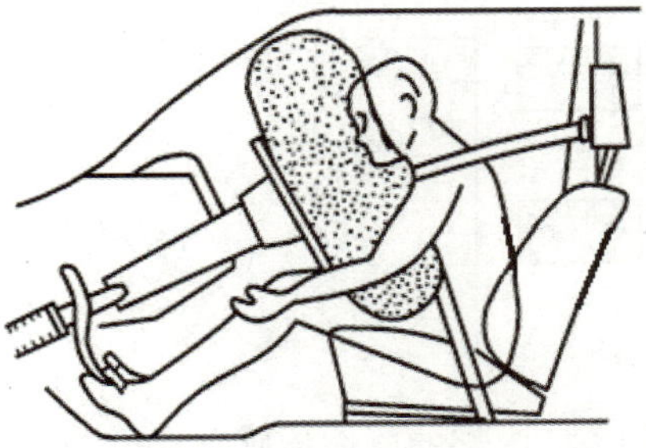

（c）碰撞约60 ms时

（d）碰撞约110 ms时

图 8-13　安全气囊的动作过程

3. 安全气囊系统的有效范围

安全气囊系统并非在所有碰撞情况下都能起作用。在汽车正前方或斜前方 ±30° 范围内发生碰撞（见图 8-14），且其纵向减速度达到某一值时，安全气囊系统才会动作。

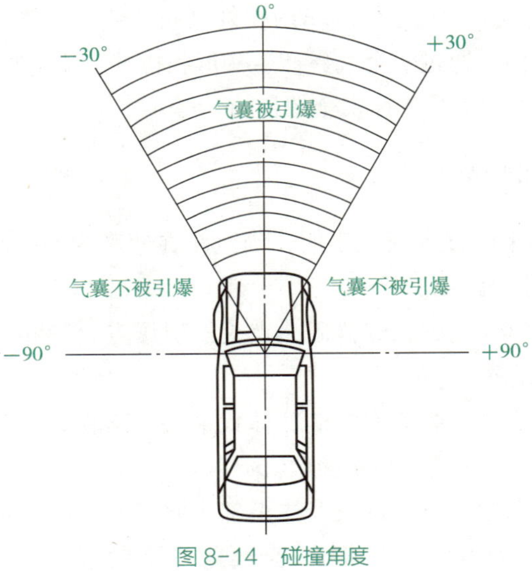

图 8-14　碰撞角度

在下列条件之一的情况下，安全气囊系统不会动作。

①汽车遭受侧面碰撞超过斜前方 ±30°。

②汽车遭受横向碰撞。

③汽车遭受后方碰撞。

④汽车发生绕纵向轴线侧翻。

⑤纵向减速值未达到设定阈值。

⑥汽车正常行驶、正常制动和在路面不平的道路上行驶。

四、安全气囊系统的拆卸

①先接通点火开关，检查仪表板上 SRS 指示灯工作是否正常。

②关闭点火开关，拔出钥匙。断开蓄电池正极，等待 2 s 以上，若 SRS 指示灯工作异常，应等待 10 s，再进行操作。

③拆卸转向盘时，应使用专用工具将转向柱锁定在“直向前”的位置，以保证控制装置和螺旋线束在安装中不会被损坏，拧下两侧的方向盘固定螺栓 [见图 8-15（a）]；取下安全气囊组件 [见图 8-15（b）]，注意安全气囊组件不可朝下放置，必须爆开面朝上放置，或者将安全气囊组件放在专用支架上 [见图 8-15（c）] 进行检修；拆下喇叭及气囊的接插件。

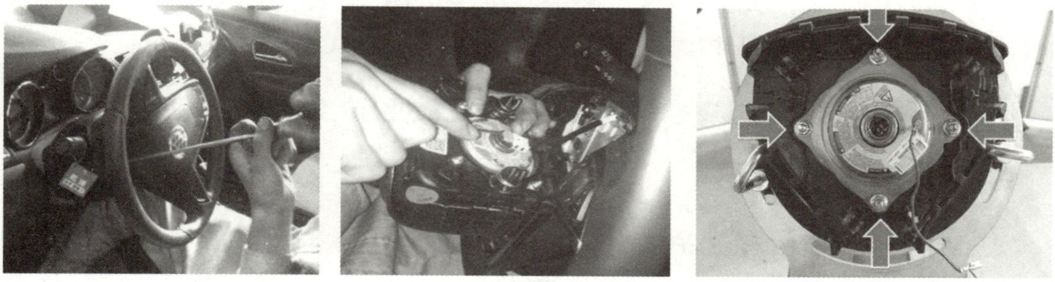

（a）拧下两侧的方向盘固定螺栓　　（b）取下安全气囊组件　　（c）安全气囊组件专用支架

图 8-15　安全气囊组件的拆卸

知识扩展　新能源汽车安全气囊制作材料 PA66

本知识可通过识别二维码获取学习资料。

扫一扫　学一学

故障分析及维修方案　安全气囊系统灯亮的原因

迈腾 Magotan 的安全气囊系统故障（见图 8-16），位于仪表盘的 SRS 指示灯点亮。

对本任务的故障现象，接受任务的刘师傅首先按下启动开关上电试车，仪表提示“安全气囊灯亮”。刘师傅说：“新能源汽车安全气囊灯亮通常是由三种因素导致：一是乘客侧安全气囊传感器故障，二是 G180 对地短路故障，三是安全气囊控制单元故障。”刘师傅判断 G180 线路可能磨损需要维修。

图 8-16　迈腾 Magotan 的安全气囊故障

根据刘师傅的分析，填写安全气囊系统检修相关信息，告知售后服务经理，得到确认后检修，提交一份分析报告并归档。故障报告检测分析表及实训总结与评价表见活页手册。

任务实施　新能源汽车安全气囊系统灯亮故障的检修步骤

一、实施环境

安全防护：布置车辆安全防护与隔离（车辆挡块、警示隔离带、高压危险警示牌）。

工具设备：万用表、VAS5052A（专用诊断仪）。

实训车辆：迈腾 Magotan。

辅助资料：汽车原厂维修手册、原厂电路图。

二、实施步骤

1. 读取故障码

使用 VAS5052A 专用诊断仪读取故障码（DTC），读取到“15-安全气囊”，因此安全气囊控制单元可能存在故障。VAS5052A 故障显示如图 8-17 所示。

DTC 01222 007：安全气囊控制单元故障，可能的故障为安全气囊传感器、线束。

2. 故障检测

①根据 DTC 提示进行故障检测，迈腾 Magotan 安全气囊控制电路参考的电路图如图 8-18 所示。

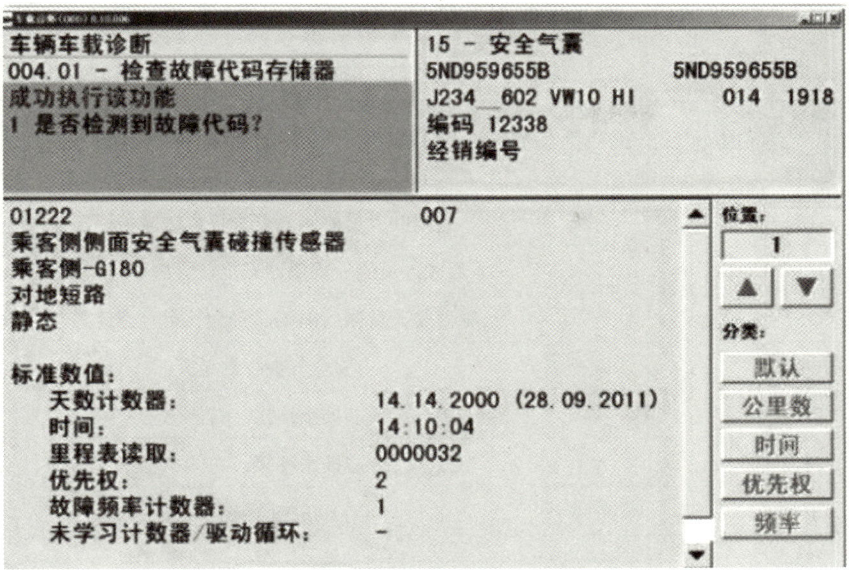

图 8-17　VAS5052A 故障显示

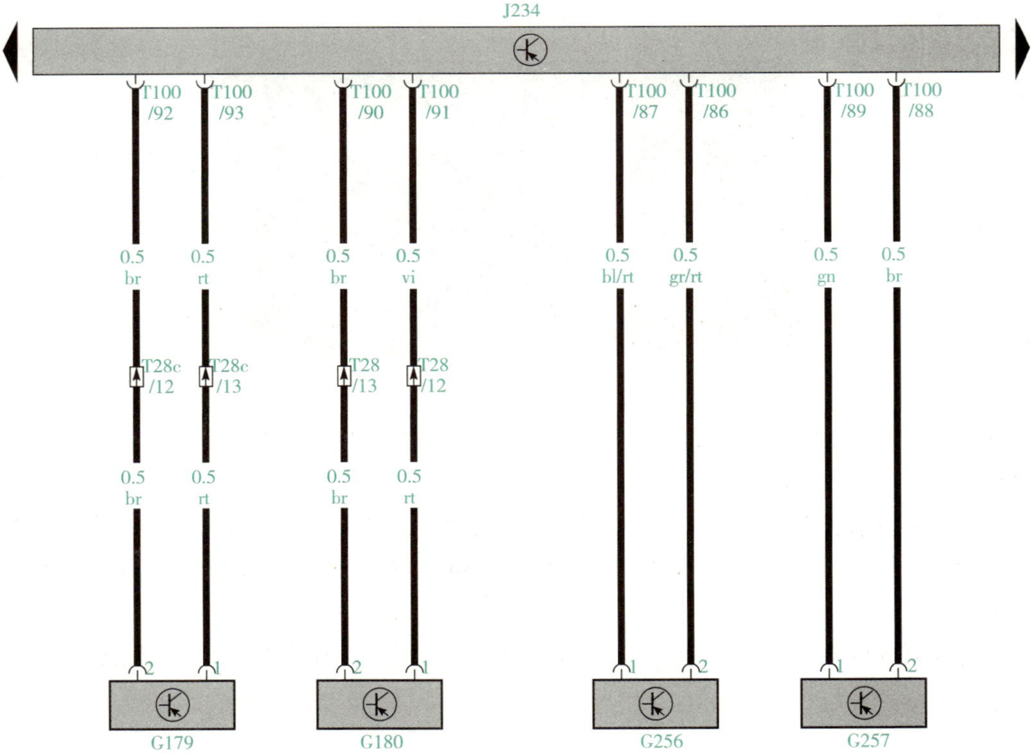

图 8-18　迈腾 Magotan 安全气囊控制电路参考的电路图

②按照故障代码提示，拆卸右前车门与车身连接的线束插头：插头连接牢固，未发现插脚间隙过大或虚接等现象。

③拆卸右前车门内饰板，检查副驾驶人员侧侧面安全气囊碰撞传感器 G180，线束插头连

接良好。连接线端子描述表见表 8-2 所列。

表 8-2　连接线端子描述表

连接端子	端子描述
G179	驾驶人员侧侧面安全气囊碰撞传感器
G180	副驾驶人员侧侧面安全气囊碰撞传感器
G256	驾驶人员侧后部侧面安全气囊碰撞传感器
G257	副驾驶人员侧后部侧面安全气囊碰撞传感器
J234	安全气囊控制单元
T28	28 芯插头连接，右侧 A 柱
T28c2	28 芯插头连接，左侧 A 柱
T100	100 芯插头连接
285	接地连接 7，在车内导线束中

④断开右前车门线束插头 T28 和右前侧面气囊碰撞传感器 G180 插头。线束插头如图 8-19 所示。

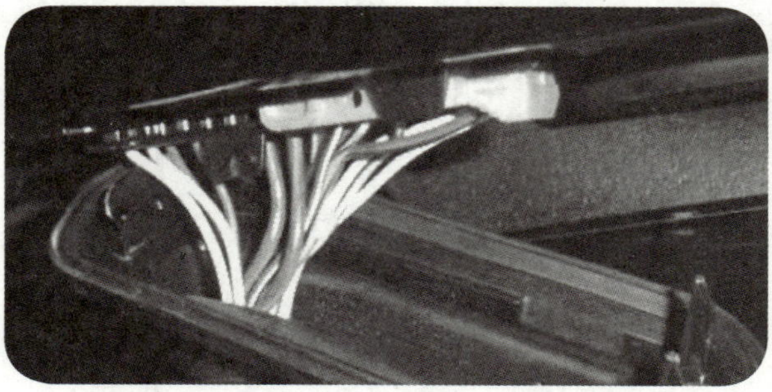

图 8-19　线束插头

⑤使用万用表电阻挡测量 T28/12 到 G180-1 和 T28/13 到 G180-2 之间阻值，未发现断路、短路现象。

⑥将安全气囊控制单元插头断开并连接好右前车门线束插头 T28 和右前侧面气囊碰撞传感器 G180 插头，使用万用表电阻挡测量 T100/90 和 T100/91 之间阻值为 0，可判断两线均对地短路。

⑦对线束进行检查时，发现右前 A 柱下部接地点的紧固螺栓将 G180 线路磨破造成短路。

3. 确定故障点

根据检测结果确定故障点为 G180 线路磨破。

4. 排除故障点

更换 G180 线。

任务二　新能源汽车防抱制动系统灯亮故障检修

思政导学　　科技创新，引领高质量的发展

中车株洲电力机车有限公司拥有最大单机功率、最大单机牵引力和制动力、最大车长、最多轴数四个世界第一。秉承习总书记的指示，一定要把关键核心技术掌握在自己手里，一定要把民族汽车品牌搞上去，中车株洲电力机车有限公司致力于打造原创技术策源地，力争成为国家战略科技重要力量。

《汽车防抱制动系统（ABS）性能检测方法》（GB/T 36987—2018）为推荐性国家标准。该标准适用于在用汽车防抱制动系统（ABS）性能的检查与验证。

拓展阅读　　《汽车防抱制动系统（ABS）性能检测方法》标准

中国防抱制动系统市场在全球市场上的占比为41.05%，防抱制动系统是当代车辆的重要技能，并拥有远大的未来。目前，电磁阀作为ABS的核心元素，对ABS的动态特性有直接影响。因此，《汽车防抱制动系统（ABS）性能检测方法》标准建设已成为ABS稳定性的必要条件。

故障现象

售后服务经理接到客户一辆行驶里程约20 000 km的迈腾Magotan，该车防抱制动系统灯亮。请思考，如何解决这一问题？

知识链接　防抱制动系统

制动系统是汽车上用以使外界（主要是路面）在汽车某些部分（主要是车轮）施加一定的力，从而对其进行一定程度的强制制动的一系列专门装置。汽车行驶过程中突然遇到紧急情况时，驾驶人员可能会快速将刹车踏板踩到底，这时候汽车十分容易产生侧滑，即人们俗称的甩尾，这种行为非常容易造成交通事故。

一、防抱制动系统（ABS）的作用与类型

1. 防抱制动系统（ABS）的作用

防抱制动系统（Anti-lock Brake System，ABS）为汽车上的主动安全装置。车轮防抱制动系统能够在汽车制动时，自动控制制动器制动力的大小，使车轮滑移率保持在20%左右的状态运转，确保车轮与地面有良好的附着力，从而提高汽车制动的安全可靠性。

车辆行驶过程中，如果驾驶人员用力踩下制动踏板，车轮转速会急剧下降。普通制动系统在湿滑路面上制动，或在紧急制动的时候，车轮容易因制动力超过轮胎与地面的摩擦力而安全抱死，使轮胎与地面的摩擦力迅速下降。此时，如果前轮抱死，驾驶人员就无法控制车辆的行驶方向；如果后轮抱死，车辆极其容易出现侧滑现象。

2. ABS 的类型

（1）按传动介质类型分类

ABS 根据传动介质类型可分为气压系统、气顶液系统和液压系统。气压系统主要用于重型载重汽车及其挂车，由发动机产生的压缩气直接控制动力分泵的气压，不需要在原有的系统中增加另外的部件，能较容易地独立控制各车轮的制动力；气顶液系统一般用于大中型汽车，在前后轴原有的制动管路中各装一个空气加压器，通过控制动力气室的输入气压间接地控制液压主缸的输出液压；液压系统用于轿车、厢式车和轻型载重车，系统中增加了一套独立的制动传动介质。

（2）按控制方式分类

ABS 根据控制方式可分为机械式和电子式。由于机械式 ABS 控制精度差，反应速度慢，不能保证紧急制动时车轮不被抱死，因此已经基本被电子式 ABS 取代。

（3）按控制通道数量和传感器数量分类

ABS 根据控制通道数量和传感器数量可分为单通道式、双通道式、三通道式和四通道式。现代汽车电子防抱制动控制主要是三通道式和四通道式。

三通道式。三通道式 ABS 可分为三种：第一种是四传感器、三通道、X 管路布置、前轮独立控制、后轮低选控制，第二种是四传感器、三通道、前后管路布置、前轮独立控制、后轮低选控制，第三种是三传感器、三通道、前后管路布置、前轮独立控制、后轮低选控制。四传感器、三通道、前后管路布置、前轮独立控制、后轮低选控制的三通道式 ABS 的两个前轮分别为两个通道，可以单独对两个前轮的制动压力进行控制，两个后轮共用一个通道，两个后轮制动压力始终相等，只能一起进行控制。三通道式 ABS 结构示意图如图 8-20 所示。

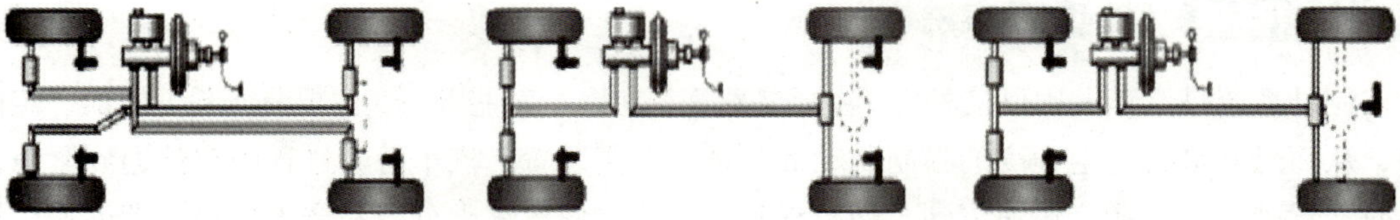

（a）四传感器、三通道、X管路布置、前轮独立控制、后轮低选控　(b) 四传感器、三通道、前后管路布置、前轮独立控制、后轮低选控制　(c) 三传感器、三通道、前后管路布置、前轮独立控制、后轮低选控制

图 8-20　三通道式 ABS 结构示意图

四通道式。四通道式 ABS 可分为两种：第一种是四传感器、四通道、前后管路布置，第二种是四传感器、四通道、X 管路布置。四传感器、四通道、前后管路布置的四通道式的四个轮速传感器，能检测每一个车轮的运动状态，在四个车轮制动器轮缸的管路中，各设一路制动压力调节电磁阀，能对每一个车轮制动器的制动压力进行单独调节。四通道式 ABS 结构示意图如图 8-21 所示。

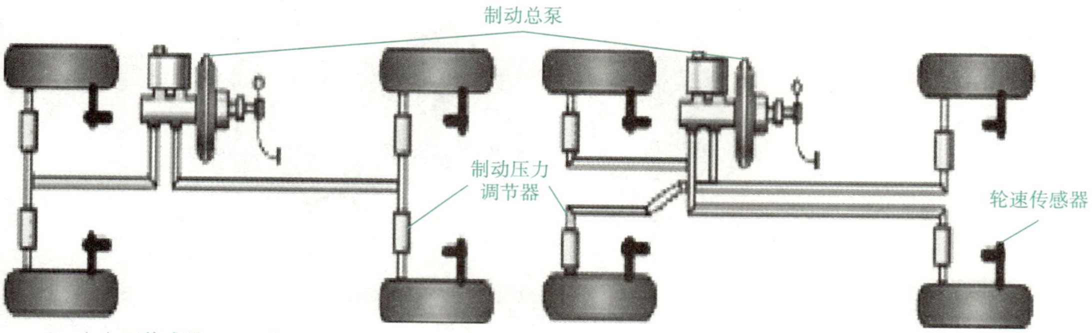

（a）四传感器、四通道、前后管路布置　　（b）四传感器、四通道、X管路布置

图 8-21　四通道式 ABS 结构示意图

（4）按压力调节器分类

ABS 根据压力调节器可分为整体式和分离式。将压力调节器与制动总泵制成一体的称为整体式 ABS；具有独立制动压力调节器和独立制动总泵的称为分离式 ABS。

二、ABS 的组成与工作原理

1. ABS 的组成

现在市面上绝大部分新能源汽车的 ABS 与传统汽车的 ABS 具有异曲同工之处。ABS 是在普通制动系统的基础上增加了轮速传感器、电子控制单元、制动压力调节器等几个部分（见图 8-22）。

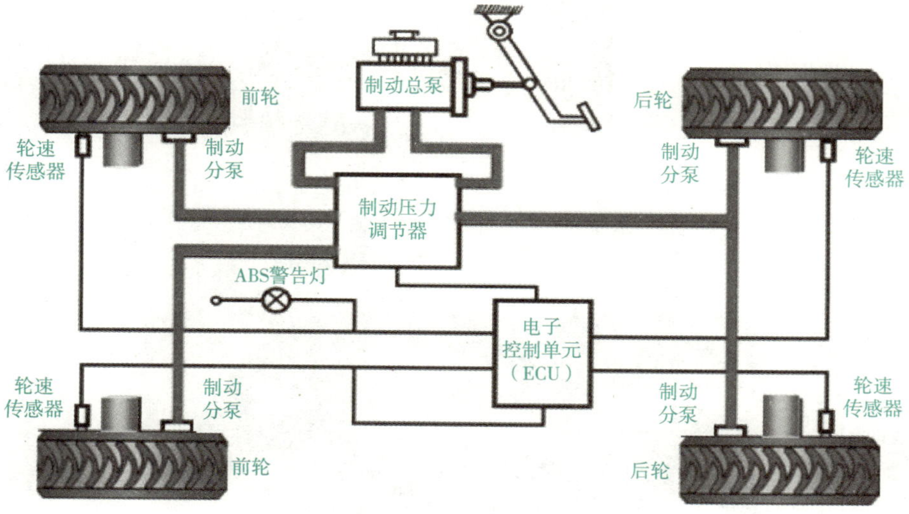

图 8-22　ABS 的组成

（1）轮速传感器

轮速传感器的作用是向 ABS 提供各车轮瞬时转速的信号，ABS 利用这些信号计算 ABS 的控制参数。图 8-23 为轮速传感器（福特蒙迪欧 2.5）在车轮上的安装位置。目前，用于 ABS 的轮速传感器主要有磁电式与霍尔式。

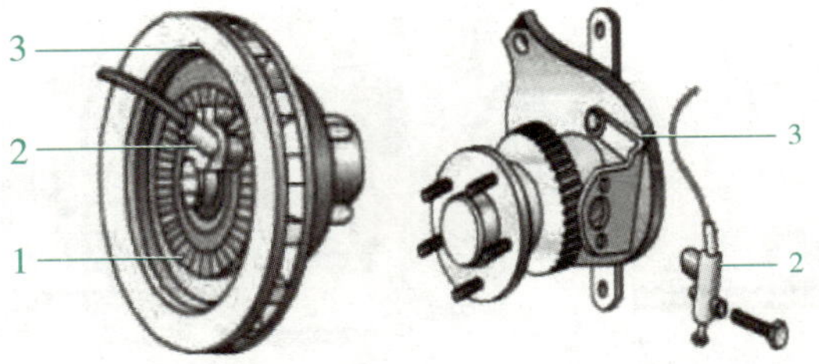

（a）前轮安装位置　　（b）后轮安装位置

1—齿圈；2—传感器；3—制动盘；4—支架。

图 8-23　轮速传感器

磁电式轮速传感器。磁电式轮速传感器一般由磁感应传感头和齿圈组成，传感头由永磁体、极轴、感应线圈等组成（见图 8-24）。齿圈是一个运动部件，一般安装在轮毂上或轮轴上，与车轮一起旋转。传感头是一个静止部件，传感头磁极与齿圈的端面有 0.5 ～ 1 mm 的间隙。汽车车轮转速传感器通常安装在车轮处，但在有些车型上则设置在主减速器或变速器中。磁电式轮速传感器安装位置如图 8-25 所示。极轴根据形状的不同分为凿式、柱式、菱形三种类型。不同形状极轴对应的传感头相对于齿圈的安装方式也不同。菱形极轴传感头一般径向垂直于齿圈安装；凿式极轴传感头轴向相切于齿圈安装；柱式极轴传感头轴向垂直于齿圈安装。

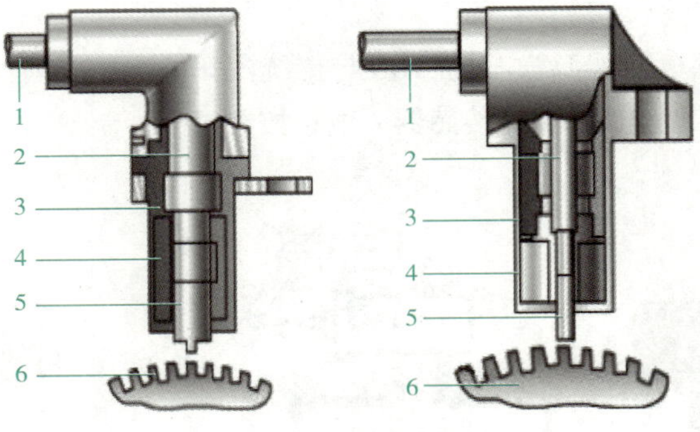

（a）凿式极轴　　（b）柱式极轴

1—电线；2—永磁体；3—外壳；4—感应线圈；5—极轴；6—齿圈。

图 8-24　磁电式轮速传感器基本结构

图 8-25　磁电式轮速传感器安装位置

磁电式轮速传感器的工作原理如图 8–26 所示，磁电式轮速传感器中磁力线从磁芯的一极出来，穿过齿圈和空气，返回到磁芯的另一极。由于传感器的线圈绕在磁芯上，因此这些磁力线也会穿过线圈。当车轮旋转时，与车轮同步的齿圈随之旋转，齿圈上的齿顶和齿隙交替对向极轴，依次快速经过传感器的磁场，其结果是改变了磁路的磁阻，从而导致线圈中感应电势发生变化，产生一定幅值、频率的电势脉冲，此信号通过感应线圈末端的电缆输入 ABS ECU。ABS ECU 通过检测脉冲的频率，即每秒钟产生的脉冲个数，反映车轮旋转的快慢。

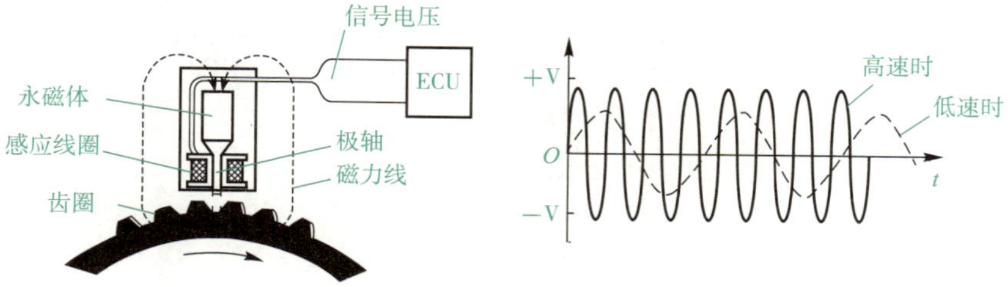

图 8–26　磁电式轮速传感器的工作原理

霍尔式轮速传感器。 霍尔式轮速传感器由传感头和齿圈组成。传感头由永磁体、霍尔元件和电子电路等组成，霍尔式轮速传感器实物及磁路图如图 8–27 所示。

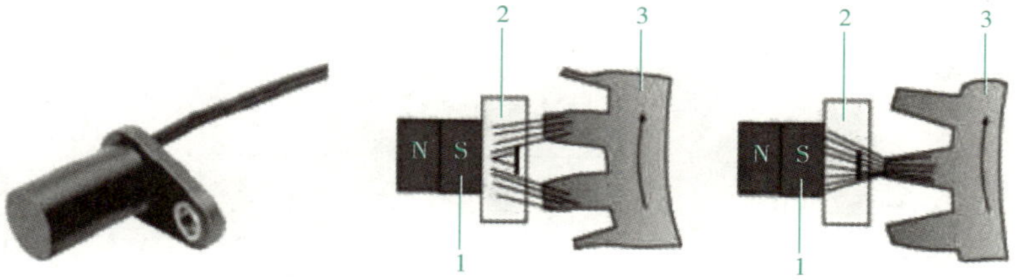

（a）实物图　（b）霍尔元件磁场较弱　（c）霍尔元件磁场较强

1—永磁体；2—霍尔元件；3—齿圈。

图 8–27　霍尔式轮速传感器实物及磁路图

霍尔式轮速传感器利用霍尔效应原理，即在半导体薄片的两端通以控制电流，在薄片的垂直方向上施加磁场强度为 B 的磁场，则在薄片的另两端便会产生一个大小与控制电流、磁感应强度 B 的乘积成正比的电势，这就是霍尔电势。用霍尔元件作为汽车的轮速传感器时，多采用磁感应强度 B 作为输入信号，通过的磁感应强度 B 随轮速变化，产生霍尔电势脉冲，经电子电路内部的放大、整形、功放后，向外输出脉冲序列，其占空比随转盘的角速度变化。齿圈的转动交替改变磁阻，引起磁感应强度变化，即可测取传感器输出的霍尔电势脉冲。

永磁体的磁力线穿过霍尔元件通向齿圈，齿圈相当于一个集磁器。当齿圈位于如图 8–27（b）所示的位置时，穿过霍尔元件的磁力线分散，磁场相对较弱；当齿圈位于如图 8–27（c）所示的位置时，穿过霍尔元件的磁力线集中，磁场相对较强；齿圈转动时，穿过霍尔元件的磁力线密度发生变化，因而引起霍尔电压的变化，霍尔元件将输出一个毫伏级的准正弦波电压，此信号再经过电子电路转换成标准的脉冲电压。脉冲的频率，即每秒钟产生的脉冲个数，如实反映了车轮旋转的快慢，通过脉冲转速信号波形图（见图 8–28）的频率即可得知车轮转速。

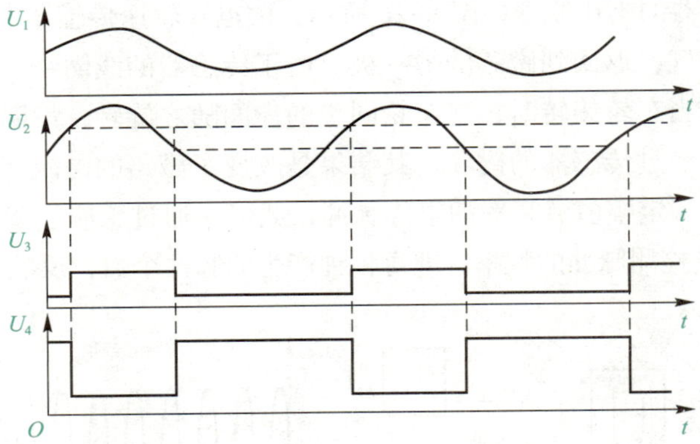

图 8-28 脉冲转速信号波形图

（2）电子控制单元（ECU）

电子控制单元（ECU）主要作用是接受车速、轮速、减速度等传感器的信号，经整形放大变换为同频率方波脉冲信号，计算出车速、轮速、滑移率和车轮的加、减速度等信号的参考值，在与设定的基准值进行分析、判别、比较、放大后，经功率放大器放大，由电磁阀控制电路控制电磁阀动作，从而控制各种执行器工作。ABS ECU 电路组成框图如图 8-29 所示

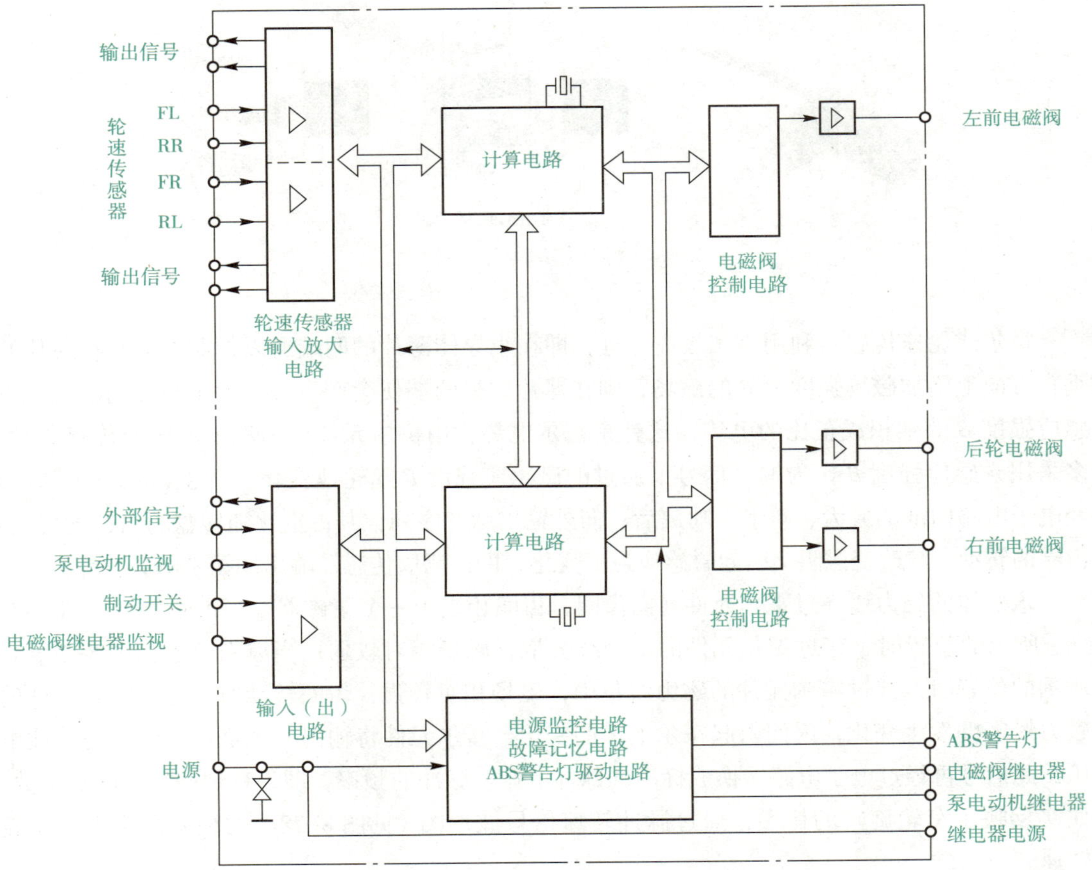

图 8-29 ABS ECU 电路组成框图

目前，尽管各车用 ABS ECU 内部控制程序、参数不同，但一般均由输入电路、计算电路、输出电路和安全保护电路四部分基本电路组成。

输入电路。输入电路由滤波、整形、放大电路组成。输入电路的主要作用是将轮速传感器产生的交变电压信号进行处理并将其模拟信号转换成数字信号，输入至计算电路。输入电路同时还接收点火开关、制动开关、制动液位监测开关等外部信号，以及电磁阀继电器、电动回液泵继电器工作电路监测信号，并将这些信号处理后再送入计算电路。

计算电路。计算电路由两个完全相同的微处理器组成。计算电路主要作用是根据轮速传感器信号，计算出车轮瞬时速度后求得加（减）速度、初始速度、参考车速及滑移率，最后根据车轮加（减）速度和滑移率形成相应的控制指令，向电磁阀控制电路输出制动压力增大、保持、减小的控制信号。两个微处理器计算结果相同时，输出指令 ABS 工作；计算结果不同时，关闭 ABS，防止出现错误控制。计算电路不但能检测自身内部电路的工作过程，而且还能监测系统中有关部件（轮速传感器、电动回液泵电机及电磁阀工作电路）的工作状态。当监测到这些电路工作不正常时，会马上停止 ABS 工作。

输出电路。输出电路（电磁阀控制电路）的主要作用是将计算电路输出的控制数字信号转换成模拟信号，通过控制功率放大器驱动执行器（电磁阀）工作，完成对制动分泵制动压力调节的任务。

安全保护电路。安全保护电路主要由电源监控电路、故障记忆电路和 ABS 警告灯驱动电路等组成。安全保护电路主要功能是接受蓄电池电压信号，将 12 V 或 14 V 电源电压转换成 ABS ECU 内部工作所需的 5 V 稳定电压；监控电源电压是否在稳定范围内，若电源电压过低，轮速传感器电压信号失常，计算电路、电磁阀控制电路有故障，使 ABS 停止工作；监控电源同时控制 ABS 警告灯点亮；当 ECU 检测到 ABS 出现故障时，会将故障信息储存在存储器中进行记忆，以便维修时调用。

（3）制动压力调节器

制动压力调节器种类较多，其结构和工作原理也有较大的差异。可以根据动力来源、调压方式或总体结构进行分类。制动压力调节器按其动力来源可分为液压式、真空式、气压式、机械式几种。其中，液压式制动压力调节器主要用于小轿车和轻载货车，气压式制动压力调节器主要用于大型客车和重载货车。由于液压式制动压力调节器应用最为广泛，下面以液压式制动压力调节器为例对其主要元件进行分类介绍。

液压式制动压力调节器主要由主控电磁阀、电动泵和储液器、回流泵、阻尼器等元件组成（见图 8-30）。制动压力调节器是 ABS 的执行机构，其主要作用是接受来自 ECU 的指令，驱动电磁阀或电动机，直接或间接地调节制动压力的增减，从而达到自动调节的目的，使车轮滑移率保持在最佳范围内。

主控电磁阀。主控电磁阀（见图 8-31）分为输入电磁阀和输出电磁阀。

输入电磁阀通常用来接通制动总泵和制动分泵之间的油路，ABS 控制保压状态时切断制动分泵上的压力。输入电磁阀内的单向阀（检查阀）起加快回油速度的作用。

输出电磁阀通常用来切断制动轮泵和阻尼器间的油路，ABS 控制减压模式时打开油路让轮泵里的油压通过阻尼器回到制动总泵。

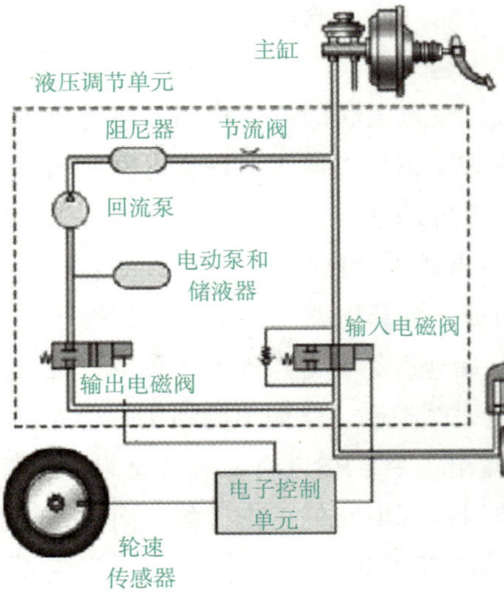

图 8-30 液压式制动压力调节器

图 8-31 主控电磁阀

主控电磁阀的连接接口如图 8-32 所示，相关的字母含义：MOP 为连接制动主缸的制动管路 1，其中 P 表示初级；MOS 为连接制动主缸的制动管路 2，其中 S 表示次级；FL、RR、RL、FR 分别为四个车轮的英文缩写，这四个缩写其实就是 ABS 刹车泵的四个油控支路，即 RR 连接右后轮制动轮缸的制动管路、RL 连接左后轮制动轮缸的制动管路、FL 连接左前轮制动轮缸的制动管路和 FR 连接右前轮制动轮缸的制动管路。

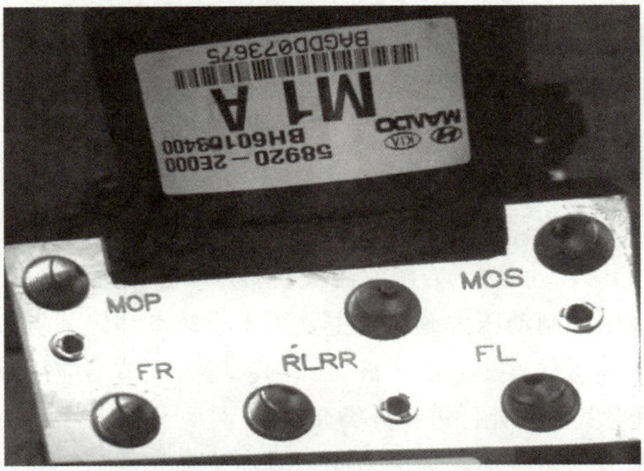

图 8-32 主控电磁阀的连接接口

主控电磁阀及阀体是制动压力调节器的控制元件，其工作原理如图 8-33 所示。主控电磁阀由固定铁芯（线圈阀套）、线圈、动铁芯（柱塞）和复位弹簧等构成。根据线圈通入电流的大小，主控电磁阀动铁芯有三个位置：图 8-33（b）为常规、增压状态，此时电磁线圈电流为零，线圈断电；图 8-33（c）为保压状态，此时电磁线圈通入较小电流 2 A；图 8-33（d）为减压状态，此时电磁线圈通入最大电流 5 A。

①常规、增压状态。当电磁线圈中没有电流通过时，柱塞在主、副弹簧预紧力的作用下处于下极限位置，并通过其上端的凸肩带动上压板，将回液球阀压靠在回油管端部的阀座上，

封闭主控电磁阀的回液管使其处于关闭状态；而下压板则受主弹簧的作用，未将进液球阀压靠在进液管端部的阀座上，进液阀处于开启状态。制动液可以从进液口（接主缸）进入电磁阀，再从出液口（接轮缸）流出。

②保压状态。当电磁线圈中通过较小的电流时，电磁线圈对柱塞产生较小的电磁吸力，使柱塞向下移动一定距离。此时，主弹簧被压缩，下压板在副弹簧的作用下将进液球阀压靠在进液管端部的阀座上，而回液球阀仍然被上压板压靠在回液管端部的阀座上，电磁阀的回液口和进液口都被封闭，制动液既不流入也不流出电磁阀，保持回路中的压力不变。

③减压状态。当电磁线圈中通过较大的电流时，电磁线圈对柱塞产生较大的电磁引力，使柱塞下移至极限位置。柱塞下移将会带动上压板下移，使回液球阀不再压靠在回液管端部的阀座上，回液管处于开启状态，而进液球阀被下压板压靠在进液管端部的阀座上，进液球阀处于关闭状态。制动液不能从进液口进入电磁阀，从出液口流回电磁阀的制动液则从回液管流出电磁阀，从而降低制动液压力。

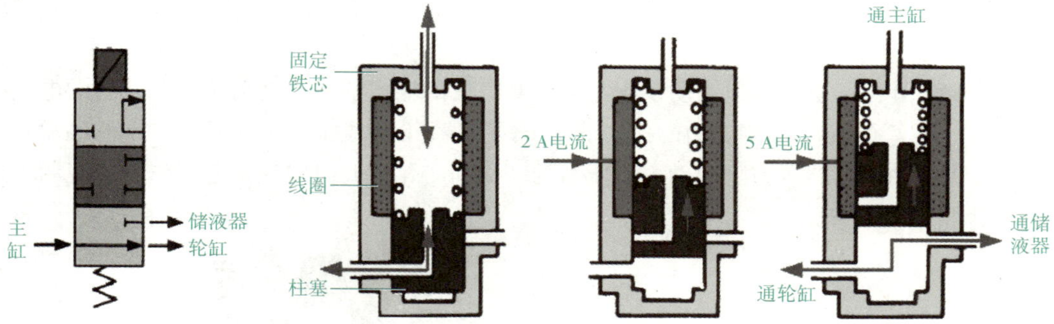

（a）主控电磁阀结构简化图　（b）常规、增压状态　（c）保压状态　（d）减压状态

图 8-33　主控电磁阀及阀体工作原理

电动泵和储液器。电动泵由泵电机与柱塞泵组成。储液器可根据其压力范围分为低压储液器和高压储液器，分别与不同类型的制动压力调节器配用。为了区分这两种储液器，一般将高压储液器称为蓄能器，将低压储液器称为储液器。低压储液器主要用于主控电磁阀减压过程中从制动分泵流回的制动液，同时衰减汇流制动液的压力波动。高压储液器通常用于储存制动时所需的高压制动液。电动泵和储液器的关系如图 8-34 所示。

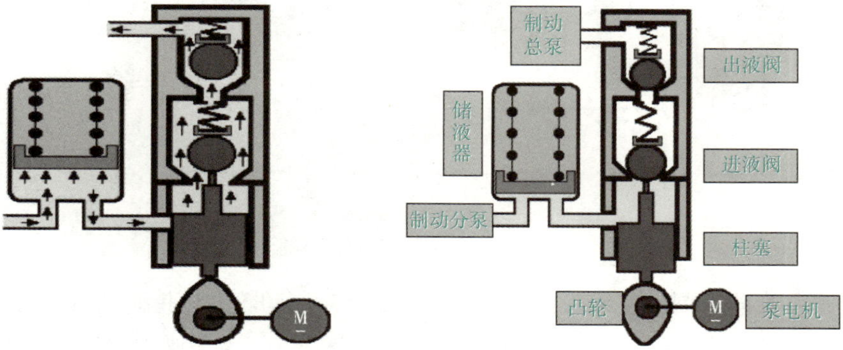

图 8-34　电动泵和储液器的关系

ABS ECU 根据需要发出控制指令，泵电机根据 ABS ECU 的控制指令，通过凸轮驱动柱塞在泵套内上、下运动。当柱塞上升时，电动泵的进液阀打开，回液阀在弹簧力的作用下关闭，制动液流入电动泵泵腔。当柱塞下行时，泵腔内制动液压力升高，克服出液阀弹簧力将出液阀打开，制动液被压入制动总泵。制动液流入储液器时，推动活塞并压缩弹簧向下移动，使储液器储液容积增大，暂时存储制动液，减小回流制动液的压力波动。

回流泵。回流泵将制动分泵中排出的制动液泵回到制动总泵。

阻尼器。阻尼器及其下游的节流装置能减少返回到制动总泵中的液压脉冲幅值，使噪声减少。

2. ABS 的工作原理

制动压力调节器串接在制动主缸与轮缸之间，通过主控电磁阀直接或间接地控制轮缸的制动压力。通常把主控电磁阀直接控制轮缸制动压力的调节器称为循环式制动压力调节器。

循环式制动压力调节器的工作过程可分为常规制动过程、保压过程、减压过程和增压过程。

常规制动过程：根据防抱制动系统电子控制单元的输出信号，制动压力调节器的电磁线圈不通电，柱塞（衔铁）在弹簧力的作用下位于最下端，制动主缸的管路经电磁阀与制动轮缸管路相通，制动轮缸的压力随制动主缸压力的变化而变化，此时回油泵不工作。常规制动过程示意图如图 8-35 所示。

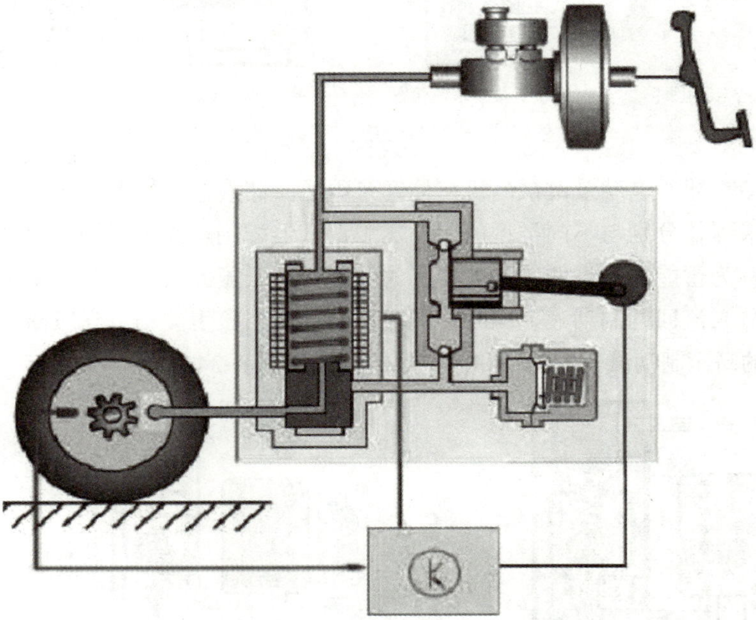

图 8-35　常规制动过程示意图

保压过程：在防抱制动系统工作过程中，当需要对制动轮缸保持制动压力时，根据防抱制动系统电子控制单元的输出信号，此时电磁阀的电流较小，电磁阀中的柱塞移至中间位置，所有的通道都被关闭，同时切断回油泵电动机电源使回油泵停止工作，制动轮缸内的制动压力保持不变。保压过程示意图如图 8-36 所示。

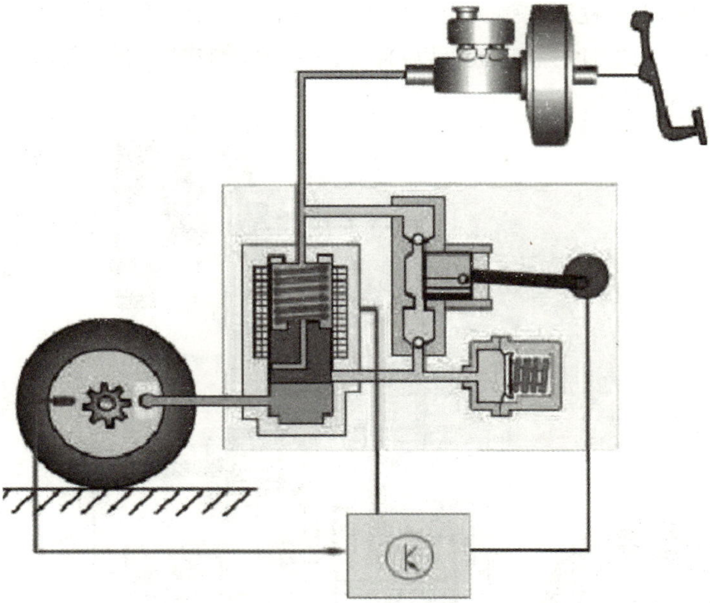

图 8-36　保压过程示意图

减压过程：当需要对制动轮缸进行减压时，防抱制动系统电子控制单元输出信号，此时电磁阀的电流较大，电磁阀中的柱塞在电磁力作用下移向上端，制动主缸与制动轮缸之间的通路被切断，而制动轮缸与储液器之间的管路被接通，制动轮缸中的部分制动液流入储液器，从而减小了该车轮的制动压力，电子控制单元同时启动回油泵工作，将流入储液器的制动液泵回制动主缸。减压过程示意图如图 8-37 所示

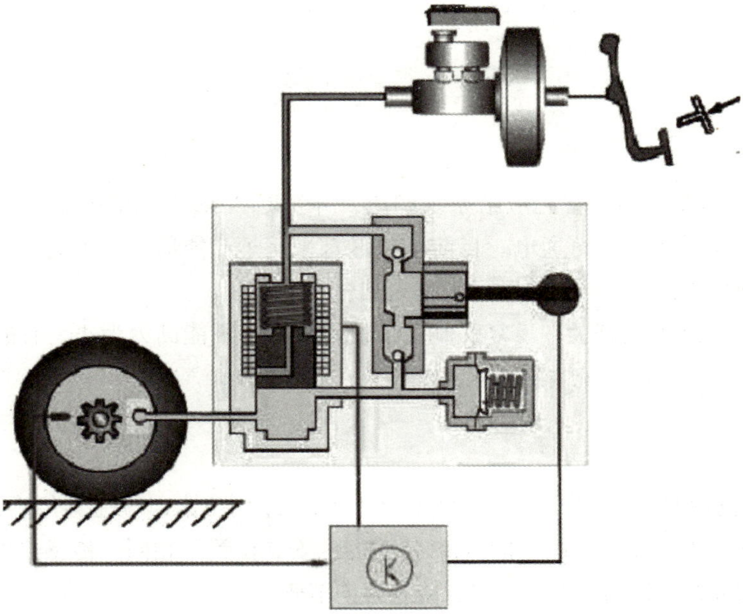

图 8-37　减压过程示意图

增压过程：当需要对制动轮缸增加制动压力时，防抱制动系统电子控制单元输出信号，电磁阀断电，电磁阀中的柱塞在弹簧力的作用下又回到原始位置，制动主缸和制动轮缸的管路再次相通，来自制动主缸的制动液可以再次进入制动轮缸，使制动轮缸的压力增大。增压过程示意图如图 8-38 所示。

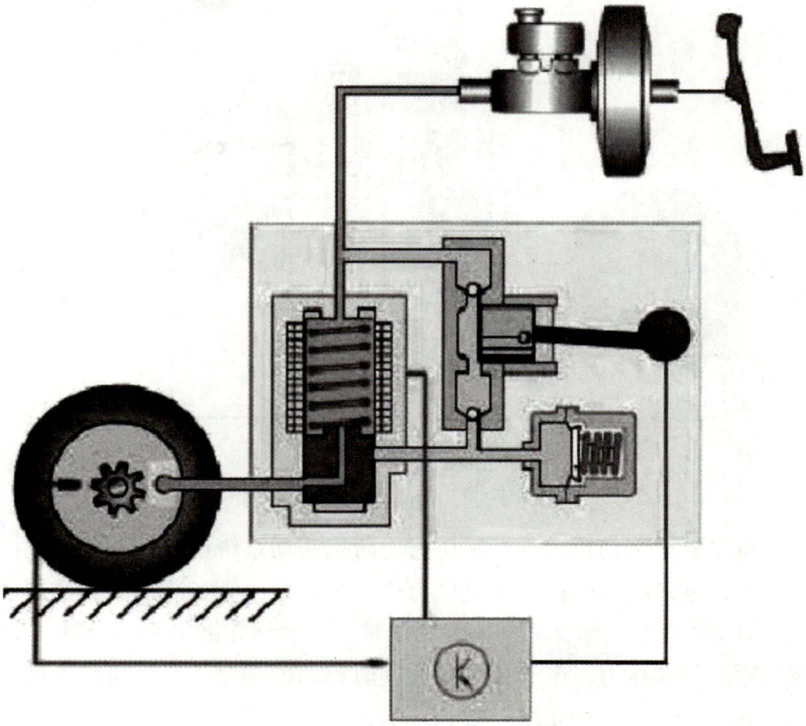

图 8-38　增压过程示意图

三、ABS 故障检测注意事项

1. 关闭电源、系统卸压

在进行拆卸作业之前，首先应给系统卸压，并切断 ABS 电脑的电源，应收好钥匙和保险，在维修工作未结束前不可通电。目前，ABS 都采用了储能器，其中的压力可高达几百个大气压，拆卸前如不卸压，可能导致油喷伤人。

卸压时，要关闭点火开关，反复踩制动踏板直到感觉不能助力为止，有的车型可能要踩三四十下，以便彻底排出系统内的液压力。

2. 注意传感器的保护

卸压之后的拆卸作业与普通的制动系统维修保养差别不大，应注意传感器的安装位置，保护其不受损伤。不同车型、品牌的 ABS 传感器的安装位置不相同。传感器齿圈一般压嵌在轮毂里，也有的装在差速器或变速箱里，或者万向节侧。

由于制动盘磨薄需要更换，因此换盘时应注意新旧盘的区别。有的 ABS 传感器齿圈就装在制动盘上，与不带齿圈的制动盘几乎无差别，若换上未装齿圈的制动盘，则等于没有安装 ABS。

3. 各插接件的连接应可靠无误

ABS 的电气故障大多数并不是由元件失效导致，而是由连接不良或脏污所致，因此应特别注意各插接接头的连接要可靠无误。例如，故障代码提示传感器故障，应首先检查传感器的各个接点处是否良好、有无锈蚀，如发现锈迹，应清理并涂敷防护油，重新接好再次测试。传感器安装在变速箱中，润滑油中的铁屑被永磁体吸附后也可能导致传感器故障，此时应清理传感器并更换润滑油。

知识扩展 比亚迪 iTAC 技术

本知识可通过识别二维码获取学习资料。

扫一扫　学一学

故障分析及维修方案 防抱制动系统灯亮的原因

迈腾 Magotan 的防抱制动系统发生故障，位于仪表盘的防抱死系统故障指示灯会常亮，如图 8-39 所示。发生上述故障的可能原因：真空传感器 G608 线路插头连接有虚接导致线路电阻发生变化，从而导致传感器信号错误，引起 ABS 警告灯长亮报警；真空助力器漏气导致真空压力不足引起传感器报故。

图 8-39　防抱制动系统灯亮

对本任务的故障现象，接受任务的王师傅首先按下启动开关上电试车，仪表提示“防抱制动系统灯亮”。王师傅说：“新能源汽车防抱制动系统灯亮通常是由三种因素导致：一是轮速传感器故障，二是 ABS 线束老化、插头接触不良、线束断裂和外部屏蔽损坏等故障，三是 ABS 电脑故障。”王师傅判断清洁轮速传感器上的脏物，调整好轮速传感器与信号齿圈的间隙，即可恢复正常。当然轮速传感器的损坏也是引起 ABS 灯亮的原因中最常见的因素，必须及时更换。

根据王师傅的分析，填写防抱制动系统检修相关信息，告知售后服务经理，得到确认后检修，提交一份分析报告并归档。故障报告检测分析表及实训总结与评价表见活页手册。

任务实施 新能源汽车防抱制动系统灯亮故障检修

一、实施环境

安全防护：布置车辆安全防护与隔离（车辆挡块、警示隔离带、高压危险警示牌）。

工具设备：万用表、VAS5052A（专用诊断仪）、T10159 制动液抽排设备。

实训车辆：迈腾 Magotan。

辅助资料：汽车原厂维修手册、原厂电路图。

二、实施步骤

1. 读取故障码

使用 VAS5052A 专用诊断仪读取故障码（DTC），读取到 03-制动电控系统，制动电控系统可能存在故障。VAS5052A 故障显示如图 8-40 所示。

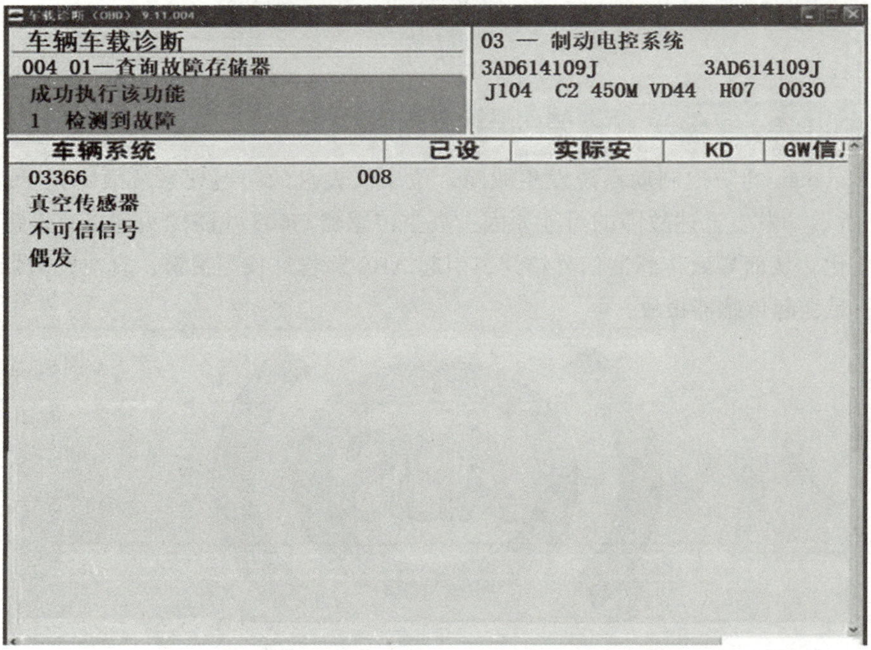

图 8-40 VAS5052A 故障显示

DTC 03366 008：制动电控系统故障，可能的故障为真空传感器或不可信信号。

2. 故障检测

①根据 VAS5052A 提示进行故障检测，包括电源和搭铁的线路检测。真空传感器、ABS 电子控制单元、转向柱电子装置控制单元、机电式驻车制动器控制单元诊断时参考的电路图。迈腾 Magotan 防抱制动系统控制电路图如图 8-41 所示。

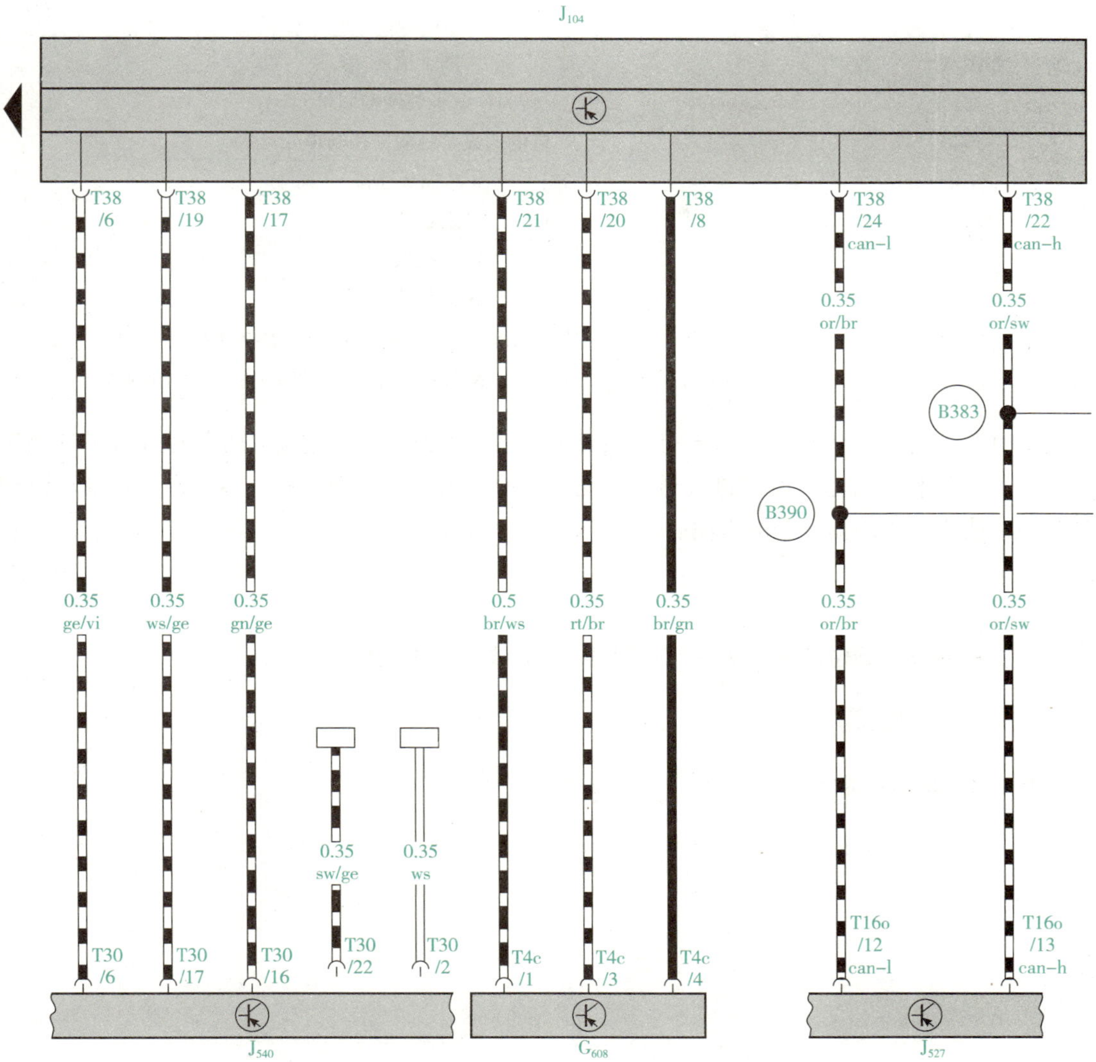

图 8-41 迈腾 Magotan 防抱制动系统控制电路图

②按照故障代码提示，真空传感器 G608 线路插头连接有虚接（导致线路电阻发生变化）的地方，从而导致传感器信号错误，引起 ABS 警告灯长亮报警。

③将真空传感器 G608 插头针脚推出，将 ABS 电子控制单元插头与真空传感器连接的针脚推出，采用锡焊的方式，重新焊接针脚并检测线束插头连接通断情况。

④使用万用表电阻挡测量 T38/21 到 G608、T4C/1 和 T38/20 到 G608 T4C/3 之间阻值，未发现断路、短路现象，此路正常，因此接下来看真空压力。连接线端子描述表见表 8-3 所列。

表 8-3 连接线端子描述表

连接端子	端子描述
G608	真空传感器
J104	ABS 控制单元

（续表）

连接端子	端子描述
J527	转向柱电子装置控制单元
J540	机电式驻车制动器控制单元
T4c	4 芯插头连接
T160	16 芯插头连接
T30	30 芯插头连接
T38	38 芯插头连接
B383	连接 1（驱动系统高速 CAN 总线），在主导线束中
B390	连接 1（驱动系统低速 CAN 总线），在主导线束中视车辆装备而定

⑤如果实际真空度偏低，也有可能报真空传感器的故障。真空度是进气道通过进气涡流产生，因此拆检进气道，发现进气道内表面、中冷器散热孔表面附有很多残余的机油。清理进气道内表面、中冷器残余的机油后，试车，故障未再出现。

3. 确定故障点

根据检测结果确定故障点为真空传感器 G608 线路插头损坏。

4. 排除故障点

更换 G608 线路插头。

参 考 文 献

[1] 王显廷. 新能源汽车电气系统检修 [M]. 2版. 北京：机械工业出版社，2016.

[2] 吴兴敏，张博，王彦光. 电动汽车构造、原理与检修 [M]. 北京：北京理工大学出版社，2015.

[3] 吴书龙，何宇漾. 新能源汽车电气技术 [M]. 北京：机械工业出版社，2018.

[4] 张仕奇，刘仍贵. 电动汽车充电系统原理与检修 [M]. 北京：化学工业出版社，2019.

[5] 刘春晖，孙清明. 全程图解汽车空调维修 [M]. 北京：机械工业出版社，2017.

[6] 孔军. 图解汽车动力转向电控系统（EPS）故障检修 [M]. 北京：化学工业出版社，2014.

[7] 孙仁云，付百学. 汽车电器与电子技术 [M]. 2版. 北京：机械工业出版社，2011.

[8] 付百学. 汽车车载网络技术 [M]. 2版. 北京：机械工业出版社，2019.

[9] 凌永成. 车载网络技术 [M]. 2版. 北京：机械工业出版社，2021.

[10] 刘春晖，刘光晓. 汽车车载网络技术详解 [M]. 3版. 北京：机械工业出版社，2019.

[11] 刘秋生，徐晓宇，张元青，等. 吉利帝豪EV300纯电动汽车整车无法上电故障诊断与排除 [J]. 汽车实用技术，2019（10）：25-26+31.

智能化融媒体新形态教材

新能源汽车电气检修

（实训）

主　编　刘玉均　贾江波　宋为真
副主编　胡　强　黎思炀　李　健　简　斌
温金龙　刘永东　张美霞　胡　承
何文杰　廖文蓉　汪少成　韦宏洋
潘汉平

合肥工業大學出版社
HEFEI UNIVERSITY OF TECHNOLOGY PRESS

实训总结与评价表

<table>
<tr><td>项目一</td><td colspan="6">任务一　新能源汽车电气系统的组成与特点</td></tr>
<tr><td rowspan="2" colspan="2">学生基本信息</td><td>姓名</td><td></td><td>学号</td><td></td><td>班级</td><td colspan="2"></td></tr>
<tr><td>组别</td><td></td><td>时间</td><td></td><td>成绩</td><td colspan="2"></td></tr>
<tr><td colspan="2">步骤及内容</td><td colspan="4">具体内涵</td><td>评分标准</td><td>分值</td><td>得分</td></tr>
<tr><td rowspan="3">专业能力</td><td>安全防护
工具设备
查阅资料</td><td colspan="4">布置车辆安全防护与隔离
万用表、绝缘检测仪、故障诊断仪
汽车原厂维修手册、原厂电路图</td><td>10
10
10</td><td>30</td><td></td></tr>
<tr><td>查找零部件位置</td><td colspan="4">前后灯具总成的安装位置
喇叭的安装位置
刮水器的安装位置
中央接线盒的安装位置</td><td>15
15
10</td><td>40</td><td></td></tr>
<tr><td>具体要求</td><td colspan="7">分成 6 组，每小组由 4 至 6 名学生组成，每组完成单次练习时间 120 min。</td></tr>
<tr><td rowspan="2">社会能力</td><td>团队合作</td><td colspan="4">是否和谐，是否积极沟通</td><td>10</td><td rowspan="2">15</td><td></td></tr>
<tr><td>劳动纪律</td><td colspan="4">是否严格遵守</td><td>5</td><td></td></tr>
<tr><td rowspan="3">方法能力</td><td>制订计划</td><td colspan="4">是否科学合理</td><td>5</td><td rowspan="3">15</td><td></td></tr>
<tr><td>新技术学习</td><td colspan="4">是否具备</td><td>5</td><td></td></tr>
<tr><td>总结能力</td><td colspan="4">能否正确总结</td><td>5</td><td></td></tr>
<tr><td colspan="2">实训总结</td><td colspan="4"></td><td>在线测试</td><td colspan="2"></td></tr>
<tr><td colspan="2">考核教师签字</td><td colspan="5">结果评价</td><td colspan="2">项目成绩</td></tr>
<tr><td colspan="2"></td><td colspan="5"></td><td colspan="2"></td></tr>
</table>

故障报告检测分析表

<table>
<tr><td>项目一</td><td colspan="6">任务二　新能源汽车电路基础元件的检测</td></tr>
<tr><td rowspan="2">学生基本信息</td><td>姓名</td><td></td><td>学号</td><td></td><td>班级</td><td></td></tr>
<tr><td>组别</td><td></td><td>时间</td><td></td><td>成绩</td><td></td></tr>
<tr><td rowspan="4">基本信息</td><td colspan="3">车主：</td><td colspan="3">用户地址：</td></tr>
<tr><td colspan="3">性别：</td><td colspan="3">检修日期：</td></tr>
<tr><td colspan="3">底盘型号：</td><td colspan="3">行驶里程：</td></tr>
<tr><td colspan="3">车型：</td><td colspan="3">联系电话：</td></tr>
<tr><td rowspan="2">使用状况</td><td colspan="6">环境状况：□室内　□市郊　□城乡　□高速</td></tr>
<tr><td colspan="6">荷载状况：□ 1 ～ 2 人　□ 3 ～ 4 人　□ 5 人以上</td></tr>
<tr><td colspan="6">用户反馈故障（用户描述车辆使用过程故障现象）</td><td>故障日期</td></tr>
<tr><td colspan="6"></td><td></td></tr>
<tr><td colspan="7">故障现象确认（描述经核实的故障症状及车辆使用时的道路、气候状况等）</td></tr>
<tr><td colspan="7"></td></tr>
<tr><td colspan="7">故障系统原理分析（描述故障系统基本工作原理）</td></tr>
<tr><td colspan="7">导致该故障的原因有以下几点：</td></tr>
</table>

<table>
<tr><td>序号</td><td>检查项目</td><td>检查结果</td><td>正常状态</td><td>结果判定</td></tr>
<tr><td></td><td></td><td></td><td></td><td></td></tr>
<tr><td></td><td></td><td></td><td></td><td></td></tr>
<tr><td></td><td></td><td></td><td></td><td></td></tr>
<tr><td></td><td></td><td></td><td></td><td></td></tr>
<tr><td colspan="5">维修方案</td></tr>
<tr><td colspan="5"></td></tr>
</table>

实训总结与评价表

<table>
<tr><td colspan="2">项目一</td><td colspan="6">任务二　新能源汽车电路基础元件的检测</td></tr>
<tr><td colspan="2" rowspan="2">学生基本信息</td><td>姓名</td><td></td><td>学号</td><td></td><td>班级</td><td></td></tr>
<tr><td>组别</td><td></td><td>时间</td><td></td><td>成绩</td><td></td></tr>
<tr><td colspan="2">步骤及内容</td><td colspan="4">具体内涵</td><td>评分标准</td><td>分值</td><td>得分</td></tr>
<tr><td rowspan="3">专业能力</td><td>安全防护
工具设备
查阅资料</td><td colspan="4">布置车辆安全防护与隔离
万用表、解码器、测电笔
汽车原厂维修手册、原厂电路图</td><td>10
10
10</td><td>30</td><td></td></tr>
<tr><td>继电器的故障诊断</td><td colspan="4">万用表使用
解码器使用
测电笔使用
继电器检测</td><td>15
15
5
5</td><td>40</td><td></td></tr>
<tr><td>具体要求</td><td colspan="7">分成 6 组，每小组由 4 至 6 名学生组成，每组完成单次练习时间 120 min。</td></tr>
<tr><td rowspan="2">社会能力</td><td>团队合作</td><td colspan="4">是否和谐，是否积极沟通</td><td>10</td><td rowspan="2">15</td><td></td></tr>
<tr><td>劳动纪律</td><td colspan="4">是否严格遵守</td><td>5</td><td></td></tr>
<tr><td rowspan="3">方法能力</td><td>制订计划</td><td colspan="4">是否科学合理</td><td>5</td><td rowspan="3">15</td><td></td></tr>
<tr><td>新技术学习</td><td colspan="4">是否具备</td><td>5</td><td></td></tr>
<tr><td>总结能力</td><td colspan="4">能否正确总结</td><td>5</td><td></td></tr>
<tr><td colspan="2">实训总结</td><td colspan="4"></td><td>在线测试</td><td colspan="2"></td></tr>
<tr><td colspan="2">考核教师签字</td><td colspan="5">结果评价</td><td colspan="2">项目成绩</td></tr>
<tr><td colspan="2"></td><td colspan="5"></td><td colspan="2"></td></tr>
</table>

实训总结与评价表

<table>
<tr><td colspan="2">项目一</td><td colspan="7">任务三　新能源汽车高压维修安全与防护措施</td></tr>
<tr><td colspan="2" rowspan="2">学生基本信息</td><td>姓名</td><td></td><td>学号</td><td></td><td>班级</td><td colspan="2"></td></tr>
<tr><td>组别</td><td></td><td>时间</td><td></td><td>成绩</td><td colspan="2"></td></tr>
<tr><td colspan="2">步骤及内容</td><td colspan="4">具体内涵</td><td>评分标准</td><td>分值</td><td>得分</td></tr>
<tr><td rowspan="3">专业能力</td><td>安全防护
工具设备
查阅资料</td><td colspan="4">布置车辆安全防护与隔离
万用表、绝缘检测仪、故障诊断仪
汽车原厂维修手册、原厂电路图</td><td>10
10
10</td><td>30</td><td></td></tr>
<tr><td>新能源汽车高压标准作业程序</td><td colspan="4">选择合适的防护工具
使用规范的防护工具
正确的中止高压电
正确的恢复高压电</td><td>15
15
5
5</td><td>40</td><td></td></tr>
<tr><td>具体要求</td><td colspan="7">分成 6 组，每小组由 4 至 6 名学生组成，每组完成单次练习时间 120 min。</td></tr>
<tr><td rowspan="2">社会能力</td><td>团队合作</td><td colspan="4">是否和谐，是否积极沟通</td><td>10</td><td rowspan="2">15</td><td></td></tr>
<tr><td>劳动纪律</td><td colspan="4">是否严格遵守</td><td>5</td><td></td></tr>
<tr><td rowspan="3">方法能力</td><td>制订计划</td><td colspan="4">是否科学合理</td><td>5</td><td rowspan="3">15</td><td></td></tr>
<tr><td>新技术学习</td><td colspan="4">是否具备</td><td>5</td><td></td></tr>
<tr><td>总结能力</td><td colspan="4">能否正确总结</td><td>5</td><td></td></tr>
<tr><td colspan="2">实训总结</td><td colspan="4"></td><td>在线测试</td><td colspan="2"></td></tr>
<tr><td colspan="2">考核教师签字</td><td colspan="5">结果评价</td><td colspan="2">项目成绩</td></tr>
<tr><td colspan="2"></td><td colspan="5"></td><td colspan="2"></td></tr>
</table>

故障报告检测分析表

<table>
<tr><td>项目二</td><td colspan="6">任务一　新能源汽车无法启动故障检修</td></tr>
<tr><td rowspan="2">学生基本信息</td><td>姓名</td><td></td><td>学号</td><td></td><td>班级</td><td></td></tr>
<tr><td>组别</td><td></td><td>时间</td><td></td><td>成绩</td><td></td></tr>
<tr><td rowspan="4">基本信息</td><td colspan="3">车主：</td><td colspan="3">用户地址：</td></tr>
<tr><td colspan="3">性别：</td><td colspan="3">检修日期：</td></tr>
<tr><td colspan="3">底盘型号：</td><td colspan="3">行驶里程：</td></tr>
<tr><td colspan="3">车型：</td><td colspan="3">联系电话：</td></tr>
<tr><td rowspan="2">使用状况</td><td colspan="6">环境状况：□室内　□市郊　□城乡　□高速</td></tr>
<tr><td colspan="6">荷载状况：□ 1 ～ 2 人　□ 3 ～ 4 人　□ 5 人以上</td></tr>
<tr><td colspan="6">用户反馈故障（用户描述车辆使用过程故障现象）</td><td>故障日期</td></tr>
<tr><td colspan="6"></td><td></td></tr>
<tr><td colspan="7">故障现象确认（描述经核实的故障症状及车辆使用时的道路、气候状况等）</td></tr>
<tr><td colspan="7"></td></tr>
<tr><td colspan="7">故障系统原理分析（描述故障系统基本工作原理）</td></tr>
<tr><td colspan="7">导致该故障的原因有以下几点：</td></tr>
</table>

序号	检查项目	检查结果	正常状态	结果判定

<table>
<tr><td>维修方案</td></tr>
<tr><td></td></tr>
</table>

实训总结与评价表

项目二	任务一　新能源汽车无法启动故障检修					
学生基本信息	姓名		学号		班级	
	组别		时间		成绩	

步骤及内容		具体内涵	评分标准	分值	得分
专业能力	安全防护 工具设备 查阅资料	布置车辆安全防护与隔离 万用表、绝缘检测仪、故障诊断仪 汽车原厂维修手册、原厂电路图	10 10 10	30	
	动力电池管理系统的故障诊断	动力电池管理系统故障代码和数据流的读取 电源和搭铁的线路检测 温度传感器、线束的线路检测 工具规范使用	15 15 5 5	40	
	具体要求	分成 6 组，每小组由 4 至 6 名学生组成，每组完成单次练习时间 120 min。			
社会能力	团队合作	是否和谐，是否积极沟通	10	15	
	劳动纪律	是否严格遵守	5		
方法能力	制订计划	是否科学合理	5	15	
	新技术学习	是否具备	5		
	总结能力	能否正确总结	5		
实训总结			在线测试		

考核教师签字	结果评价	项目成绩

故障报告检测分析表

<table>
<tr><td>项目二</td><td colspan="6">任务二　新能源汽车挂 D 挡无法行驶故障检修</td></tr>
<tr><td rowspan="2">学生基本信息</td><td>姓名</td><td></td><td>学号</td><td></td><td>班级</td><td></td></tr>
<tr><td>组别</td><td></td><td>时间</td><td></td><td>成绩</td><td></td></tr>
<tr><td rowspan="4">基本信息</td><td colspan="3">车主：</td><td colspan="3">用户地址：</td></tr>
<tr><td colspan="3">性别：</td><td colspan="3">检修日期：</td></tr>
<tr><td colspan="3">底盘型号：</td><td colspan="3">行驶里程：</td></tr>
<tr><td colspan="3">车型：</td><td colspan="3">联系电话：</td></tr>
<tr><td rowspan="2">使用状况</td><td colspan="6">环境状况：□室内　□市郊　□城乡　□高速</td></tr>
<tr><td colspan="6">荷载状况：□ 1 ～ 2 人　□ 3 ～ 4 人　□ 5 人以上</td></tr>
<tr><td colspan="6">用户反馈故障（用户描述车辆使用过程故障现象）</td><td>故障日期</td></tr>
<tr><td colspan="6"></td><td></td></tr>
<tr><td colspan="7">故障现象确认（描述经核实的故障症状及车辆使用时的道路、气候状况等）</td></tr>
<tr><td colspan="7"></td></tr>
<tr><td colspan="7">故障系统原理分析（描述故障系统基本工作原理）</td></tr>
<tr><td colspan="7">导致该故障的原因有以下几点：</td></tr>
</table>

序号	检查项目	检查结果	正常状态	结果判定

维修方案

实训总结与评价表

项目二		任务二　新能源汽车挂 D 挡无法行驶故障检修			
学生基本信息		姓名		学号		班级	
		组别		时间		成绩	
步骤及内容		具体内涵	评分标准	分值	得分
专业能力	安全防护 工具设备 查阅资料	布置车辆安全防护与隔离 万用表、绝缘检测仪、故障诊断仪 汽车原厂维修手册、原厂电路图	10 10 10	30	
	驱动电机的故障诊断	驱动电机控制器故障代码和数据流的读取 电机控制器 B32-8 号端子输出电压的检测 A、B、C 三相绕组之间任意两相间的阻值的检测 电路图分析及工具规范使用	15 15 5 5	40	
	具体要求	分成 6 组，每小组由 4 至 6 名学生组成，每组完成单次练习时间 120 min。			
社会能力	团队合作	是否和谐，是否积极沟通	10	15	
	劳动纪律	是否严格遵守	5		
方法能力	制订计划	是否科学合理	5	15	
	新技术学习	是否具备	5		
	总结能力	能否正确总结	5		
实训总结			在线测试		
考核教师签字		结果评价		项目成绩	

故障报告检测分析表

<table>
<tr><td>项目三</td><td colspan="6">任务一　新能源汽车前照灯不亮故障检修</td></tr>
<tr><td rowspan="2">学生基本信息</td><td>姓名</td><td></td><td>学号</td><td></td><td>班级</td><td></td></tr>
<tr><td>组别</td><td></td><td>时间</td><td></td><td>成绩</td><td></td></tr>
<tr><td rowspan="4">基本信息</td><td colspan="3">车主：</td><td colspan="3">用户地址：</td></tr>
<tr><td colspan="3">性别：</td><td colspan="3">检修日期：</td></tr>
<tr><td colspan="3">底盘型号：</td><td colspan="3">行驶里程：</td></tr>
<tr><td colspan="3">车型：</td><td colspan="3">联系电话：</td></tr>
<tr><td rowspan="2">使用状况</td><td colspan="6">环境状况：□室内　□市郊　□城乡　□高速</td></tr>
<tr><td colspan="6">荷载状况：□ 1 ～ 2 人　□ 3 ～ 4 人　□ 5 人以上</td></tr>
<tr><td colspan="5">用户反馈故障（用户描述车辆使用过程故障现象）</td><td colspan="2">故障日期</td></tr>
<tr><td colspan="5"></td><td colspan="2"></td></tr>
<tr><td colspan="7">故障现象确认（描述经核实的故障症状及车辆使用时的道路、气候状况等）</td></tr>
<tr><td colspan="7"></td></tr>
<tr><td colspan="7">故障系统原理分析（描述故障系统基本工作原理）</td></tr>
<tr><td colspan="7">导致该故障的原因有以下几点：</td></tr>
</table>

序号	检查项目	检查结果	正常状态	结果判定

维修方案

实训总结与评价表

<table>
<tr><td colspan="2">项目三</td><td colspan="7">任务一　新能源汽车前照灯不亮故障检修</td></tr>
<tr><td colspan="2" rowspan="2">学生基本信息</td><td>姓名</td><td></td><td>学号</td><td></td><td>班级</td><td colspan="2"></td></tr>
<tr><td>组别</td><td></td><td>时间</td><td></td><td>成绩</td><td colspan="2"></td></tr>
<tr><td colspan="2">步骤及内容</td><td colspan="4">具体内涵</td><td>评分标准</td><td>分值</td><td>得分</td></tr>
<tr><td rowspan="3">专业能力</td><td>安全防护
工具设备
查阅资料</td><td colspan="4">布置车辆安全防护与隔离
万用表、照明系统实训台、蓄电池
汽车原厂维修手册、原厂电路图</td><td>10
10
10</td><td>30</td><td></td></tr>
<tr><td>前照灯不亮的故障诊断</td><td colspan="4">前照灯不亮故障现象的验证
前照灯继电器模块的输出电压的检测
先目测灯丝，再对灯泡两端的输出电压进行检测
电路图分析及工具规范使用</td><td>15
15
5
5</td><td>40</td><td></td></tr>
<tr><td>具体要求</td><td colspan="7">分成 6 组，每小组由 4 至 6 名学生组成，每组完成单次练习时间 120 min。</td></tr>
<tr><td rowspan="2">社会能力</td><td>团队合作</td><td colspan="4">是否和谐，是否积极沟通</td><td>10</td><td rowspan="2">15</td><td></td></tr>
<tr><td>劳动纪律</td><td colspan="4">是否严格遵守</td><td>5</td><td></td></tr>
<tr><td rowspan="3">方法能力</td><td>制订计划</td><td colspan="4">是否科学合理</td><td>5</td><td rowspan="3">15</td><td></td></tr>
<tr><td>新技术学习</td><td colspan="4">是否具备</td><td>5</td><td></td></tr>
<tr><td>总结能力</td><td colspan="4">能否正确总结</td><td>5</td><td></td></tr>
<tr><td colspan="2">实训总结</td><td colspan="4"></td><td>在线测试</td><td colspan="2"></td></tr>
<tr><td colspan="2">考核教师签字</td><td colspan="5">结果评价</td><td colspan="2">项目成绩</td></tr>
<tr><td colspan="2"></td><td colspan="5"></td><td colspan="2"></td></tr>
</table>

故障报告检测分析表

<table>
<tr><td>项目三</td><td colspan="6">任务二　新能源汽车转向灯不亮故障检修</td></tr>
<tr><td rowspan="2">学生基本信息</td><td>姓名</td><td></td><td>学号</td><td></td><td>班级</td><td></td></tr>
<tr><td>组别</td><td></td><td>时间</td><td></td><td>成绩</td><td></td></tr>
<tr><td rowspan="4">基本信息</td><td colspan="3">车主：</td><td colspan="3">用户地址：</td></tr>
<tr><td colspan="3">性别：</td><td colspan="3">检修日期：</td></tr>
<tr><td colspan="3">底盘型号：</td><td colspan="3">行驶里程：</td></tr>
<tr><td colspan="3">车型：</td><td colspan="3">联系电话：</td></tr>
<tr><td rowspan="2">使用状况</td><td colspan="6">环境状况：□室内　□市郊　□城乡　□高速</td></tr>
<tr><td colspan="6">荷载状况：□ 1 ～ 2 人　□ 3 ～ 4 人　□ 5 人以上</td></tr>
<tr><td colspan="6">用户反馈故障（用户描述车辆使用过程故障现象）</td><td>故障日期</td></tr>
<tr><td colspan="6"></td><td></td></tr>
<tr><td colspan="7">故障现象确认（描述经核实的故障症状及车辆使用时的道路、气候状况等）</td></tr>
<tr><td colspan="7"></td></tr>
<tr><td colspan="7">故障系统原理分析（描述故障系统基本工作原理）</td></tr>
<tr><td colspan="7">导致该故障的原因有以下几点：</td></tr>
</table>

序号	检查项目	检查结果	正常状态	结果判定

<table>
<tr><td>维修方案</td></tr>
<tr><td></td></tr>
</table>

实训总结与评价表

项目三		任务二　新能源汽车转向灯不亮故障检修				
学生基本信息		姓名		学号		班级
		组别		时间		成绩
步骤及内容		具体内涵	评分标准	分值	得分	
专业能力	安全防护 工具设备 查阅资料	布置车辆安全防护与隔离 万用表、照明系统实训台、蓄电池 汽车原厂维修手册、原厂电路图	10 10 10	30		
	转向灯不亮的故障诊断	转向灯不亮故障现象的验证 多路集成控制模块的输出电压的检测 闪光继电器 LL2、LR3 端的输出电压的检测 电路图分析及工具规范使用	15 15 5 5	40		
	具体要求	分成 6 组，每小组由 4 至 6 名学生组成，每组完成单次练习时间 120 min。				
社会能力	团队合作	是否和谐，是否积极沟通	10	15		
	劳动纪律	是否严格遵守	5			
方法能力	制订计划	是否科学合理	5	15		
	新技术学习	是否具备	5			
	总结能力	能否正确总结	5			
实训总结			在线测试			
考核教师签字		结果评价		项目成绩		

故障报告检测分析表

<table>
<tr><td>项目三</td><td colspan="6">任务三　新能源汽车电喇叭不响故障检修</td></tr>
<tr><td rowspan="2">学生基本信息</td><td>姓名</td><td></td><td>学号</td><td></td><td>班级</td><td></td></tr>
<tr><td>组别</td><td></td><td>时间</td><td></td><td>成绩</td><td></td></tr>
<tr><td rowspan="4">基本信息</td><td colspan="3">车主：</td><td colspan="3">用户地址：</td></tr>
<tr><td colspan="3">性别：</td><td colspan="3">检修日期：</td></tr>
<tr><td colspan="3">底盘型号：</td><td colspan="3">行驶里程：</td></tr>
<tr><td colspan="3">车型：</td><td colspan="3">联系电话：</td></tr>
<tr><td rowspan="2">使用状况</td><td colspan="6">环境状况：□室内　□市郊　□城乡　□高速</td></tr>
<tr><td colspan="6">荷载状况：□ 1 ～ 2 人　□ 3 ～ 4 人　□ 5 人以上</td></tr>
<tr><td colspan="6">用户反馈故障（用户描述车辆使用过程故障现象）</td><td>故障日期</td></tr>
<tr><td colspan="6"></td><td></td></tr>
<tr><td colspan="7">故障现象确认（描述经核实的故障症状及车辆使用时的道路、气候状况等）</td></tr>
<tr><td colspan="7"></td></tr>
<tr><td colspan="7">故障系统原理分析（描述故障系统基本工作原理）</td></tr>
<tr><td colspan="7">导致该故障的原因有以下几点：</td></tr>
</table>

序号	检查项目	检查结果	正常状态	结果判定

<table>
<tr><td>维修方案</td></tr>
<tr><td></td></tr>
</table>

实训总结与评价表

项目三		任务三　新能源汽车电喇叭不响故障检修			
学生基本信息		姓名		学号		班级	
		组别		时间		成绩	
步骤及内容		具体内涵	评分标准	分值	得分
专业能力	安全防护	布置车辆安全防护与隔离	10	30	
	工具设备	万用表、喇叭系统实训台、蓄电池	10		
	查阅资料	汽车原厂维修手册、原厂电路图	10		
	电喇叭不响的故障诊断	电喇叭不响故障现象的验证	15	40	
		电喇叭继电器的检测	15		
		MCU-N7 端子的输出电压的检测	5		
		电路图分析及工具规范使用	5		
	具体要求	分成 6 组，每小组由 4 至 6 名学生组成，每组完成单次练习时间 120 min。			
社会能力	团队合作	是否和谐，是否积极沟通	10	15	
	劳动纪律	是否严格遵守	5		
方法能力	制订计划	是否科学合理	5	15	
	新技术学习	是否具备	5		
	总结能力	能否正确总结	5		
实训总结			在线测试		
考核教师签字		结果评价		项目成绩	

故障报告检测分析表

<table>
<tr><td>项目四</td><td colspan="6">任务一　新能源汽车组合式仪表不显示故障检修</td></tr>
<tr><td rowspan="2">学生基本信息</td><td>姓名</td><td></td><td>学号</td><td></td><td>班级</td><td></td></tr>
<tr><td>组别</td><td></td><td>时间</td><td></td><td>成绩</td><td></td></tr>
<tr><td rowspan="4">基本信息</td><td colspan="3">车主：</td><td colspan="3">用户地址：</td></tr>
<tr><td colspan="3">性别：</td><td colspan="3">检修日期：</td></tr>
<tr><td colspan="3">底盘型号：</td><td colspan="3">行驶里程：</td></tr>
<tr><td colspan="3">车型：</td><td colspan="3">联系电话：</td></tr>
<tr><td rowspan="2">使用状况</td><td colspan="6">环境状况：□室内　□市郊　□城乡　□高速</td></tr>
<tr><td colspan="6">荷载状况：□ 1 ～ 2 人　□ 3 ～ 4 人　□ 5 人以上</td></tr>
<tr><td colspan="6">用户反馈故障（用户描述车辆使用过程故障现象）</td><td>故障日期</td></tr>
<tr><td colspan="6"></td><td></td></tr>
<tr><td colspan="7">故障现象确认（描述经核实的故障症状及车辆使用时的道路、气候状况等）</td></tr>
<tr><td colspan="7"></td></tr>
<tr><td colspan="7">故障系统原理分析（描述故障系统基本工作原理）</td></tr>
<tr><td colspan="7">导致该故障的原因有以下几点：</td></tr>
</table>

序号	检查项目	检查结果	正常状态	结果判定

<table>
<tr><td>维修方案</td></tr>
<tr><td></td></tr>
</table>

实训总结与评价表

<table>
<tr><td colspan="2">项目四</td><td colspan="4">任务一　新能源汽车组合式仪表不显示故障检修</td></tr>
<tr><td colspan="2" rowspan="2">学生基本信息</td><td colspan="4">姓名 | | 学号 | | 班级 | </td></tr>
<tr><td colspan="4">组别 | | 时间 | | 成绩 | </td></tr>
<tr><td colspan="2">步骤及内容</td><td>具体内涵</td><td>评分标准</td><td>分值</td><td>得分</td></tr>
<tr><td rowspan="3">专业能力</td><td>安全防护
工具设备
查阅资料</td><td>布置车辆安全防护与隔离
万用表、蓄电池
汽车原厂维修手册、原厂电路图</td><td>10
10
10</td><td>30</td><td></td></tr>
<tr><td>仪表不显示的故障诊断</td><td>组合式仪表不显示故障现象的验证
F2/20 的检测
断开组合仪表 G34 连接器，检测各端子间电压或电阻
电路图分析及工具规范使用</td><td>15
15
5
5</td><td>40</td><td></td></tr>
<tr><td>具体要求</td><td colspan="4">分成 6 组，每小组由 4 至 6 名学生组成，每组完成单次练习时间 120 min。</td></tr>
<tr><td rowspan="2">社会能力</td><td>团队合作</td><td>是否和谐，是否积极沟通</td><td>10</td><td rowspan="2">15</td><td></td></tr>
<tr><td>劳动纪律</td><td>是否严格遵守</td><td>5</td><td></td></tr>
<tr><td rowspan="3">方法能力</td><td>制订计划</td><td>是否科学合理</td><td>5</td><td rowspan="3">15</td><td></td></tr>
<tr><td>新技术学习</td><td>是否具备</td><td>5</td><td></td></tr>
<tr><td>总结能力</td><td>能否正确总结</td><td>5</td><td></td></tr>
<tr><td colspan="2">实训总结</td><td></td><td>在线测试</td><td colspan="2"></td></tr>
<tr><td colspan="2">考核教师签字</td><td colspan="2">结果评价</td><td colspan="2">项目成绩</td></tr>
<tr><td colspan="2"></td><td colspan="2"></td><td colspan="2"></td></tr>
</table>

故障报告检测分析表

项目四	任务二　新能源汽车转向系统故障警告灯常亮故障检修					
学生基本信息	姓名		学号		班级	
	组别		时间		成绩	
基本信息	车主：			用户地址：		
	性别：			检修日期：		
	底盘型号：			行驶里程：		
	车型：			联系电话：		
使用状况	环境状况：□室内　□市郊　□城乡　□高速					
	荷载状况：□ 1 ～ 2 人　□ 3 ～ 4 人　□ 5 人以上					

用户反馈故障（用户描述车辆使用过程故障现象）	故障日期

故障现象确认（描述经核实的故障症状及车辆使用时的道路、气候状况等）

故障系统原理分析（描述故障系统基本工作原理）
导致该故障的原因有以下几点：

序号	检查项目	检查结果	正常状态	结果判定

维修方案

实训总结与评价表

<table>
<tr><td colspan="2">项目四</td><td colspan="6">任务二　新能源汽车转向系统故障警告灯常亮故障检修</td></tr>
<tr><td colspan="2" rowspan="2">学生基本信息</td><td>姓名</td><td></td><td>学号</td><td></td><td>班级</td><td></td></tr>
<tr><td>组别</td><td></td><td>时间</td><td></td><td>成绩</td><td></td></tr>
<tr><td colspan="2">步骤及内容</td><td colspan="4">具体内涵</td><td>评分标准</td><td>分值</td><td>得分</td></tr>
<tr><td rowspan="3">专业能力</td><td>安全防护
工具设备
查阅资料</td><td colspan="4">布置车辆安全防护与隔离
万用表、绝缘检测仪、故障诊断仪
汽车原厂维修手册、原厂电路图</td><td>10
10
10</td><td>30</td><td></td></tr>
<tr><td>转向系统故障警告灯常亮的故障诊断</td><td colspan="4">控制模块存储单元故障代码和数据流的读取
EPS 控制单元 CAN 总线的故障检修
组合仪表控制单元 CAN 总线的故障检修
电路图分析及工具规范使用</td><td>15
15
5
5</td><td>40</td><td></td></tr>
<tr><td>具体要求</td><td colspan="7">分成 6 组，每小组由 4 至 6 名学生组成，每组完成单次练习时间 120 min。</td></tr>
<tr><td rowspan="2">社会能力</td><td>团队合作</td><td colspan="4">是否和谐，是否积极沟通</td><td>10</td><td rowspan="2">15</td><td></td></tr>
<tr><td>劳动纪律</td><td colspan="4">是否严格遵守</td><td>5</td><td></td></tr>
<tr><td rowspan="3">方法能力</td><td>制订计划</td><td colspan="4">是否科学合理</td><td>5</td><td rowspan="3">15</td><td></td></tr>
<tr><td>新技术学习</td><td colspan="4">是否具备</td><td>5</td><td></td></tr>
<tr><td>总结能力</td><td colspan="4">能否正确总结</td><td>5</td><td></td></tr>
<tr><td colspan="2">实训总结</td><td colspan="4"></td><td>在线测试</td><td colspan="2"></td></tr>
<tr><td colspan="2">考核教师签字</td><td colspan="5">结果评价</td><td colspan="2">项目成绩</td></tr>
<tr><td colspan="2"></td><td colspan="5"></td><td colspan="2"></td></tr>
</table>

故障报告检测分析表

<table>
<tr><td>项目五</td><td colspan="6">任务一　新能源汽车电动车窗无法升降故障检修</td></tr>
<tr><td rowspan="2">学生基本信息</td><td>姓名</td><td></td><td>学号</td><td></td><td>班级</td><td></td></tr>
<tr><td>组别</td><td></td><td>时间</td><td></td><td>成绩</td><td></td></tr>
<tr><td rowspan="4">基本信息</td><td colspan="3">车主：</td><td colspan="3">用户地址：</td></tr>
<tr><td colspan="3">性别：</td><td colspan="3">检修日期：</td></tr>
<tr><td colspan="3">底盘型号：</td><td colspan="3">行驶里程：</td></tr>
<tr><td colspan="3">车型：</td><td colspan="3">联系电话：</td></tr>
<tr><td rowspan="2">使用状况</td><td colspan="6">环境状况：□室内　□市郊　□城乡　□高速</td></tr>
<tr><td colspan="6">荷载状况：□ 1～2 人　□ 3～4 人　□ 5 人以上</td></tr>
<tr><td colspan="6">用户反馈故障（用户描述车辆使用过程故障现象）</td><td>故障日期</td></tr>
<tr><td colspan="6"></td><td></td></tr>
<tr><td colspan="7">故障现象确认（描述经核实的故障症状及车辆使用时的道路、气候状况等）</td></tr>
<tr><td colspan="7"></td></tr>
<tr><td colspan="7">故障系统原理分析（描述故障系统基本工作原理）</td></tr>
<tr><td colspan="7">导致该故障的原因有以下几点：</td></tr>
</table>

序号	检查项目	检查结果	正常状态	结果判定

<table>
<tr><td>维修方案</td></tr>
<tr><td></td></tr>
</table>

实训总结与评价表

<table>
<tr><td colspan="2">项目五</td><td colspan="7">任务一　新能源汽车电动车窗无法升降故障检修</td></tr>
<tr><td colspan="2" rowspan="2">学生基本信息</td><td>姓名</td><td></td><td>学号</td><td></td><td>班级</td><td colspan="2"></td></tr>
<tr><td>组别</td><td></td><td>时间</td><td></td><td>成绩</td><td colspan="2"></td></tr>
<tr><td colspan="2">步骤及内容</td><td colspan="4">具体内涵</td><td>评分标准</td><td>分值</td><td>得分</td></tr>
<tr><td rowspan="3">专业能力</td><td>安全防护
工具设备
查阅资料</td><td colspan="4">布置车辆安全防护与隔离
万用表、绝缘检测仪、故障诊断仪
汽车原厂维修手册、原厂电路图</td><td>10
10
10</td><td>30</td><td></td></tr>
<tr><td>车窗无法升降的故障诊断</td><td colspan="4">车窗无法升降故障现象的验证
断开各接插件的连线
玻璃升降器开关的检测
电路图分析及工具规范使</td><td>15
15
5
5</td><td>40</td><td></td></tr>
<tr><td>具体要求</td><td colspan="7">分成 6 组，每小组由 4 至 6 名学生组成，每组完成单次练习时间 120 min。</td></tr>
<tr><td rowspan="2">社会能力</td><td>团队合作</td><td colspan="4">是否和谐，是否积极沟通</td><td>10</td><td rowspan="2">15</td><td></td></tr>
<tr><td>劳动纪律</td><td colspan="4">是否严格遵守</td><td>5</td><td></td></tr>
<tr><td rowspan="3">方法能力</td><td>制订计划</td><td colspan="4">是否科学合理</td><td>5</td><td rowspan="3">15</td><td></td></tr>
<tr><td>新技术学习</td><td colspan="4">是否具备</td><td>5</td><td></td></tr>
<tr><td>总结能力</td><td colspan="4">能否正确总结</td><td>5</td><td></td></tr>
<tr><td colspan="2">实训总结</td><td colspan="4"></td><td>在线测试</td><td colspan="2"></td></tr>
<tr><td colspan="2">考核教师签字</td><td colspan="5">结果评价</td><td colspan="2">项目成绩</td></tr>
<tr><td colspan="2"></td><td colspan="5"></td><td colspan="2"></td></tr>
</table>

故障报告检测分析表

<table>
<tr><td>项目五</td><td colspan="6">任务二　新能源汽车洗涤系统不工作故障检修</td></tr>
<tr><td rowspan="2">学生基本信息</td><td>姓名</td><td></td><td>学号</td><td></td><td>班级</td><td></td></tr>
<tr><td>组别</td><td></td><td>时间</td><td></td><td>成绩</td><td></td></tr>
<tr><td rowspan="4">基本信息</td><td colspan="3">车主：</td><td colspan="3">用户地址：</td></tr>
<tr><td colspan="3">性别：</td><td colspan="3">检修日期：</td></tr>
<tr><td colspan="3">底盘型号：</td><td colspan="3">行驶里程：</td></tr>
<tr><td colspan="3">车型：</td><td colspan="3">联系电话：</td></tr>
<tr><td rowspan="2">使用状况</td><td colspan="6">环境状况：□室内　□市郊　□城乡　□高速</td></tr>
<tr><td colspan="6">荷载状况：□ 1 ～ 2 人　□ 3 ～ 4 人　□ 5 人以上</td></tr>
<tr><td colspan="5">用户反馈故障（用户描述车辆使用过程故障现象）</td><td colspan="2">故障日期</td></tr>
<tr><td colspan="5"></td><td colspan="2"></td></tr>
<tr><td colspan="7">故障现象确认（描述经核实的故障症状及车辆使用时的道路、气候状况等）</td></tr>
<tr><td colspan="7"></td></tr>
<tr><td colspan="7">故障系统原理分析（描述故障系统基本工作原理）</td></tr>
<tr><td colspan="7">导致该故障的原因有以下几点：</td></tr>
</table>

序号	检查项目	检查结果	正常状态	结果判定

<table>
<tr><td>维修方案</td></tr>
<tr><td></td></tr>
</table>

实训总结与评价表

<table>
<tr><td colspan="2">项目五</td><td colspan="6">任务二　新能源汽车洗涤系统不工作故障检修</td></tr>
<tr><td colspan="2" rowspan="2">学生基本信息</td><td>姓名</td><td></td><td>学号</td><td></td><td>班级</td><td></td></tr>
<tr><td>组别</td><td></td><td>时间</td><td></td><td>成绩</td><td></td></tr>
<tr><td colspan="2">步骤及内容</td><td colspan="4">具体内涵</td><td>评分标准</td><td>分值</td><td>得分</td></tr>
<tr><td rowspan="3">专业能力</td><td>安全防护
工具设备
查阅资料</td><td colspan="4">布置车辆安全防护与隔离
万用表、绝缘检测仪、故障诊断仪
汽车原厂维修手册、原厂电路图</td><td>10
10
10</td><td>30</td><td></td></tr>
<tr><td>洗涤系统不工作的故障诊断</td><td colspan="4">摆动组合开关故障现象的验证
F1/16、F1/28 保险阻值的检测
继电器 K1-2 和 K1-3 的阻值检测
电路图分析及工具规范使用</td><td>15
15
5
5</td><td>40</td><td></td></tr>
<tr><td>具体要求</td><td colspan="7">分成 6 组，每小组由 4 至 6 名学生组成，每组完成单次练习时间 120 min。</td></tr>
<tr><td rowspan="2">社会能力</td><td>团队合作</td><td colspan="4">是否和谐，是否积极沟通</td><td>10</td><td rowspan="2">15</td><td></td></tr>
<tr><td>劳动纪律</td><td colspan="4">是否严格遵守</td><td>5</td><td></td></tr>
<tr><td rowspan="3">方法能力</td><td>制订计划</td><td colspan="4">是否科学合理</td><td>5</td><td rowspan="3">15</td><td></td></tr>
<tr><td>新技术学习</td><td colspan="4">是否具备</td><td>5</td><td></td></tr>
<tr><td>总结能力</td><td colspan="4">能否正确总结</td><td>5</td><td></td></tr>
<tr><td colspan="2">实训总结</td><td colspan="4"></td><td>在线测试</td><td colspan="2"></td></tr>
<tr><td colspan="2">考核教师签字</td><td colspan="5">结果评价</td><td colspan="2">项目成绩</td></tr>
<tr><td colspan="2"></td><td colspan="5"></td><td colspan="2"></td></tr>
</table>

故障报告检测分析表

<table>
<tr><td>项目五</td><td colspan="6">任务三　新能源汽车中控门锁失效故障检修</td></tr>
<tr><td rowspan="2">学生基本信息</td><td>姓名</td><td></td><td>学号</td><td></td><td>班级</td><td></td></tr>
<tr><td>组别</td><td></td><td>时间</td><td></td><td>成绩</td><td></td></tr>
<tr><td rowspan="4">基本信息</td><td colspan="3">车主：</td><td colspan="3">用户地址：</td></tr>
<tr><td colspan="3">性别：</td><td colspan="3">检修日期：</td></tr>
<tr><td colspan="3">底盘型号：</td><td colspan="3">行驶里程：</td></tr>
<tr><td colspan="3">车型：</td><td colspan="3">联系电话：</td></tr>
<tr><td rowspan="2">使用状况</td><td colspan="6">环境状况：□室内　□市郊　□城乡　□高速</td></tr>
<tr><td colspan="6">荷载状况：□ 1 ～ 2 人　□ 3 ～ 4 人　□ 5 人以上</td></tr>
<tr><td colspan="5">用户反馈故障（用户描述车辆使用过程故障现象）</td><td colspan="2">故障日期</td></tr>
<tr><td colspan="5"></td><td colspan="2"></td></tr>
<tr><td colspan="7">故障现象确认（描述经核实的故障症状及车辆使用时的道路、气候状况等）</td></tr>
<tr><td colspan="7"></td></tr>
<tr><td colspan="7">故障系统原理分析（描述故障系统基本工作原理）</td></tr>
<tr><td colspan="7">导致该故障的原因有以下几点：</td></tr>
</table>

序号	检查项目	检查结果	正常状态	结果判定

<table>
<tr><td>维修方案</td></tr>
<tr><td></td></tr>
</table>

实训总结与评价表

<table>
<tr><th colspan="2">项目五</th><th colspan="6">任务三　新能源汽车中控门锁失效故障检修</th></tr>
<tr><td colspan="2" rowspan="2">学生基本信息</td><td>姓名</td><td></td><td>学号</td><td></td><td>班级</td><td></td></tr>
<tr><td>组别</td><td></td><td>时间</td><td></td><td>成绩</td><td></td></tr>
<tr><th colspan="2">步骤及内容</th><th colspan="3">具体内涵</th><th>评分标准</th><th>分值</th><th>得分</th></tr>
<tr><td rowspan="3">专业能力</td><td>安全防护
工具设备
查阅资料</td><td colspan="3">布置车辆安全防护与隔离
万用表、绝缘检测仪、故障诊断仪
汽车原厂维修手册、原厂电路图</td><td>10
10
10</td><td>30</td><td></td></tr>
<tr><td>中控门锁失效的故障诊断</td><td colspan="3">中控门锁故障现象的验证
断开各接插件的连线
右前门中控门锁电机的检测
电路图分析及工具规范使用</td><td>15
15
5
5</td><td>40</td><td></td></tr>
<tr><td>具体要求</td><td colspan="6">分成 6 组，每小组由 4 至 6 名学生组成，每组完成单次练习时间 120 min。</td></tr>
<tr><td rowspan="2">社会能力</td><td>团队合作</td><td colspan="3">是否和谐，是否积极沟通</td><td>10</td><td rowspan="2">15</td><td></td></tr>
<tr><td>劳动纪律</td><td colspan="3">是否严格遵守</td><td>5</td><td></td></tr>
<tr><td rowspan="3">方法能力</td><td>制订计划</td><td colspan="3">是否科学合理</td><td>5</td><td rowspan="3">15</td><td></td></tr>
<tr><td>新技术学习</td><td colspan="3">是否具备</td><td>5</td><td></td></tr>
<tr><td>总结能力</td><td colspan="3">能否正确总结</td><td>5</td><td></td></tr>
<tr><td colspan="2">实训总结</td><td colspan="3"></td><td>在线测试</td><td colspan="2"></td></tr>
<tr><th colspan="2">考核教师签字</th><th colspan="4">结果评价</th><th colspan="2">项目成绩</th></tr>
<tr><td colspan="2"></td><td colspan="4"></td><td colspan="2"></td></tr>
</table>

故障报告检测分析表

项目六	任务一　新能源汽车驱动电机控制器通信故障检修					
学生基本信息	姓名		学号		班级	
	组别		时间		成绩	
基本信息	车主：			用户地址：		
	性别：			检修日期：		
	底盘型号：			行驶里程：		
	车型：			联系电话：		
使用状况	环境状况：□室内　□市郊　□城乡　□高速					
	荷载状况：□ 1 ～ 2 人　□ 3 ～ 4 人　□ 5 人以上					

用户反馈故障（用户描述车辆使用过程故障现象）	故障日期

故障现象确认（描述经核实的故障症状及车辆使用时的道路、气候状况等）

故障系统原理分析（描述故障系统基本工作原理）
导致该故障的原因有以下几点：

序号	检查项目	检查结果	正常状态	结果判定

维修方案

实训总结与评价表

项目六		任务一　新能源汽车驱动电机控制器通信故障检修			
学生基本信息		姓名	学号	班级	
		组别	时间	成绩	
步骤及内容		具体内涵	评分标准	分值	得分
专业能力	安全防护 工具设备 查阅资料	布置车辆安全防护与隔离 万用表、绝缘检测仪、故障诊断仪 汽车原厂维修手册、原厂电路图	10 10 10	30	
	驱动电机控制器通信的故障诊断	驱动电机控制器通信故障代码和数据流的读取 电机控制器的低压插头针脚退针和插头松动检修 EP11/21 针脚至 EP02/2 针脚之间的故障检修 电路图分析及工具规范使用	15 15 5 5	40	
	具体要求	分成 6 组，每小组由 4 至 6 名学生组成，每组完成单次练习时间 120 min。			
社会能力	团队合作	是否和谐，是否积极沟通	10	15	
	劳动纪律	是否严格遵守	5		
方法能力	制订计划	是否科学合理	5	15	
	新技术学习	是否具备	5		
	总结能力	能否正确总结	5		
实训总结			在线测试		
考核教师签字		结果评价		项目成绩	

故障报告检测分析表

<table>
<tr><td>项目六</td><td colspan="6">任务二　新能源汽车多媒体交互（MMI）系统不工作故障检修</td></tr>
<tr><td rowspan="2">学生基本信息</td><td>姓名</td><td></td><td>学号</td><td></td><td>班级</td><td></td></tr>
<tr><td>组别</td><td></td><td>时间</td><td></td><td>成绩</td><td></td></tr>
<tr><td rowspan="4">基本信息</td><td colspan="3">车主：</td><td colspan="3">用户地址：</td></tr>
<tr><td colspan="3">性别：</td><td colspan="3">检修日期：</td></tr>
<tr><td colspan="3">底盘型号：</td><td colspan="3">行驶里程：</td></tr>
<tr><td colspan="3">车型：</td><td colspan="3">联系电话：</td></tr>
<tr><td rowspan="2">使用状况</td><td colspan="6">环境状况：□室内　□市郊　□城乡　□高速</td></tr>
<tr><td colspan="6">荷载状况：□ 1 ～ 2 人　□ 3 ～ 4 人　□ 5 人以上</td></tr>
<tr><td colspan="6">用户反馈故障（用户描述车辆使用过程故障现象）</td><td>故障日期</td></tr>
<tr><td colspan="6"></td><td></td></tr>
<tr><td colspan="7">故障现象确认（描述经核实的故障症状及车辆使用时的道路、气候状况等）</td></tr>
<tr><td colspan="7"></td></tr>
<tr><td colspan="7">故障系统原理分析（描述故障系统基本工作原理）</td></tr>
<tr><td colspan="7">导致该故障的原因有以下几点：</td></tr>
</table>

序号	检查项目	检查结果	正常状态	结果判定

<table>
<tr><td>维修方案</td></tr>
<tr><td></td></tr>
</table>

实训总结与评价表

<table>
<tr><td colspan="2">项目六</td><td colspan="6">任务二　新能源汽车多媒体交互（MMI）系统不工作故障检修</td></tr>
<tr><td colspan="2" rowspan="2">学生基本信息</td><td>姓名</td><td></td><td>学号</td><td></td><td>班级</td><td></td></tr>
<tr><td>组别</td><td></td><td>时间</td><td></td><td>成绩</td><td></td></tr>
<tr><td colspan="2">步骤及内容</td><td colspan="3">具体内涵</td><td>评分标准</td><td>分值</td><td>得分</td></tr>
<tr><td rowspan="3">专业能力</td><td>安全防护
工具设备
查阅资料</td><td colspan="3">布置车辆安全防护与隔离
万用表、VAS6150（专用诊断仪）
汽车原厂维修手册、原厂电路图</td><td>10
10
10</td><td>30</td><td></td></tr>
<tr><td>多媒体交互不工作故障检修</td><td colspan="3">MMI 系统故障代码和数据流的读取
MMI 系统故障检修
前部信息显示和操作单元的控制单元 J523 更换
电路图分析及工具规范使用</td><td>15
15
5
5</td><td>40</td><td></td></tr>
<tr><td>具体要求</td><td colspan="6">分成 6 组，每小组由 4 至 6 名学生组成，每组完成单次练习时间 120 min。</td></tr>
<tr><td rowspan="2">社会能力</td><td>团队合作</td><td colspan="3">是否和谐，是否积极沟通</td><td>10</td><td rowspan="2">15</td><td></td></tr>
<tr><td>劳动纪律</td><td colspan="3">是否严格遵守</td><td>5</td><td></td></tr>
<tr><td rowspan="3">方法能力</td><td>制订计划</td><td colspan="3">是否科学合理</td><td>5</td><td rowspan="3">15</td><td></td></tr>
<tr><td>新技术学习</td><td colspan="3">是否具备</td><td>5</td><td></td></tr>
<tr><td>总结能力</td><td colspan="3">能否正确总结</td><td>5</td><td></td></tr>
<tr><td colspan="2">实训总结</td><td colspan="3"></td><td>在线测试</td><td colspan="2"></td></tr>
<tr><td colspan="2">考核教师签字</td><td colspan="4">结果评价</td><td colspan="2">项目成绩</td></tr>
<tr><td colspan="2"></td><td colspan="4"></td><td colspan="2"></td></tr>
</table>

故障报告检测分析表

<table>
<tr><td>项目七</td><td colspan="6">任务一　新能源汽车空调不制冷故障检修</td></tr>
<tr><td rowspan="2">学生基本信息</td><td>姓名</td><td></td><td>学号</td><td></td><td>班级</td><td></td></tr>
<tr><td>组别</td><td></td><td>时间</td><td></td><td>成绩</td><td></td></tr>
<tr><td rowspan="4">基本信息</td><td colspan="3">车主：</td><td colspan="3">用户地址：</td></tr>
<tr><td colspan="3">性别：</td><td colspan="3">检修日期：</td></tr>
<tr><td colspan="3">底盘型号：</td><td colspan="3">行驶里程：</td></tr>
<tr><td colspan="3">车型：</td><td colspan="3">联系电话：</td></tr>
<tr><td rowspan="2">使用状况</td><td colspan="6">环境状况：□室内　□市郊　□城乡　□高速</td></tr>
<tr><td colspan="6">荷载状况：□ 1 ～ 2 人　□ 3 ～ 4 人　□ 5 人以上</td></tr>
<tr><td colspan="6">用户反馈故障（用户描述车辆使用过程故障现象）</td><td>故障日期</td></tr>
<tr><td colspan="6"></td><td></td></tr>
<tr><td colspan="7">故障现象确认（描述经核实的故障症状及车辆使用时的道路、气候状况等）</td></tr>
<tr><td colspan="7"></td></tr>
<tr><td colspan="7">故障系统原理分析（描述故障系统基本工作原理）</td></tr>
<tr><td colspan="7">导致该故障的原因有以下几点：</td></tr>
</table>

序号	检查项目	检查结果	正常状态	结果判定

<table>
<tr><td>维修方案</td></tr>
<tr><td></td></tr>
</table>

实训总结与评价表

<table>
<tr><td>项目七</td><td colspan="6">任务一　新能源汽车空调不制冷故障检修</td></tr>
<tr><td rowspan="2">学生基本信息</td><td>姓名</td><td></td><td>学号</td><td></td><td>班级</td><td></td></tr>
<tr><td>组别</td><td></td><td>时间</td><td></td><td>成绩</td><td></td></tr>
</table>

<table>
<tr><td colspan="2">步骤及内容</td><td>具体内涵</td><td>评分标准</td><td>分值</td><td>得分</td></tr>
<tr><td rowspan="3">专业能力</td><td>安全防护
工具设备
查阅资料</td><td>布置车辆安全防护与隔离
万用表、绝缘检测仪、故障诊断仪、示波器、空调压力表、电子红外温度枪、试灯
汽车原厂维修手册、原厂电路图</td><td>10
10
10</td><td>30</td><td></td></tr>
<tr><td>空调不制冷的故障诊断</td><td>空调制冷系统故障代码和数据流的读取
空调控制模块电源输入搭铁故障检修
空调控制模块通信故障检修
电路分析及工具规范使用</td><td>15
15
5
5</td><td>40</td><td></td></tr>
<tr><td>具体要求</td><td colspan="4">分成 6 组，每小组由 4 至 6 名学生组成，每组完成单次练习时间 120 min。</td></tr>
<tr><td rowspan="2">社会能力</td><td>团队合作</td><td>是否和谐，是否积极沟通</td><td>10</td><td rowspan="2">15</td><td></td></tr>
<tr><td>劳动纪律</td><td>是否严格遵守</td><td>5</td><td></td></tr>
<tr><td rowspan="3">方法能力</td><td>制订计划</td><td>是否科学合理</td><td>5</td><td rowspan="3">15</td><td></td></tr>
<tr><td>新技术学习</td><td>是否具备</td><td>5</td><td></td></tr>
<tr><td>总结能力</td><td>能否正确总结</td><td>5</td><td></td></tr>
<tr><td colspan="2">实训总结</td><td></td><td>在线测试</td><td colspan="2"></td></tr>
</table>

<table>
<tr><td>考核教师签字</td><td>结果评价</td><td>项目成绩</td></tr>
<tr><td></td><td></td><td></td></tr>
</table>

故障报告检测分析表

<table>
<tr><td>项目七</td><td colspan="6">任务二　新能源汽车空调不制热故障检修</td></tr>
<tr><td rowspan="2">学生基本信息</td><td>姓名</td><td></td><td>学号</td><td></td><td>班级</td><td></td></tr>
<tr><td>组别</td><td></td><td>时间</td><td></td><td>成绩</td><td></td></tr>
<tr><td rowspan="4">基本信息</td><td colspan="3">车主：</td><td colspan="3">用户地址：</td></tr>
<tr><td colspan="3">性别：</td><td colspan="3">检修日期：</td></tr>
<tr><td colspan="3">底盘型号：</td><td colspan="3">行驶里程：</td></tr>
<tr><td colspan="3">车型：</td><td colspan="3">联系电话：</td></tr>
<tr><td rowspan="2">使用状况</td><td colspan="6">环境状况：□室内　□市郊　□城乡　□高速</td></tr>
<tr><td colspan="6">荷载状况：□ 1 ～ 2 人　□ 3 ～ 4 人　□ 5 人以上</td></tr>
<tr><td colspan="6">用户反馈故障（用户描述车辆使用过程故障现象）</td><td>故障日期</td></tr>
<tr><td colspan="6"></td><td></td></tr>
<tr><td colspan="7">故障现象确认（描述经核实的故障症状及车辆使用时的道路、气候状况等）</td></tr>
<tr><td colspan="7"></td></tr>
<tr><td colspan="7">故障系统原理分析（描述故障系统基本工作原理）</td></tr>
<tr><td colspan="7">导致该故障的原因有以下几点：</td></tr>
</table>

序号	检查项目	检查结果	正常状态	结果判定

<table>
<tr><td>维修方案</td></tr>
<tr><td></td></tr>
</table>

实训总结与评价表

项目七		任务二　新能源汽车空调不制热故障检修			
学生基本信息		姓名		学号		班级	
		组别		时间		成绩	
步骤及内容		具体内涵	评分标准	分值	得分
专业能力	安全防护 工具设备 查阅资料	布置车辆安全防护与隔离 万用表、绝缘检测仪、故障诊断仪、示波器、电子红外温度枪、试灯 汽车原厂维修手册、原厂电路图	10 10 10	30	
	空调不制热的故障诊断	空调制热系统故障代码和数据流的读取 F1/12 空调水泵保险丝的检测 空调电动水泵继电器故障检修 电路分析及工具规范使用	15 15 5 5	40	
	具体要求	分成 6 组，每小组由 4 至 6 名学生组成，每组完成单次练习时间 120 min。			
社会能力	团队合作	是否和谐，是否积极沟通	10	15	
	劳动纪律	是否严格遵守	5		
方法能力	制订计划	是否科学合理	5	15	
	新技术学习	是否具备	5		
	总结能力	能否正确总结	5		
实训总结			在线测试		
考核教师签字		结果评价		项目成绩	

故障报告检测分析表

<table>
<tr><td>项目八</td><td colspan="6">任务一　新能源汽车安全气囊系统灯亮故障检修</td></tr>
<tr><td rowspan="2">学生基本信息</td><td>姓名</td><td></td><td>学号</td><td></td><td>班级</td><td></td></tr>
<tr><td>组别</td><td></td><td>时间</td><td></td><td>成绩</td><td></td></tr>
<tr><td rowspan="4">基本信息</td><td colspan="3">车主：</td><td colspan="3">用户地址：</td></tr>
<tr><td colspan="3">性别：</td><td colspan="3">检修日期：</td></tr>
<tr><td colspan="3">底盘型号：</td><td colspan="3">行驶里程：</td></tr>
<tr><td colspan="3">车型：</td><td colspan="3">联系电话：</td></tr>
<tr><td rowspan="2">使用状况</td><td colspan="6">环境状况：□室内　□市郊　□城乡　□高速</td></tr>
<tr><td colspan="6">荷载状况：□ 1 ～ 2 人　□ 3 ～ 4 人　□ 5 人以上</td></tr>
</table>

<table>
<tr><td colspan="4">用户反馈故障（用户描述车辆使用过程故障现象）</td><td>故障日期</td></tr>
<tr><td colspan="4"></td><td></td></tr>
<tr><td colspan="5">故障现象确认（描述经核实的故障症状及车辆使用时的道路、气候状况等）</td></tr>
<tr><td colspan="5"></td></tr>
<tr><td colspan="5">故障系统原理分析（描述故障系统基本工作原理）</td></tr>
<tr><td colspan="5">导致该故障的原因有以下几点：</td></tr>
<tr><td>序号</td><td>检查项目</td><td>检查结果</td><td>正常状态</td><td>结果判定</td></tr>
<tr><td></td><td></td><td></td><td></td><td></td></tr>
<tr><td></td><td></td><td></td><td></td><td></td></tr>
<tr><td></td><td></td><td></td><td></td><td></td></tr>
<tr><td></td><td></td><td></td><td></td><td></td></tr>
<tr><td colspan="5">维修方案</td></tr>
<tr><td colspan="5"></td></tr>
</table>

实训总结与评价表

<table>
<tr><td colspan="2">项目八</td><td colspan="6">任务一　新能源汽车安全气囊系统灯亮故障检修</td></tr>
<tr><td colspan="2" rowspan="2">学生基本信息</td><td>姓名</td><td></td><td>学号</td><td></td><td>班级</td><td></td></tr>
<tr><td>组别</td><td></td><td>时间</td><td></td><td>成绩</td><td></td></tr>
<tr><td colspan="2">步骤及内容</td><td colspan="3">具体内涵</td><td>评分标准</td><td>分值</td><td>得分</td></tr>
<tr><td rowspan="3">专业能力</td><td>安全防护
工具设备
查阅资料</td><td colspan="3">布置车辆安全防护与隔离
万用表、VAS5052A（专用诊断仪）
汽车原厂维修手册、原厂电路图</td><td>10
10
10</td><td>30</td><td></td></tr>
<tr><td>安全气囊系统灯亮的故障诊断</td><td colspan="3">安全气囊系统灯亮故障代码和数据流的读取
副驾驶人员侧侧面安全气囊碰撞传感器故障检修
G180 线路故障检修
电路分析及工具规范使用</td><td>15
15
5
5</td><td>40</td><td></td></tr>
<tr><td>具体要求</td><td colspan="6">分成 6 组，每小组由 4 至 6 名学生组成，每组完成单次练习时间 120 min。</td></tr>
<tr><td rowspan="2">社会能力</td><td>团队合作</td><td colspan="3">是否和谐，是否积极沟通</td><td>10</td><td rowspan="2">15</td><td></td></tr>
<tr><td>劳动纪律</td><td colspan="3">是否严格遵守</td><td>5</td><td></td></tr>
<tr><td rowspan="3">方法能力</td><td>制订计划</td><td colspan="3">是否科学合理</td><td>5</td><td rowspan="3">15</td><td></td></tr>
<tr><td>新技术学习</td><td colspan="3">是否具备</td><td>5</td><td></td></tr>
<tr><td>总结能力</td><td colspan="3">能否正确总结</td><td>5</td><td></td></tr>
<tr><td colspan="2">实训总结</td><td colspan="3"></td><td>在线测试</td><td colspan="2"></td></tr>
<tr><td colspan="2">考核教师签字</td><td colspan="4">结果评价</td><td colspan="2">项目成绩</td></tr>
<tr><td colspan="2"></td><td colspan="4"></td><td colspan="2"></td></tr>
</table>

故障报告检测分析表

<table>
<tr><td>项目八</td><td colspan="6">任务二　新能源汽车防抱制动系统灯亮故障检修</td></tr>
<tr><td rowspan="2">学生基本信息</td><td>姓名</td><td></td><td>学号</td><td></td><td>班级</td><td></td></tr>
<tr><td>组别</td><td></td><td>时间</td><td></td><td>成绩</td><td></td></tr>
<tr><td rowspan="4">基本信息</td><td colspan="3">车主：</td><td colspan="3">用户地址：</td></tr>
<tr><td colspan="3">性别：</td><td colspan="3">检修日期：</td></tr>
<tr><td colspan="3">底盘型号：</td><td colspan="3">行驶里程：</td></tr>
<tr><td colspan="3">车型：</td><td colspan="3">联系电话：</td></tr>
<tr><td rowspan="2">使用状况</td><td colspan="6">环境状况：□室内　□市郊　□城乡　□高速</td></tr>
<tr><td colspan="6">荷载状况：□ 1 ～ 2 人　□ 3 ～ 4 人　□ 5 人以上</td></tr>
<tr><td colspan="6">用户反馈故障（用户描述车辆使用过程故障现象）</td><td>故障日期</td></tr>
<tr><td colspan="6"></td><td></td></tr>
<tr><td colspan="7">故障现象确认（描述经核实的故障症状及车辆使用时的道路、气候状况等）</td></tr>
<tr><td colspan="7"></td></tr>
<tr><td colspan="7">故障系统原理分析（描述故障系统基本工作原理）</td></tr>
<tr><td colspan="7">导致该故障的原因有以下几点：</td></tr>
</table>

序号	检查项目	检查结果	正常状态	结果判定

<table>
<tr><td>维修方案</td></tr>
<tr><td></td></tr>
</table>

实训总结与评价表

项目八		任务二　新能源汽车防抱制动系统灯亮故障检修					
学生基本信息		姓名		学号		班级	
		组别		时间		成绩	

步骤及内容		具体内涵	评分标准	分值	得分
专业能力	安全防护 工具设备 查阅资料	布置车辆安全防护与隔离 万用表、VAS5052A（专用诊断仪）、T10159 制动液抽排设备 汽车原厂维修手册、原厂电路图	10 10 10	30	
	防抱死制动系统灯亮的故障诊断	防抱制动系统故障代码和数据流的读取 传感器电路电阻的检测 传感器信号故障检测 电路分析及工具规范使用	15 15 5 5	40	
	具体要求	分成 6 组，每小组由 4 至 6 名学生组成，每组完成单次练习时间 120 min。			
社会能力	团队合作	是否和谐，是否积极沟通	10	15	
	劳动纪律	是否严格遵守	5		
方法能力	制订计划	是否科学合理	5	15	
	新技术学习	是否具备	5		
	总结能力	能否正确总结	5		
实训总结			在线测试		

考核教师签字	结果评价	项目成绩